Imaginário da magia:
magia do imaginário

Dados Internacionais de Catalogação na Publicação (CIP)
(Câmara Brasileira do Livro, SP, Brasil)

Augras, Monique

Imaginário da magia : magia do imaginário / Monique Augras. – Petrópolis, RJ : Vozes ; Rio de Janeiro : Editora PUC, 2009.

Bibliografia

ISBN 978-85-326-3849-6

1. Antropologia 2. Cultura 3. Imaginário 4. Magia 5. Mitos 6. Pesquisa antropológica 7. Religião e cultura 8. Representações sociais I. Título.

09-02716   CDD-306.4

Índices para catálogo sistemático:

1. Imaginário da magia : Antropologia cultural : Sociologia 306.4

2. Magia do imaginário : Antropologia cultural : Sociologia 306.4

Monique Augras

Imaginário da magia: magia do imaginário

Petrópolis

© 2009, Editora Vozes Ltda.
Rua Frei Luís, 100
25689-900 Petrópolis, RJ
Internet: http://www.vozes.com.br

Diretor editorial
Frei Antônio Moser

Editores
Ana Paula Santos Matos
José Maria da Silva
Lídio Peretti
Marilac Loraine Oleniki

Secretário executivo
João Batista Kreuch

Em coedição com:
Editora PUC-Rio
Rua Marquês de S. Vicente, 225 – Projeto Comunicar
Praça Alceu Amoroso Lima, casa Editora Gávea
22453-900 Rio de Janeiro, RJ
Telefax: (21) 3527-1760/3527-1838
Site: www.puc-rio.br/editorapucrio
E-mail: edpucrio@puc-rio.br

PUC-RIO

Reitor
Pe. Jesus Hortal Sánchez, S.J.

Vice-Reitor
Pe. Josafá Carlos de Siqueira, S.J.

Vice-Reitor para Assuntos Acadêmicos
Prof. José Ricardo Bergmann

Vice-Reitor para Assuntos Administrativos
Prof. Luiz Carlos Scavarda do Carmo

Vice-Reitor para Assuntos Comunitários
Prof. Augusto Luiz Duarte Lopes Sampaio

Vice-Reitor para Assuntos de Desenvolvimento
Pe. Francisco Ivern Simó, S.J.

Decanos
Profª Maria Clara Lucchetti Bingemer (CTCH)
Prof. Luiz Roberto A. Cunha (CCS)
Prof. Reinaldo Calixto de Campos (CTC)
Prof. Francisco de Paula Amarante Neto (CCBM)

Conselho editorial
Augusto Sampaio, Cesar Romero Jacob, Fernando Sá,
José Ricardo Bergmann, Luiz Roberto Cunha, Maria Clara Lucchetti Bingemer, Miguel Pereira e
Reinaldo Calixto de Campos.

Todos os direitos reservados. Nenhuma parte desta obra poderá ser reproduzida ou transmitida por qualquer forma e/ou quaisquer meios (eletrônico ou mecânico, incluindo fotocópia e gravação) ou arquivada em qualquer sistema ou banco de dados sem permissão escrita da Editora.

Editoração: Dora Beatriz V. Noronha
Projeto gráfico: Anthares Composição
Capa: Reginaldo Barcellos

ISBN 978-85-326-3849-6

Editado conforme o novo acordo ortográfico.

Este livro foi composto e impresso pela Editora Vozes Ltda.
Rua Frei Luís, 100 – Petrópolis, RJ – Brasil – CEP 25689-900
Caixa Postal 90023 – Tel.: (24) 2233-9000
Fax: (24) 2231-4676

Para Carolina Aimée e Gabriel.

Sumário

Apresentação, 9

1. Maria Padilha, rainha da magia, 15
2. Seu Zé – Homenagem ao malandro, 43
3. Os reis da França na Ilha da Encantaria e o imaginário da Guerra Santa, 59
4. A Escrava Anastácia, 81
5. Imaginária França Antártica: a invenção do Bom Selvagem, 149
6. Samba e encantamento: a apoteose de Pierre Verger, 175
7. Mitos e desvarios: a questão da interpretação, 187
8. Psicanálise e magia: notas de leitura, 197
9. "Mil janelas": teóricos do imaginário, 207

Referências bibliográficas, 237

Apresentação

Esta coletânea reúne textos produzidos ao longo de vinte anos. Metade provém de artigos e comunicações redigidos originalmente em francês e publicados fora do Brasil. A maioria desenvolve temáticas que dizem respeito a ambas as culturas, a francesa e a brasileira. Desde as tentativas de implantação da França Antártica no Rio de Janeiro e da França Equinocial no Maranhão até a incorporação de personagens da história francesa entre os "encantados", com o caso extremo de criação de nova entidade a partir do desenho de um viajante oitocentista, há um constante diálogo, uma troca de representações marcadas pelo selo da mais desenfreada fantasia.

Por isso, o primeiro título: *Imaginário da magia*. A noção de imaginário, cujas referências teóricas tentei esclarecer no nono e último capítulo, recobre o campo da criação mítica e estética, na medida em que se revela dominado pelo amálgama de elementos díspares e por vezes contraditórios. Aqui se trata basicamente do imaginário social, "reservatório" inesgotável de representações, ativadas e cristalizadas em cada momento histórico. É uma construção coletiva, gerada por determinada sociedade. E, por conseguinte, suas produções merecem ser investigadas, não apenas pelo prazer de trilhar caminhos prodigiosos, mas, como bem enfatizou Cornélius Castoriadis, pela oportunidade que oferecem de desvendar os mecanismos de defesa e elaboração de soluções, ainda que simbólicas.

O imaginário, entendido sob esse prisma, não é fuga da realidade. Faz parte dela, quanto mais que a realidade social é também uma construção. O estudo sistemático das produções do imaginário efetivo propicia o acesso a aspectos mais profundos dessa realidade, disfarçados pela roupagem colorida do fantástico.

Assim foi que a presença de Carlos Magno e São Luís nos terreiros do Maranhão me levou a perceber coisas encobertas da minha própria cultura de origem. Mais ainda, revelou a persistência do tema da "guerra santa", tão atual no mundo de hoje, sinônimo de medo do outro e desejo de aniquilamento do diferente. Mil anos de cruzadas perpetuam-se, e os mesmos estereótipos encontrados na Gesta de Roldão se repetem na conquista das Américas e, agora, no discurso da mídia. Os anacronismos se diluem na permanência do imaginário do terror.

À medida que prosseguia na organização deste livro, outra problemática se evidenciava: a da relação entre narrativa histórica e reinterpretação mítica. Eu já me defrontara com essa ambiguidade quando da redação de um livro sobre a vida dos santos cultuados nas igrejas do centro do Rio de Janeiro. De início, o meu propósito era separar santos a respeito dos quais existiam evidências históricas, devidamente documentadas, daqueles cuja vida se revelava completamente lendária. Desisti desse propósito obviamente ingênuo: santos "históricos" haviam sido totalmente reinventados, ao passo que santos apenas imaginados haviam adquirido contornos da mais concreta realidade. Por pertencerem à esfera do sagrado, todos se igualavam.

Embora o propósito da história seja "reencontrar a veracidade dos fatos sob a proliferação das lendas", como dizia Michel de Certeau (1982), o modo como se articula a construção do sentido não deixa de ser tributário das tensões do presente e dos fantasmas do passado. Pois o discurso histórico, diz ainda Certeau, "tem como estatuto ser o discurso do morto" (1982: 56), a enunciação de um não dito. Nesse aspecto, aparenta-se à construção do imaginário social, de tal modo que Castoriadis junta as duas criações: fala em "imaginário social-histórico".

Criou-se, entre os historiadores, uma corrente que permanece atenta às interfaces entre história, sociologia e antropologia, e, nesse campo transdisciplinar, o estudo do imaginário ocupa lugar de destaque. Aqui no Brasil, basta citar a contribuição de Evaldo Cabral de Mello que, explicitamente amparado pela conceituação de Castoriadis, analisa as representações da restauração pernambucana, mercê de um constante ir e vir entre o enfoque histórico tradicional e o campo do imaginário social, que permite, além disso, "superar as limitações de uma abordagem dicotômica em termos de cultura erudita e de cultura popular, restituindo a circularidade real entre uma e outra" (MELLO, 1997: 19). Seguramente, a possibilidade de esvaziar a oposição entre "cultura popular" e "cultura erudita" não constitui um dos menores méritos de uma abordagem centrada no imaginário social.

Não há por quê manter essa distinção. Acredito que a cultura brasileira, ou francesa, ou de qualquer lugar que seja, constitui um conjunto de representações, tensões, conflitos e elaborações mutuamente tributários. Em pesquisas anteriores, foi fácil verificar que produções geradas em nível "popular" ou "subalterno", além de incorporarem elementos provenientes das camadas "dominantes", influenciavam, em retorno, a percepção que estas últimas tinham do seu mundo. Terreiros de macumba ou terreirões de samba jamais foram espaços situados *fora* da sociedade mais ampla. Insinuar o oposto, seja para marginalizá-los em termos de "atraso" – como se fazia antigamente –, ou para valorizá-los em termos de "resistência" – como quer a moda atual – é mera expressão de preconceitos de natureza ideológica.

Toda cultura compõe uma "bacia semântica", como dizia Gilbert Durand, e os inúmeros rios e riachos que a alimentam criam conexões de sentido que não se podem isolar umas das outras.

Não duvido que esse aspecto foi um dos motivos do entusiasmo dos meus alunos da PUC-Rio, ao tomar parte nessas pesquisas. A cada passo, descobriam vertentes desconhecidas de sua própria cultura. Do centro antigo do Rio aos longínquos subúrbios – regiões estranhas a esses moradores da Zona Sul – vinham informações curiosas, quase "exóticas", que de repente desvendavam ligações inesperadas entre vivências pessoais e acontecimentos coletivos. Um novo panorama se desenhava ante seus olhos, colorido, caótico, paradoxal, angustiante e sedutor – o próprio Brasil, acho.

Por *imaginário da magia*, entendo o conjunto de representações presentes no campo onde realizei estas pesquisas: culto de Maria Padilha, de Seu Zé Pelintra, da Escrava Anastácia, e personagens da Encantaria maranhense. Aqui, o sentido da palavra "magia" é bem amplo, e ainda que eu tenha desenvolvido considerações teóricas no oitavo capítulo, dedicado aos encontros e desencontros entre magia e psicanálise, não me preocupei em distinguir *witchcraft* de *sorcery*, seguindo nisso a tendência dos autores franceses em suas pesquisas de campo. No decorrer da tradução, usei as palavras "magia", "feitiçaria", "feiticeiro/a", "bruxaria", "bruxo/a", conforme o contexto.

O objetivo principal de minhas análises foi pôr em evidência "a inextricável aliança entre o real e o imaginário, que caracteriza o campo da magia", conforme assegura Laennec Hurbon (1988: 81), a partir de suas observações sobre o vodu haitiano, primo próximo de nossas religiões afro-brasileiras. "Inextricável" também é o entrelaçamento entre tradições oriundas de mil heranças diversas que, num país como o Brasil, produzem as formas as mais híbridas, as mais estranhas à razão, e as mais encantadoras.

"Encanto: o que agrada, atrai, deslumbra", define o *Dicionário Eletrônico Houaiss da Língua Portuguesa*. Dá como sinônimos: beleza, êxtase, feitiço, magia e sedução, que são os mesmos para *encantamento*. O primeiro sentido do verbo *encantar* é "submeter à ação de encanto, feitiço ou magia". Que seja em nível concreto, o das práticas mágicas, ou no nível da metáfora, o encantamento se faz presente. Daí o subtítulo deste livro: *Magia do imaginário*. Toda investigação do imaginário social-histórico redunda em fascínio.

Sabemos desde Max Weber que o mundo da magia foi jogado para o escanteio a partir da Modernidade, no processo sistemático de "desencantamento do mundo". Mas verificamos em cada passo que tudo aquilo que "agrada, atrai, deslumbra", tem a ver com o velho desejo de o homem curvar ao seu poder as forças que o dominam...

E, para que o leitor não imagine que magia, feitiço ou bruxaria sejam coisas exclusivas deste lado de cá do Atlântico, devo agora voltar ao imaginário social-histórico das minhas origens. Na França de hoje, inúmeras pessoas recorrem aos préstimos de feiticeiros (*sorciers*), não por processo de "reencantamento" ou de "volta do sagrado", mas simplesmente porque tais práticas – que não se restringem, como querem estereótipos ainda vigentes, às camadas rurais e "atrasadas" da sociedade, mas ocorrem no meio urbano e de classe média – continuam se perpetuando como recurso disponível para lidar com o desejo de ter algum domínio sobre o próprio destino. Acrescento que, desde sempre, a província onde nasci, o *Bas-Berry*, é reconhecida como terra particularmente fértil em sortilégios. O meu avô paterno contava que a sua avó por parte de mãe teria tido fama de bruxa. A herança dos antepassados e os mitos familiares são canais poderosos de transmissão e elaboração dos conteúdos do imaginário social... De tal modo que agora fecho o círculo, neste livro dedicado aos meus mais novos descendentes: haja feiticeiras em nosso sangue ou não, o encanto permanece.

1
Maria Padilha, rainha da magia

O presente texto[1] inscreve-se numa linha de pesquisa dedicada ao estudo do imaginário social brasileiro e, particularmente, ao campo das religiões brasileiras de origem africana. Sabe-se que essas religiões praticamente começam com a chegada dos primeiros navios negreiros, passando por várias transformações à medida que se processava a construção da sociedade brasileira. Atualmente, a paisagem está dominada pelo grande prestígio do Candomblé, de origem iorubá, e considerado como a mais "tradicional" dessas religiões, e pela grande difusão da Umbanda, mais nova, já que surgiu no Rio de Janeiro por volta dos anos 10/20 do século XX. Assumidamente sincrética, essa religião popular aglutina elementos provenientes das tradições africanas, indígenas, católicas, espíritas e ocultistas. Na junção da antiga macumba com o Espiritismo Kardecista, Roger Bastide (1971) identificava o desejo de alcançar maior respeitabilidade, de acordo com os padrões da classe média emergente. As tradições africanas, no entanto, não se deixaram enquadrar tão facilmente assim. Ao longo dos anos, tudo aquilo que não podia ser aceito por esse processo de *embranquecimento*[2]

---

[1] Tradução, com algumas modificações devidas à necessidade de atualizar os dados bibliográficos, da comunicação *"Ma noblesse vient de très loin", ou l'histoire de Maria Padilha, maîtresse du roi de Castille et reine de la magie à Rio de Janeiro*, apresentada no Colóquio Internacional *L'imaginaire et les sciences humaines*. Paris: CNRS/Ceaq, 09/12/1988. O meu comparecimento foi viabilizado por uma bolsa de auxílio-viagem do CNPq. O presente texto já foi publicado, em castelhano, na *Revista Española de Antropología Americana*, 31, 2001, p. 293-319.

[2] O livro de Renato Ortiz consagrado ao surgimento da Umbanda intitula-se, muito adequadamente, *A morte branca do feiticeiro negro* (1978).

cristalizou-se na forma de uma subdivisão da Umbanda, a Quimbanda. Ainda que os seguidores da modalidade mais bem comportada da Umbanda, que chamam de "umbanda branca" (sic), assegurem nada ter em comum com a Quimbanda, vista como sinônimo de "magia negra", quase todos os adeptos da Quimbanda, por sua vez, se dizem umbandistas sem tirar nem pôr.

O trabalho de campo mostra, de fato, que a maioria dos seus templos desenvolve ambas as vertentes. Longe de constituir uma seita dissidente, a Quimbanda parece corresponder a uma categoria de acusação *dentro* da Umbanda (BIRMAN, 1983), e passaremos a designá-la como Umbanda-quimbanda.

A busca de respeitabilidade da Umbanda levou os seus adeptos a distanciar-se das representações mais ligadas à herança africana e, entre outros aspectos, do culto de suas deusas, cujos mitos revelam a presença de uma exuberante sexualidade. Tudo aquilo que se situa fora da moral vigente passou a ser jogado para o domínio dos deuses da desordem, expressos sinteticamente pelas figuras dos Exus, entidades que apresentam forte parecença com figuras diabólicas. Melhor dizendo, são figuras transgressoras, que em tudo correspondem à *inversão* dos valores prezados pela boa sociedade. E tudo aquilo que dizia respeito à sexualidade feminina deu nascimento a uma nova categoria de entidades, designadas pelo vocábulo genérico de Pombagira, já que, como os Exus, seu nome é legião e, de acordo com os adeptos, existiriam *milhares* de Pombagiras.

Ao levantar, no Rio de Janeiro, as mais conhecidas figuras dessa entidade, deparei-me com uma representação que se vem destacando, assumindo uma personagem cada vez mais individualizada e hoje merecedora de um culto específico. É Maria Padilha, "rainha da magia".

Estava comentando as características dessa entidade, poderosa entre todas, em um colóquio sobre o imaginário, no Recife

(AUGRAS, 1989), quando o mestre Roberto Motta me chamou a atenção para um aspecto geralmente desconhecido. Deixo-lhe a palavra:

> Uma das maiores surpresas que já tive, sobre uma entidade de Candomblé ou da Umbanda, diz respeito a Maria Padilha. Conheci-a, se não me falha a memória, no terreiro de Mário Miranda, em Casa Amarela, não longe de onde estamos neste momento. Quis acreditar, a princípio, que se tratasse de uma criação do imaginário autenticamente brasileiro, igual a Zé Pelintra, Maria do Acais, Mestra Paulina e tantos outros, sem antepassados diretos (era o que eu achava) em mitologias europeias, africanas ou ameríndias. Meu espanto foi grande, como se pode perfeitamente calcular, quando a encontrei, nada mais nada menos, do que em Prosper Mérimée, em *Carmen*, que passo a citar: "*Ela (Carmen) estava diante de uma mesa, olhando numa terrina cheia d'água o chumbo que havia feito derreter e que havia jogado aí dentro. Estava tão ocupada com sua magia, que nem se apercebeu do meu regresso. Ora pegava num pedaço de chumbo e, com ar de tristeza, o revirava de todos os lados, ora ela cantava uma dessas canções mágicas em que as ciganas invocam Maria Padilha, a amante de Dom Pedro, que foi, ao que se diz, a Bari Crallisa ou a grande rainha dos ciganos*" (MOTTA, 1995: 182).

A descoberta de Roberto Motta[3] estimulou-me a dedicar uma pesquisa específica, de campo e de textos, para tentar reconstituir a trajetória de Maria Padilha. Pois o D. Pedro a quem se refere Méri-

---

[3] A primeira comunicação pública feita por Roberto Motta sobre essa coincidência foi apresentada no grupo de trabalho *Religião, Cultura e Identidade*, na XV Reunião da Associação Brasileira de Antropologia, em Curitiba, março de 1986. Por outro lado, Marlyse Meyer, que, mais tarde, dedicou um livro aos antecedentes históricos da entidade (MEYER, 1993), relata que o seu encontro com as raízes ibéricas deu-se na ocasião da defesa de tese de doutoramento de Laura de Mello e Souza, que veio a ser publicada em 1986. Curiosamente, a sua primeira comunicação sobre o tema deu-se em Paris, no mesmo ano de 1988 em que apresentei o presente texto, em Paris também. É, portanto, no fim dos anos 80 que a rainha da magia resolveu fazer o seu *début* acadêmico...

mée foi rei de Castela, e Maria de Padilla, a sua amante e favorita. Como pode uma personagem da história factual transformar-se em rainha carioca da magia? Que caminhos são esses que percorre o imaginário social?

Uma rainha formosa

Antes de apresentar Maria Padilha é preciso falar um pouco da Pombagira, para entender melhor as suas características, já que ela é frequentemente citada como um dos elementos mais destacados do "povo de Pombagira". A pesquisa de campo foi realizada ao longo dos anos de 1987-1988 junto a sacerdotisas e devotos da Umbanda-quimbanda. Foi enriquecida pela leitura sistemática de livretos encontrados muitas vezes em bancas de jornal, nos quais autores pertencentes a essa religião tentam organizar os conhecimentos a respeito das diversas entidades, com recomendações sobre a maneira de lidar com elas, transcrições de suas cantigas (os chamados "pontos cantados") e descrição das oferendas estipuladas pela tradição.

Pombagira é um Exu do sexo feminino e, na iconografia umbandista, é representada na figura de uma diaba, cujo corpo exibe uma plástica exuberante. Ela sintetiza os aspectos mais chocantes que a sexualidade feminina pode assumir frente à moral e aos bons costumes. O discurso dos folhetos umbandistas é bem claro a esse respeito: "Pombagira, Exu mulher, assim denominada em nossa lei, é a entidade conhecida na Umbanda e na Quimbanda como mulher de sete Exus [...] obtendo, dessa forma, a força e ajuda necessária de seus companheiros (maridos)" (MOLINA, s.d.: 13). O "povo de Pombagira" é formado por mulheres cuja vida foi de total devassidão, assim como "mulheres que, quando desencarnadas, *entregam-se a sete Exus*" (TEIXEIRA NETO, s.d.: 31 – grifo do autor). São, portanto, mulheres de sexualidade desenfreada: sua libido sobrevive à própria morte! Pombagira, único Exu feminino em meio a 17 Exus masculinos, conforme afirma Teixeira Neto, é capaz de tudo.

Os autores dos folhetos que descrevem as diversas entidades da Umbanda-quimbanda insistem no perigo representado por Pombagira, já que seu poder se fundamenta, quase que exclusivamente, no desejo sexual. "Quando incorporada, a Pombagira dá, a seu médium, *uma aparência onde a vibração do sexo, da luxúria, dos desejos carnais, da lascívia, pois, é por demais acentuada*" (TEIXEIRA NETO, s.d.: 39 – grifo meu).

Acresce que todos os médiuns do sexo feminino, quaisquer que sejam as entidades que costumam incorporar, têm também uma Pombagira "encostada". Imagina-se facilmente o quanto essa característica pode assumir feições ameaçadoras numa sociedade ainda dominada por valores machistas, em que, muitas vezes, só existem duas categorias de mulheres – decentes ou vagabundas – conforme o grau de assunção dos seus desejos sexuais.

Como todo Exu, Pombagira representa a subversão dos valores morais. Mas as jovens médiuns sabem como se proteger. Para livrar-se da sina das mulheres perdidas, elas oferecem sacrifícios à entidade, de modo a controlar sua influência.

As oferendas e cerimônias que objetivam aplacar os deuses da desordem parecem constituir importante elemento de articulação entre Umbanda e Quimbanda. Permitem canalizar a força das potências tenebrosas para a manutenção da ordem e dos bons costumes. No discurso umbandista, sequioso de legitimação e de respeitabilidade, as preocupações moralizadoras são constantes. Entre os depoimentos recolhidos por Liana Trindade, pode-se ler, por exemplo: "A Pombagira que recebo é pacífica, humilde, *não é chegada aos homens*" (1985: 55 – grifo meu), em flagrante oposição à representação usual da entidade como prostituta. Nessa perspectiva, Maria Padilha goza de um conceito ainda mais favorável:

> Maria Padilha é o espírito de uma mulher da vida, mas não é escandalosa, é mais simples, mais recatada do que a Pombagira... (*Informante*, n. 3, p. 50).

> Pombagira era prostituta de muito baixo nível social e sem cultura. Ela não conhece nada, não sabe definir o que é bom e o que é ruim. Ela não pertence à classe de Maria Padilha. Em vida, Maria Padilha era uma professora, tinha conhecimentos, pessoa elegante. Embora prostituta, sabia e sabe se comportar como uma senhora [...] As outras que estão abaixo dela são como prostitutas pobres, que aceitam pouco dinheiro para serem possuídas, diferentes daquelas chamadas damas elegantes que, tendo muito dinheiro, podem exigir muito dinheiro (*Informante*, n. 4).

Promovida de prostituta a professora, Maria Padilha acaba sendo descrita como uma cortesã de alta classe. É mulher de luxo, muito elegante, "uma senhora". Tais como os informantes de Liana Trindade, as pessoas que ouvi foram unânimes: "Maria Padilha é uma rainha, ela está acima das outras".

Um autor de folheto alega ter registrado o depoimento da própria Maria Padilha, falando em pessoa, por meio de uma mensagem psicografada. Vamos ouvi-la:

> Saravá Maria Padilha, grande Orixá da Quimbanda. Quando cruzada com as Almas, muita luz e força tem para dar na Umbanda. [...]

> Nos meus sete Cruzeiros eu sou respeitada. Todo e qualquer trabalho ali baixado eu estou olhando, se gosto da pessoa ajudo, se não gosto, atrapalho com toda a minha falange, e a pessoa diz que o trabalho não deu certo [...].

> Não me interesso muito por presentes, mas sim por guerra. Me dê nome e endereço, se possível, daquele que

for inimigo, no Cruzeiro, ou numa encruzilhada, em cruz, aberta. Grita por Maria Padilha, eu sou dos 7 Cruzeiros da Calunga [...]. Se desejas me agradar com sete cigarros acesos e sete rosas, agradeço. Se desejas molhar minha garganta com anis também agradeço e siga com minha proteção, aprenda a conversar comigo no espaço, eu apareço em sonho, quando não há um burro por perto[4].

Saravá Menino Exu

Saravá minha estrela

Saravá meu garfo e minha caveira

Saravá a menga grande que há de correr do inimigo (MOLINA, s.d.: 21-23).

Por essas fortes palavras, vê-se que Padilha faz por merecer a fama de ser uma das entidades mais perigosas da Quimbanda. Em muitos aspectos, lembra o orixá Iansã, à qual está subordinada na complicada hierarquia dos cultos sincréticos[5]. No Candomblé, Iansã é a rainha dos espíritos dos mortos (os Eguns) e, na Quimbanda, todo "trabalho" mágico realizado em cemitério requer o seu beneplácito. Por sua vez, Maria Padilha, rainha dos sete Cruzeiros, reside no centro do cemitério, a *Calunga*.

É todo-poderosa, e só faz o que quer. Costuma-se dizer que, para ganhar o apoio de algum Exu, basta oferecer-lhe um presente, que logo ele estará à disposição do pedinte. Maria Padilha, como se vê, reserva-se o direito de concordar, ou não. Substitui o aspecto quase

---

[4] Isto é, quando não há ninguém por perto que possa ser possuído pela entidade. A Quimbanda chama de "burro" aquilo que na Umbanda é "cavalo", oferecendo um bom exemplo da inversão dos valores usuais pela Quimbanda, já que substitui o cavalo, animal nobre, pelo burro. Em ambos os casos, é do médium que se está falando.

[5] As entidades da Umbanda-quimbanda são vistas como subordinadas aos orixás do Candomblé. Está atualmente ocorrendo um processo de reaproximação entre Umbanda e Candomblé, a tal ponto que já se fala em *umbandomblé*. Essa evolução parece decorrer do prestígio que o Candomblé está agora desfrutando na sociedade mais ampla, em consequência de sua recente valorização como "expressão autêntica" das raízes africanas e de sua corolária visibilidade na mídia, especialmente na televisão.

automático – na base do "toma lá dá cá" – do procedimento mágico por uma relação mais pessoal, quase afetiva, com o pedinte. Mas estabelece sobretudo uma relação de poder, absoluto e arbitrário. Se ela não gostar do pedinte, de que servem os presentes?

São oferecidas rosas vermelhas, sem espinho, bem abertas (tradicionalmente, botões de rosa fechados são símbolos de virgindade), bebidas alcoólicas, cigarros. Tais oferendas são comuns a todas as Pombagiras. O que distingue Padilha, porém, é sua sede de sangue (a *menga*) e sua paixão pela guerra. Exu é seu paredro, a estrela assinala o seu brilho, o garfo (tridente) ilustra suas origens diabólicas, a caveira sinaliza o poder sobre os mortos, e a saudação final lembra que, além do seu conteúdo guerreiro, o sangue escorrendo é a marca distintiva da feminilidade.

Tal como Pombagira, Maria Padilha é a patrona das mulheres bonitas, de sexualidade exigente: "Eu ajudo a ser formosa, não existe um burro meu feio, todas são mulheres bonitas e invejadas" (MOLINA, s.d.: 27). Seus pontos[6] insistem na sua formosura:

> De garfo na mão
>
> Lá vem mulher bonita
>
> Bonita e muito formosa
>
> Muito formosa e cheia de rosas
>
> Lá vem Maria Padilha
>
> Dos 7 Cruzeiros da Calunga

Pena que todas essas rosas acabem enfeitando a Calunga, ou seja, o cemitério...

---

[6] As cerimônias de Umbanda-quimbanda constam necessariamente de roda (gira), com cantigas (pontos) em língua vernácula, incluindo algumas palavras de origem banta, como, nos exemplos aqui citados, *menga* (sangue), *calunga* (cemitério), *curimba* (canto). Ainda que pareça portuguesa, a palavra "gira" provém, nesse contexto, do quicongo *njila* (roda).

A ambivalência é, aliás, uma constante, quando beleza e riqueza estão associadas a cenas estranhas:

> De onde é que Maria Padilha vem?
> Onde é que Maria Padilha mora?
> Ela mora na mina de ouro
> Onde galo preto canta
> Onde criança não chora

O que significam essa criança calada, esse galo triunfante e diabólico, respectivamente presa e guardião da mina de ouro? Os esconjuros ibéricos não estão longe[7], nem as fórmulas mágicas para fazer aflorar os tesouros escondidos na terra...

"*Embaixo daquela figueira/ Teve Rainha formosa*", Maria Padilha de novo. Símbolo de fecundidade nas tradições mediterrâneas no dizer de Jean Chevalier e Alain Gheerbrant (1973), a figueira como que se opõe à cruz do cemitério, o Cruzeiro emblemático de Padilha. Nas religiões brasileiras de origem africana, porém, a figueira (*Ficus*) é precisamente a morada dos espíritos dos mortos[8]. Prevalece, portanto, a mensagem de morte.

No Rio de Janeiro, atualmente, Maria Padilha está se transformando em denominação coletiva, tal como aconteceu com Pomba Gira. São cultuadas, além das entidades já nossas conhecidas da figueira e dos sete cruzeiros da Calunga, Maria Padilha da estrada, do cais, da praia, do cabaré. São todos lugares de passagem, de margem, de transformação, de poderes. Tais denominações parecem

---

[7] Esse "ponto" lembra por demais o "esconjuro da porta" citado por Ortega (1988: 165): "*Diablo Cojuelo/ dáme señal/ de perro ladrar/ de gallo cantar...*"

[8] De acordo com Olga Cacciatore (1977), a figueira seria ainda a "árvore dos Exus". Henri-Georges Clouzot, que foi um dos poucos autores a assinalar a presença do culto de Maria Padilha na Bahia, relata ter visto o seu assentamento numa árvore, sem contudo precisar qual (1951: 155).

resultar de um processo de contaminação, pelo qual características classicamente atribuídas a Pombagira foram estendidas a Maria Padilha. Um pequeno inquérito realizado junto a vendedores de lojas especializadas em apetrechos de Umbanda e Candomblé[9] pôs em evidência certa fusão entre as características de uma e outra entidade. As estatuetas de gesso que representam Maria Padilha obedecem, no entanto, a um estereótipo bem diferente das de Pombagira: Padilha é uma jovem, cor de canela, com longos cabelos pretos, busto, braços e pernas desnudos, já que sua vestimenta se resume em uma saia, curta ou arregaçada. Padilha da figueira está recostada na árvore, suspendendo a saia, numa postura de oferecimento. Outras caracterizações mostram, no pé das estatuetas, um símbolo – geralmente pintado – que assinala a especificidade de cada uma. Para Maria Padilha dos sete cruzeiros da Calunga são cruzes, para Maria Padilha das Almas, é uma caveira e, para uma entidade que só localizei uma vez, Maria Padilha das sete catacumbas, um caixão de defunto.

À minha pergunta sobre o número de Padilhas, a mãe-de-santo de um terreiro de Umbanda de Niterói retruca: "Existem um monte de Maria Padilha. Não dá para descrever. Cada terreiro tem a sua, e ainda depende se é de Umbanda, de Quimbanda ou de Candomblé. Mas é sempre uma rainha".

A umbanda é uma religião em franca expansão que, a cada dia, incorpora novas entidades, e o caso de Maria Padilha evidencia claramente esse processo.

À pergunta "de onde vem Maria Padilha?", a mesma sacerdotisa responde: "Depende. As Maria Padilha vêm de muitos lugares, tem

---

[9] Inquérito realizado em junho de 1988, nas quatorze lojas especializadas que então comportava o Mercado de Madureira, no Rio de Janeiro. Uma excelente descrição desse mercado, caro a todo o povo-de-santo e aos pesquisadores, pode ser encontrada em Vogel et al. (1993).

uma que vem do Congo, outra da Bahia... Vêm de todo lugar". De modo significativo, a informante só consegue especificar duas origens, Congo e Bahia. Embora insista na multiplicidade das origens possíveis, apenas remete às fontes legitimadoras de sempre, África e "Roma Negra" brasileira. Prosper Mérimée, no entanto, aponta para outra pista, a da amante de um rei de Castela que, além do mais, teria parte com os ciganos. Como foi que se transformou em rainha carioca dos cemitérios?

"De onde é que Maria Padilha vem?"

Mérimée, como se viu, mostra Carmen evocando Maria Padilha como rainha cigana que, dizem, teria enfeitiçado D. Pedro I de Castela. A personagem histórica, que nada tinha de cigana, mas era dama de boa nobreza, foi obscurecida, ao longo dos séculos, pela tradição que a acusou de ter tido a pior das influências sobre o rei. Ao acreditar nas palavras do cronista Jean Froissart (1333-1400), seu contemporâneo, "o rei Dom Pedro que foi tão cruel" não merecia a coroa, e não carecia de influências más para levar uma vida de crimes.

Filho de Afonso XI com Maria de Portugal, Pedro (1334-1369) sucedeu ao pai com quinze anos de idade. A longa série de guerras que ensanguentaram seu reino foi causada pelas pretensões dos bastardos do falecido rei, que deixara a companhia da esposa para unir-se a Leonor de Guzmán. O testemunho de Froissart está longe de representar uma opinião isenta, pois foi o apoio dos exércitos franceses, sob o comando do famoso Capitão Bertrand Du Guesclin[10],

---

[10] A expedição de Du Guesclin, financiada por partes iguais pelo rei da França, pelo rei de Aragão e pelo Papa Urbano V, tivera, além dos óbvios motivos políticos, o objetivo de afastar do solo francês e catalão as "Grandes Companhias", ajuntamentos de desordeiros e soldados errantes que se dedicavam à pilhagem. Com a prévia absolvição do papa, as Companhias invadiram a Castela e

que permitiu que Enrique de Trastámara, filho de Leonor, derrotasse e finalmente triunfasse sobre Pedro. Preso na Batalha de Montiel (14 de março de 1369), o rei legítimo foi morto à traição, e a posteridade registrou-lhe dois apelidos opostos. Para seus partidários, ficou sendo Pedro o Justiceiro e, para os outros, Pedro o Cruel...

Com a vitória de Enrique, era de se esperar que prevalecesse a acusação de crueldade. *Romanceros* dos séculos seguintes dedicaram-se a denegrir a memória de Pedro e apontar culpados. Ora, numa sociedade tão machista como era a cultura medieval (DUBY, 1988), de onde vêm os escândalos? Das mulheres, é claro.

Culpada foi Leonor de Guzmán, que roubou Afonso XI dos braços da esposa, Maria de Portugal. Culpada também, Maria de Portugal que, por ter sido abandonada, criou o filho para a vingança, no que foi prontamente obedecida, já que Pedro mandou matar a amante do pai logo que se tornou rei. Culpada até mesmo Branca de Bourbon, a desditada esposa de D. Pedro que morreu cedo, de morte matada, segundo disseram, a mando do rei. A *vox populi* denuncia Pedro e o absolve ao mesmo momento: Branca – que era irmã da rainha da França – teria sido amante de Fadrique, outro bastardo do falecido rei, assassinado para vingar a honra do pai. Hoje, os historiadores são de opinião que a rainha provavelmente morreu de doença. No que diz respeito a Fadrique, é fato que o rei o mandou matar, para proteger o seu trono.

D. Pedro, refugiado em Portugal, aliou-se com o príncipe inglês que então governava a Guyenne, conseguindo derrotar o adversário na Batalha de Nájera (03/04/1367) e prender o próprio Du Guesclin, enquanto Trastámara lograva escapar. O próprio rei da França, Charles V, pagou o resgate do seu capitão, os exércitos retomaram a jornada e D. Pedro, que se desentendera com o seu aliado, cometeu a loucura – conforme Calmette (1979: 264) – de "buscar ajuda junto dos Mouros, provocando a revolta de seus súditos que se foram jogar nos braços do seu adversário". Froissart, que relata as expedições de Du Guesclin em suas *Chroniques*, a nada disso assistiu, já que na época, estava na Inglaterra. Antes que testemunho contemporâneo, a sua narrativa é na verdade a expressão da versão oficial, francesa, e obviamente contrária a D. Pedro.

Nos *Romanceros*, porém, a grande culpada por tudo foi Maria de Padilla, favorita de D. Pedro de 1352 até a sua morte, em 1362. Filha legítima de Diego Garcia de Padilla, Senhor de Villareja, foi apresentada ao jovem rei por Juan Alfonso de Albuquerque, que contava com seu apoio para manter-se como conselheiro de Pedro. Tornou-se sua amante e dele teve quatro filhos: Beatriz, Constanza, Alfonso e Isabel. No mesmo ano em que se conheceram e se apaixonaram, em 1352, o rei viu-se obrigado, por razões dinásticas, a desposar Branca de Bourbon. Dizem que no terceiro dia das bodas Pedro deixou a jovem esposa em Valladolid e fugiu para Toledo, onde Maria o esperava. Ele tinha dezoito anos e ela, quinze.

No decorrer de sua vida, Pedro não parece ter criado muito juízo, no que diz respeito às mulheres. Ele teve muitas amantes, mas Maria permaneceu a favorita. Quando ela faleceu, em 1362, pouco depois da rainha, o rei tomou o luto. Declarou publicamente que a tinha desposado secretamente, e solicitou das Cortes a legitimação dos seus filhos, além da concessão, *post mortem*, do título de rainha de Castela e León à falecida Maria.

Como, no mesmo tempo, Pedro estivera casado com Branca, a solicitação era bastante estranha. Aos poderosos, contudo, é fácil obter os testemunhos de que necessitam e, embora o sapo fosse de invulgar tamanho, o arcebispo de Toledo o engoliu.

Os pequenos príncipes foram legitimados, e sua mãe foi enterrada com todas as pompas reais na Catedral de Sevilha, ao lado de São Fernando. Por infelicidade, Alfonso logo morreu, e, como se viu, o reino passou finalmente às mãos de Enrique de Trastámara. Beatriz foi ser freira, no Convento de Tordesilhas, Constanza casou com John of Gaunt, duque de Lancaster, e Isabel com o irmão deste, Edmund of Langley, Duque de York.

Mas a descendência ulterior de Maria de Padilla merece o reparo. Conforme pude ler no livro de Joseph Calmette, *Histoire de l'Espagne* (1947), Constanza foi mãe de Catarina de Lancaster, que veio a casar-se com Enrique III de Castela que era, por sua vez, o neto de Enrique de Trastámara. Geraram Juan II de Castela que, unido a Maria de Aragão (também descendente de Trastámara, pois era filha de Fernando o Justo, irmão de Enrique III), teve como filha Isabel, mais conhecida hoje como Isabel I a Católica (1451-1504). Como se vê, a rainha que, juntamente com seu esposo Fernando de Aragão (descendente também dos Trastámara), empreendeu a grande Reconquista da Espanha e, em 1478, instituiu o império da Inquisição, era tataraneta daquela que viria a ser evocada pelas feiticeiras ibéricas, e que hoje conhecemos como rainha da magia no Rio de Janeiro! A história factual não é menos fascinante do que *"cet autre réel, l'imaginaire"* (LE GOFF, 1985: II). No sangue dos descendentes, inimigos se reconciliam, perseguidores e perseguidos se encontram, e uma rainha zelosa do triunfo da Cruz é parente, em linha direta, da rainha carioca dos sete Cruzeiros dos cemitérios...

Os ditos dos *Romanceros*

Ao que parece, a nova dinastia dos Trastámara foi benéfica a Castela. Já no próprio reinado de Enrique, o país desenvolveu-se. Para reforçar o poder do novo rei, espalharam-se rumores desabonadores a respeito de D. Pedro e de suas mulheres. Trovadores puseram os boatos em forma de versos. Compôs-se o *Ciclo de D. Pedro o Cruel*:

> Entre los unos, secreto;
>
> entre otros se publica,
>
> no se sabe por más cierto
>
> de que el vulgo lo decía (apud SANTULLANO, 1968: 561).

O "Ciclo" relata os crimes do rei e as intrigas de Maria de Padilla. Basta-lhe insinuar algo acerca do relacionamento entre a rainha e Fadrique, e o rei, de pronto, o manda matar:

> Aún lo hubo dicho
> la cabeza le han cortado;
> a doña Maria de Padilla
> en un plato le ha enviado (apud SANTULLANO, 1968: 566).

O humor de Maria está sombrio, Pedro resolve alegrá-la e, para tanto, ordena a morte da rainha. Branca se despede da vida como verdadeira cristã:

> O Francia mi dulce tierra
> O mi casa de Borbón!
> [...] El rei no me há conocido
> con las vírgenes me vo.
> Doña Maria de Padilla
> esto te perdono yo;
> por quitarte de cuidado
> lo hace el rey mi señor (apud SANTULLANO, 1968: 572).

Queixa-se de ter sido desprezada pelo rei:

> Posesión tomé en la mano
> mas no se la tomé, en el alma,
> por se la dió primero
> a otra más dichosa dama;
> a una tal doña Maria
> que de Padilla se llama
> y deja su misma esposa
> por una manceba falsa (apud SANTULLANO, 1968: 568).

Nasce a lenda na qual Mérimée apoiar-se-á:

> Díle una cinta a don Pedro
> de mil diamantes sembrada
> pensando enlazar con ella
> lo que amor bastardo enlaza;
> húbola doña Maria
> que cuanto pretende alcanza;
> entrególo a un hechicero
> de la hebrea sangre ingrata;
> hizo parecer culebras
> las que eran prendas del alma
> y en este punto acabaran
> la fortuna y mi esperanza (apud SANTULLANO, 1968: 569).

Interessante é que a versão divulgada por Mérimée, quatro séculos mais tarde, apresenta importantes modificações: "Maria Padilla foi acusada de ter enfeitiçado o rei D. Pedro. Conforme uma tradição popular, ela teria dado um cinto de ouro para a Rainha Branca de Bourbon que, aos olhos fascinados do rei, pareceu cobra viva. Daí a repugnância que sempre demonstrou para com a infeliz princesa" (1947, n. 47: 189).

As mudanças valem o reparo. Na versão que se poderia chamar de original, já que Santullano (1968) a situa no século XIV ou XV, pouco tempo depois do falecimento dos protagonistas, a Rainha Branca é quem dá o cinto ao rei, e Maria recorre aos sortilégios de um feiticeiro judeu para dar-lhe um aspecto ameaçador[11]. Na

---

[11] Outra variante do Ciclo de D. Pedro, citada por Marlyse Meyer (1993: 32) dá a mesma versão: "*La reina al Rey habia dado/ Una cinta mucho rica/ De oro muy bien labrado/ Com perlas piedras preciosas [...] Doña Maria de Padilla/ La cinta hubiera em su mano/ Dió la en poder de um judio/ Que era magico y sabio/ Puso en ella tales cosas/ Que al Rey mucho han espantado/ Culebra le há semejado...*"

nota de Mérimée, é Maria quem manda fazer o cinto enfeitiçado, para uso da rainha. Ela tem a iniciativa, oferece o presente, e atua como feiticeira. Além disso, como se viu acima, o texto do novelista francês apresenta Maria de Padilla como "grande rainha dos ciganos", ao passo que no *Romancero* a feitiçaria é atribuída a um mago judeu.

Como se verá mais adiante, a aludida relação de Padilla com os ciganos parece um tanto anacrônica. No século XIV, os ciganos sequer haviam chegado à Europa Ocidental[12], e eram, de fato, os judeus e os mouros que, por assim dizer, detinham quase monopólio das acusações de feitiçaria. Não surpreende, portanto, o recurso às artes do "ingrato sangue hebreu" para transformar o cinto de diamantes em horrenda cobra. Na tradição judaico-cristã, a serpente representa, por excelência, um animal demoníaco e, até mesmo, o próprio demônio. Além disso, Chevalier e Gheerbrant (1974) chamam a atenção para a sua antiga ligação com os cultos das divindades relacionadas com a fecundidade feminina. Em ambas as versões, a original e a romântica, a referência sexual é evidente. Por meio do cinto, a rainha Branca deseja "enlaçar aquilo que o amor bastardo enlaça", ou seja, atrair para si os desejos do esposo. Na medida em que o cinto encantado é visto como serpente pelo rei, a esposa assume um aspecto fálico. Ao oferecer-lhe o cinto, põe o rei frente à negação de sua própria virilidade. A mulher submissa transmuta-se em criatura hermafrodita, poderosa e temível. Na versão de Mérimée, quem usa o cinto é a rainha e, por conseguinte, aos olhos do rei, aparece como mulher fálica, cujo protótipo é Lilith, a mulher-serpente. Em ambos os casos, é patente a ameaça

---

[12] Na França, as primeiras Crônicas que assinalam a sua chegada datam do início do século XV, mais exatamente, de 1419. Na Espanha, chegaram aproximadamente em 1427. Ainda que o *romancero* estivesse florescendo naquela época, mesmo assim era muito cedo para incluí-los na narrativa.

de castração devida à revelação de um poder que junta os dois sexos em um só. Nesse ponto, tanto faz uma versão como a outra.

A feiticeira (Mérimée), ou a cliente do feiticeiro (*Romancero*) é Maria de Padilla. Mas é a Rainha Branca que toma as feições de Lilith, sugerindo assim uma estranha identidade entre as duas, Branca ou Maria. Culpada ou inocente, a mulher sempre tem parte com o diabo...

A história das mulheres de D. Pedro nada mais é que a revelação do terrível poder feminino. Mas hoje, o imaginário popular só reteve a imagem da amante, por melhor encarnar o reino da transgressão.

Maria Padilha chega ao Brasil

Os romances do fim da Idade Média, recitados nas cortes e nos castelos, são recolhidos e reorganizados na época clássica, quando o teatro espanhol neles se inspira, em muitos dramas do Século de Ouro. Com o triunfo do classicismo, o *Romancero* "refugia-se nas aldeias afastadas e no campo, entre pessoas menos letradas" (MENENDEZ PIDAL, 1962: 33). Graças às rimas e ao seu ritmo peculiar, os romances são facilmente memorizados e, mercê da fusão entre Espanha e Portugal (1580-1640), vão ganhando toda a Península Ibérica. Logo mais, atravessam os mares, e grande parte da literatura nordestina de cordel origina-se diretamente das maravilhosas histórias da Europa Medieval, transmitidas pela cultura popular ibérica.

Até a presente data, no entanto, não me foi possível encontrar, nessa literatura de transmissão quase que exclusivamente oral, o menor vestígio do Ciclo de D. Pedro o Cruel nem, por conseguinte, dos malefícios de Maria de Padilla. Ao que parece, ela chegou ao Brasil por outros caminhos.

Em 1713, a portuguesa Antonia Maria, natural de Beja, é condenada ao degredo por feitiçaria. Remetida para Angola, acaba – não se sabe por que – chegando ao Brasil em 1715. Fixa moradia no Recife e logo volta às práticas mágicas. A Inquisição a reencontra e, entre as peças do processo, Laura de Mello e Souza releva a utilização, pela feiticeira de Beja, de curiosa fórmula: "Antonia batia no chão com três varas de marmelo, invocava *Barrabás, Satanás, Caifás, Maria Padilha com toda a sua quadrilha, Maria da Calha com toda a sua canalha*" (SOUZA, 1986: 198 – grifo meu).

É claro que tal oração não era propriedade exclusiva de Antonia Maria. Barrabás, Caifás, Herodes e até mesmo Pôncio Pilatos eram presença constante nas fórmulas mágicas dos feiticeiros portugueses. Em livro publicado em 1894, e dedicado às *Diabruras, Santidades e Prophecias*, Augusto Teixeira de Aragão encontrou, nos arquivos da Torre do Tombo, a pista de outra Maria Antonia, "mais conhecida como Maria Paixo", natural do Porto, que fora degredada para o Brasil em maio de 1633, assim como a de Anna Martins que, com mais de noventa anos, curava tanto pelas rezas dos santos como pela evocação de Barrabás ou "o poder de Caifás". No Portugal setecentista, outra bruxa evocava Maria Padilha para proteger uma cliente do marido ciumento: "Por Barrabás, Satanás, Caifás, e Maria Padilha com toda a sua quadrilha, abrandassem o coração do dito..." (SOUZA, 1986, n. 14).

Tudo deixa supor que as feiticeiras portuguesas já se haviam acostumado a ver em Maria Padilha um espírito poderoso e sem dúvida maligno, pois que associado, nas rezas, ao nome dos maus do Novo Testamento e até mesmo ao próprio Satanás. A disseminação do *romancero* de D. Pedro parece ter propiciado a reinterpretação da personagem histórica de Maria de Padilla, doravante transformada em imagem infernal, com séquito cheirando a enxofre. Antes hipotética cliente de um feiticeiro judeu, agora alçava-se à condição de patrona das feiticeiras.

Laura de Mello e Souza, a quem devemos a descoberta de Antonia Maria, a feiticeira de Beja, e do uso da oração de Maria Padilha no Brasil em pleno século XVIII, prosseguindo nas investigações, afirma que, nos primeiros processos de degredo por feitiçaria, em meados do século XVII, já encontrou "quatro casos de orações que invocavam Maria Padilha", sendo que "há notícia de dezenas deles no Brasil setecentista, associados sempre a outros elementos das orações de conjuro" (1993: 93).

A relação de Maria Padilha com os ciganos não parece tão evidente. Consta que o rei de Portugal D. João V mandou degredar todos os ciganos portugueses e espanhóis do Reino para o Brasil em 1718 (BARDY, 1965). Outros já haviam chegado antes, condenados, em sua maioria, por furto. Ainda que hoje a associação dos ciganos com a feitiçaria se tenha tornado um lugar-comum, nada permite afirmar que eles tenham também trazido Maria Padilha em suas bagagens. O notável trabalho de María Helena Sanchez Ortega, sobre *La Inquisición y los gitanos* (1988) fornece uma base segura para situar os limites da tal feitiçaria cigana. Mostra que todas as práticas que lhes foram atribuídas já faziam parte das tradições espanholas, antes mesmo de os ciganos chegarem à Península Ibérica. Ao analisar processos da Inquisição, observa que "no caso dos ciganos não aparece nenhum caso em que um membro do grupo tenha sido processado por um delito no qual não incorreram tampouco os *castellanos viejos*" (ORTEGA, 1988: 52).

A capacidade de os ciganos se amoldarem aos costumes e crenças dos lugares percorridos foi assinalada por todos os autores. Henriette Asséo (1994) mostra que, conforme o país em que se implantavam, passavam, com a maior naturalidade, a professar a religião católica, o islamismo e, nos dias de hoje, o pentecostalismo. Ao penetrarem na Europa Ocidental, justificavam seu périplo dizendo terem sido cristãos outrora, depois, apóstatas, e, doravante reconvertidos, haveriam recebido do papa, como penitência, a incumbência de viajarem, até chegar a Santiago de Compostela. Nada surpreendente, portanto, que viessem a incorporar os costumes espanhóis em sua estada. Ortega passa em revista as práticas mágicas dos não ciganos (1988: 97-243), e levanta um riquíssimo acervo que em nada difere de práticas medievais semelhantes. Entre diversas orações destinadas a sortilégios de amor, vamos encontrar dizeres idênticos aos das bruxas portuguesas já nossas conhecidas e, como não poderia deixar de ser, a evocação de Maria de Padilla: "*Yo te conjuro/ por doña María de Padilla/ con toda su cuadrilla/ por el marqués de Villena/ con toda su gente/ por la mujer de Satanás/ por la mujer de Barrabás/ por la mujer de Belcebú...*" (p. 142).

A única diferença deve-se à evocação das "mulheres" dos respectivos diabos, como se, para feitiços de amor, feitos por mulheres e para mulheres, as práticas se devessem manter dentro dos limites do mundo feminino. Mas outras bruxas de Valencia recorrem à oração mais clássica: "*Por Barrabás, Satanás y por Lucifer/ por doña Maria de Padilla/ y toda su compañia*" (p. 142). O que importa é o poder das potências infernais...

É claro que as ciganas, ao se estabelecerem na Espanha, haviam de se beneficiar dessa tradição. Estranhos em relação às sociedades que percorriam, os ciganos situavam-se, quase que naturalmente, no perigoso e poderoso reino das margens, naquele entremeio onde tudo é possível, e onde circulam as potências do caos. Foram-se enquadrando naquilo que María Helena Ortega chama "o mito da tribo mágica", tirando partido de sua própria ambiguidade para sobreviverem e, por conseguinte, especializando-se em tudo aquilo que era situado fora dos costumes ordeiros: adivinhação, roubo, bruxaria, e todos os tipos de "malandragem" possíveis. Nascia um estereótipo até hoje vigente.

Em relação aos ciganos espanhóis, Ortega atribui grande parte desses clichês à obra de George Borrow, *Don Jorgito el inglés*, missionário que percorreu a Espanha no início do século XIX, e que, tendo realmente convivido com ciganos, deixou relatos em que se misturam informações etnográficas e devaneios literários ou, como ela diz, "*a caballo entre la imaginación y la realidad*" (p. 301). Foi em suas páginas que a autora localizou a citação do conjuro dirigido à *Padilla romi*, e no qual Mérimée se apoiará. Que Maria de Padilla, no século XIX, já tenha sido incorporada ao arsenal das orações ciganas, nada mais lógico. Mas que essa simples menção baste para fazer dela uma "grande rainha dos ciganos", a coisa parece um tanto arriscada. Prefiro, por enquanto, deixar essa hipótese no campo da pura literatura romântica, o que não constitui descaso. Além do mais, foi exatamente por esse viés que cheguei, assim como outros pesquisadores que me antecederam, a me interessar pelas origens históricas de Maria Padilha, rainha da magia no Rio de Janeiro. Mesmo que houvesse ciganos no Brasil bem antes do seu degredo por assim dizer "oficial", a hipótese de ela ter chegado em suas bagagens parece pouco econômica, haja vista o grande número de feiticeiras portuguesas já deportadas ao longo do período colonial[13]. E quando o rei D. João V resolveu expulsá-los, fazia algum tempo que, como dizia Antonia Maria, a feiticeira de Beja, "Maria Padilha com toda a sua quadrilha", aportara em nossas praias.

Os caminhos do imaginário

A trajetória histórica que acabamos de reconstruir não parece ter deixado marcas entre os fiéis de Maria Padilha no Brasil. O

---

[13] Na Umbanda-quimbanda, há numerosas entidades chamadas de ciganas. Mas estão todas incluídas na categoria de Pombagira, não na de Maria Padilha.

autor de um folheto que lhe é integralmente dedicado afirma, no entanto, que

> ela teve diversas encarnações e é conhecida na Umbanda e na Quimbanda como um EXU-Egum [sic], que vem a ser *espírito de morto*, pessoa que já viveu em nosso planeta [...] Nas pesquisas e estudos que me aprofundei no decorrer dos anos, obtive confirmação de que há muitos anos atrás, em uma de suas passagens por este planeta ter sido ela irmã carnal de uma certa pessoa de grande nobreza do Mundo Antigo [...] É por isso que Maria Padilha é uma Entidade, de certa forma autoritária, pois fora em outras eras figura de grande vulto, que são citadas hoje na História Geral, na História Universal (MOLINA, s.d.: 16 – grifos do autor).

Não é grande a precisão da informação, mas mesmo assim, carreia a ideia de personagem histórica, vista como muito antiga. Um dos pontos cantados de Padilha afirma: "*Minha nobreza vem de longe/ de longe, muito longe*".

Além disso, como se viu acima, os informantes asseguram que "Maria Padilha é uma rainha". Parece que, na memória coletiva, conservou-se a referência a uma figura histórica, sem maior nitidez. De fato, a contextualização objetiva não se inclui entre as principais preocupações dos adeptos da Umbanda-quimbanda. Trata-se de religião e, por conseguinte, a legitimidade das crenças é estabelecida pelo próprio discurso dos devotos. De acordo com o que me disseram, é ela mesma, Maria Padilha, quem deve indicar suas origens. E nessa tarefa é bem mais competente do que qualquer historiador.

A vendedora de uma loja especializada em objetos do culto dá o seu depoimento:

> A gente sabe a história dela, porque ela conta. Minha mãe "recebia" Maria Padilha da Figueira, ela dizia que

era europeia, ela era rica e muito ruim, os pobres pediam comida, ela negava e dava pros cachorros. Ela tinha feito um trabalho [de magia] para fugir com o amante, o marido descobriu, matou ela, foi *assim que ela virou numa Maria Padilha*.

— Ela vivia em que país da Europa?

— *Na França, talvez na Alemanha, não sei...*

— Na Espanha talvez?

— *Na Espanha não, ela devia ser alemã.*

A estatueta de Maria Padilha da Figueira, no entanto, nada tem de uma *Lorelei*. No Brasil, a categoria "europeia" costuma conotar algo requintado, elegante, mas essa distinção restringe-se geralmente aos países do norte da Europa. Ao que parece, os imigrantes espanhóis e portugueses estão por demais próximos para adquirirem tintas exóticas.

O depoimento de nossa informante congrega grande número de estereótipos: Maria Padilha realmente existiu, era uma mulher poderosa e sofredora. Imagem do "seio mau" caro a Melanie Klein[14], nega aos pobres a comida que joga aos cachorros. Encarnação da sexualidade desenfreada, recorre à feitiçaria. Depois da morte, torna-se entidade demoníaca. Esse relato, recolhido no Rio de Janeiro em junho de 1988, não se apresenta como diferente, em sua estrutura, da história contada pelo Ciclo de D. Pedro o Cruel no século XV. Reaparecem o poder, a riqueza, a maldade, o adultério e a feitiçaria. Assim como Maria de Padilla se tornou rainha de Castela depois de morta, nossa "europeia" se transforma em Exu-Egum, diaba-fantasma, para ser evocada como rainha carioca da magia.

---

[14] Em trabalho sobre outra entidade da "família" de Pombagira, *De Tatá-Molambo au seinpoubelle*, José Carlos de Paula Carvalho (1988) identifica esse mesmo aspecto.

A referência espanhola[15] pouco importa em termos de localização geográfica. Mantém-se constante o estereótipo, não apenas ibérico, da natureza diabólica da mulher que expressa desejos sexuais. *El libro de los engaños y assayamientos de las mujeres*, tradução espanhola de um texto árabe, publicado em 1253, já não afirmava que "o diabo toma forma de mulher" para prejudicar os homens bons? (GOLDBERG, 1983). As tradições islâmicas juntam-se à contribuição judaico-cristã para afirmar que diabo ou mulher é tudo igual.

A Umbanda não faz por menos: "o *Homem* ou *Macho* de qualquer espécie é o *Positivo* ou a *Força Positiva*. A *Mulher* ou a *Fêmea* de qualquer espécie é o *Negativo* ou a *Força Negativa*" (TEIXEIRA NETO, s.d.: 25 – grifo do autor). A fidelidade às tradições machistas é total, e a brilhante carreira de Maria Padilha no Brasil parece devida à permanência de uma representação fortemente ancorada no imaginário social – a da mulher sexualmente ativa e dominadora, da qual a mítica Lilith é o protótipo.

Cassandra Rios, escritora brasileira cujo evidente talento literário ainda não recebeu o merecido reconhecimento, por publicar, nas décadas de 1960 e 1970, livros de forte conteúdo erótico – situando-se, ela própria, como encarnação do mesmo estereótipo! –, escreveu um pequeno romance intitulado *Maria Padilha*. Até onde eu sei, é a única obra literária que, entre nós, lhe tenha sido dedicada. Nesse romance, a heroína, cuja avó é uma sacerdotisa da Umbanda-quimbanda, sofre um processo de transformação interna, verdadeiro percurso iniciático, no fim do qual é possuída por Maria Padilha, que declara: "Eu sou

---

[15] Entre as cantigas de Maria Padilha, encontramos pelo menos uma que mantém forte sabor ibérico: *"Meu santo Antonio pequenino/ Amansador de touro bravo/ Quem mexer com Maria Padilha/ Está mexendo com o diabo"*. Santo Antônio, na Bahia, corresponde a Ogum, deus da guerra no Candomblé, e ao qual os Exus estão subordinados. De acordo com Teixeira Neto, Maria Padilha "é amiga particular de Ogum, porque, tanto Ogum como Maria Padilha trabalham no Cruzeiro dos Cemitérios e nas Encruzilhadas" (s.d.: 97).

a pura sensualidade, o puro desejo, com tudo o que posso irradiar de calor, de sexo e de luxúria, *não sou obscena nem depravada, sou a natureza*" (1979: 79 – grifo meu). Essas palavras são como um eco da feiticeira de Michelet. O poder de Maria Padilha é o da própria natureza, e ela compartilha essa herança com todas as mulheres que, assumindo o puro desejo, passam a representar uma ameaça à hegemonia do poder masculino.

Na tradição judaica, temos a figura de Lilith, nascida da terra, junto com Adão e, por conseguinte, a sua igual. É substituída por Eva, que foi tirada do corpo de Adão, sendo portanto a sua dependente. O poder de Eva é apenas uma parte do poder masculino, enquanto o poder de Lilith é o poder feminino em toda a sua plenitude. Por isso é condenada, e a Cabala exige que ela permaneça para sempre sepultada nas profundezas do oceano:

> Para, para
>
> Não entre, não saia!
>
> Nada de ti, nada em ti!
>
> Volta, volta, o mar ruge
>
> Suas ondas te chamam (apud CHEVALIER & GHEERBRANT, vol. 3, 1974: 129).

Por representar a força indomável do oceano da libido, Lilith tornou-se uma figura das trevas. Mas as feiticeiras, quer sejam judias, árabes, espanholas ou portuguesas, não se esqueceram do seu poder. E Maria Padilha é hoje uma das encarnações dessa entidade primordial, com toda a sua quadrilha, isto é, com todo o seu séquito de mulheres que assumem a força do próprio desejo.

De tal modo que, ao oposto daquilo que pretendia, quando fui buscar as origens históricas da rainha carioca da magia, não é a dama espanhola do século XIV que me fornece as chaves para compreender a entidade. É, pelo contrário, a figura mítica da protetora das feiticeiras que, tendo "força e luz para dar", acaba iluminando a personagem histórica. As injunções políticas que favoreceram a transformação da favorita do rei em encarnação do terrível poder feminino empalidecem frente à força das imagens já disponíveis no repertório popular. Para entendê-la, mais do que rastrear as etapas da viagem de D. Maria de Padilla, de Castela para Portugal, e de lá para o Brasil, é necessário seguir os caminhos do imaginário que, ao longo dos séculos, asseguram a permanência de antigas representações. Nunca é demais citar Max Weber, quando, a respeito dos acontecimentos históricos, afirma que "eventos não estão apenas ali e acontecem, mas têm um significado e *acontecem por causa deste significado*" (apud SAHLINS, 1990: 191 – grifo meu). Foi o discurso medieval sobre o poder demoníaco da mulher que, por assim dizer, pré-formou a imagem da amante do rei.

Personagem real ou heroína lendária, dama de boa nobreza ou suposta rainha cigana, cliente dos feiticeiros ou bruxa, diaba ou mulher? O campo do imaginário não propõe alternativas excludentes. Pelo contrário, permite afirmar: Maria Padilha é isso tudo ao mesmo tempo. E se tivermos ainda algumas dúvidas, frente ao valor do modelo positivista, para admitirmos que lendas e mitos carreiem informações tão relevantes e fundamentais quanto os dados da história factual, basta lembrar a incrível brincadeira do destino que fez da Rainha Isabel a Católica a tataraneta daquela que hoje se tornou a rainha carioca da magia.

2
Seu Zé
Homenagem ao malandro

A busca de Zé Pelintra

Falar de Zé Pelintra é dizer de aproximação e recuo, acertos e esquivas, transgressões e perigos. É render-se à eloquência do não dito, viajar pelas margens dos espaços suburbanos, encarar desafios. Curvar-se a regras implícitas, renunciar ao esclarecimento, deixar-se guiar pelos volteios do objeto da pesquisa, para com ele aprender a ginga, a brincadeira, a duplicidade.

A primeira versão desse trabalho, apresentada em 1989 no Centro de Pesquisa sobre o Imaginário de Recife[1], situava-se na sequência de dois textos dedicados a figuras femininas da Umbanda-quimbanda do Rio de Janeiro. Depois do estudo das sedutoras diabas que, como se viu ao falar de Maria Padilha, expressam claramente a ambivalência dos devotos em relação à sexualidade feminina, nada mais justo do que abordar em seguida uma figura masculina. A escolha de Zé Pelintra não se deu ao acaso. No fim do ano precedente, um desconhecido havia me telefonado à cata de informações bibliográficas sobre Seu Zé. De fato, existia muito pouca coisa, e ficou a sugestão de, eu mesma, me encarregar do tema. Eu acabara de publicar um pequeno livro sobre tabu e transgressão, e

---

[1] No *VII Ciclos de Estudos sobre o Imaginário*, consagrado ao imaginário dos despossuídos, Fundação Joaquim Nabuco, Recife, 11/10/89. Uma primeira versão deste texto foi publicada na *Revista do Patrimônio Histórico e Artístico Nacional,* 25, 1997, p. 43-49, com o título: "Zé Pelintra, patrono da malandragem".

a ideia de, sistematicamente, dedicar-me à pesquisa sobre entidades marginais me seduzia.

Naquele momento, pouco sei de Zé Pelintra. Tenho-o na conta de malandro típico da Lapa, de fala macia, de andar gingado, perito no carteado e na capoeira, cachaceiro, mulherengo, vivendo de expedientes, ardiloso e enganador. Os meus amigos dos terreiros de Candomblé de queto dizem que apenas o conhecem por ouvir falar, mas ninguém me oferece informações precisas a respeito. Faz-se necessário procurar os seus devotos.

Há no subúrbio carioca de Madureira um grande mercado onde se abastece todo o povo de santo, tanto de Candomblé como de Umbanda. São lojas de ervas, bichos para os sacrifícios, contas, tecidos e paramentos, ferramentas, tudo o que se possa desejar para a confecção dos enxovais litúrgicos e assentamento dos orixás. Encontra-se tudo quanto é tipo de imagem de gesso, retratando as entidades da macumba e, em conversa com os vendedores, eu já conseguira precioso material sobre Pombagira e Maria Padilha. A mais leve menção do nome de Zé Pelintra, porém, em toda parte desencadeia a mesma resposta: o mais absoluto silêncio. Todos vendem sua imagem, que representa um homem de terno branco, gravata vermelha, chapéu "mole" de fita vermelha e sapatos bicolores, indumentária típica do malandro dos anos 30. Está de pé, levemente cabisbaixo, com as mãos juntas, numa postura que parece ensaiar uma sutil indicação de humildade. Todos, porém, calam a seu respeito. Nem mesmo os encarregados da loja que ostenta a silhueta de Seu Zé em tamanho natural, e se intitula "Casa Zé Pelintra", têm algo a dizer. Ou melhor, no fim de animada conversa em que, conforme as boas regras do campo, falamos simpática e animadamente de uma infinidade de assuntos, para finalmente mencionar, de modo casual e como que *en passant*, alguma espécie de interesse pela figura de Zé Pelintra, consegue-se uma única declaração: "Nós gostamos muito dele".

Outras aproximações, com informantes de Umbanda, levam às mesmas esquivas. A mãe de santo de um centro "traçado", isto é, que mistura assumidamente elementos de Umbanda e de várias modalidades de Candomblé, concorda com muita benevolência em dar o seu depoimento. No dia e na hora marcados, começa dizendo que Seu Zé gosta de farra, é capaz de sambar a noite toda. De repente estremece, cai no santo, e nada mais falará.

No mais, o que se recolhe são avisos. É melhor não se meter onde não se é chamado. Há muitos perigos rondando aqueles que, descuidadamente, pretendem lidar com Seu Zé. Se eu já não tivesse, na época, a prática de mais de dez anos de pesquisa no campo das religiões afro-brasileiras, concluiria pela minha total incapacidade para colher dados. Mas, de repente, as portas se abrem. Quando menos se esperava, informações aparecem. Não direi como nem com quem.

É como se a própria coleta de informações fosse colocada sob o signo do não dito. Ou seja: o que os devotos de Zé Pelintra nos comunicam é que ele não pode ser aproximado pelos meios costumeiros. Que seu território é delimitado e muito bem guardado. Que ele abre a fala quando quer e como quer. E nessa característica ele é, sem sombra de dúvida, um Exu.

Poucos se atrevem a falar dele abertamente, mas ele manda recados, às vezes contraditórios, e nisso também assume claramente o papel de *trickster*. No estudo dos mitos, *trickster* é o nome que se dá às personagens, deuses ou heróis, que, como o Hermes grego ou os maliciosos demônios das lendas escandinavas, gostam de pregar peças e de bagunçar a ordem do mundo. No nosso caso, o telefonema inicial pode ser interpretado, conforme a lógica da eficácia simbólica, como recado de Seu Zé, desejoso de comparecer em colóquio de cientistas sociais. Na hora da pesquisa, porém, reina a lei do silêncio, que de repente é quebrada, sem que se possa recorrer a explicações racionais. Como todo *trickster*, Exu brinca, faz e desfaz, ata e desata, abre e fecha.

Quando seus devotos mais óbvios declaram apenas "nós gostamos muito dele", deixam claras duas informações. A primeira, é que o relacionamento com Zé Pelintra dá-se em termos de envolvimento pessoal, fora do qual nada faz sentido. A segunda, é que tal sentido não pode ser apreendido por meios discursivos, mas sim afetivos e emocionais.

Talvez seja por isso que se encontra tão pouco material escrito a seu respeito. Maria Helena Farelli e José Ribeiro, grandes produtores de livrinhos sobre Umbanda e Candomblé, dedicaram-lhe um opúsculo cada um. *O catimbó de Zé Pilintra* [sic], de José Ribeiro, fala bastante de catimbó e quase nada de Seu Zé. Retrata-o, contudo, nas feições de "Mestra" Severina, catimbozeira da Paraíba, e nas do próprio autor do livro. Farelli, por sua vez, apresenta em *Zé Pelintra, rei da malandragem*, uma dessas misturas de que fez a sua especialidade, mesclando toadas de domínio público com cantigas recentemente criadas por pais e mães de santo. Há também o disco *Zé Pelintra*, gravado pelo Babalorixá José de Aloiá, da Tenda de Umbanda Palácio de Inhançã [sic], situada em São Paulo.

Fora isso, encontram-se algumas referências esparsas em obras de pesquisadores: Napoleão Figueiredo (apud Motta, 1985), Liana Trindade (1985), Paula Montero (1985), Roberto Motta (1985), Maria Helena Concone e Lísias Negrão (1985), e José Guilherme Magnani (1986). Embora a maioria desses pesquisadores pertença ao Sudeste, o culto de Zé Pelintra parece bastante difundido em todo o Brasil. Mundicarmo Ferretti diz que

> em Natal ele é muito querido e trabalha para a direita e para a esquerda, como Exu. Em Codó (Maranhão) a imagem dele ficava fora do altar, à esquerda. Tanto em uma cidade como em outra, ouvi falar que ele não incorpora facilmente e quem diz que recebe ele mente... Mas em São Paulo, no Vale dos Orixás, vi um homem com ele, arrodeado de clientes e filhos de santo. Usava um cajado em forma de forquilha e falava sempre em seus poderes... (comunicação pessoal).

Por sua vez, Roberto Motta assinala a presença de Zé Pelintra no catimbó:

> as entidades do tipo "Zé", das quais a mais famosa é Zé Pelintra, passam por mestres em Alagoas, no Recife e em Alhandra. No entanto, Figueiredo e Vivaldo da Costa Lima os incluem taxativamente entre os exus. Não possuo dados a respeito da origem de Zé Pelintra. Ele e os outros "Zés", afins no linguajar, atribuições e situações no contexto ritual, formam o grupo de espíritos que eu consideraria, através dos dados do meu trabalho de campo, como o mais comumente recebido em Pernambuco (1985: 118).

No Rio de Janeiro, Olga Cacciatore registra a mesma dubiedade. Trata-se, diz ela, de "um tipo de Exu (para alguns) segundo outros é apenas [sic] um egun, vindo do catimbó e que está evoluindo aos poucos" (1977: 270). Ao que parece, a autora acha que a identificação de Zé Pelintra como Exu implica maior prestígio.

José Ribeiro, pernambucano, fala no catimbó de Zé Pelintra, mas, quando fornece uma extensa lista de Mestres e Mestras do catimbó, claramente inspirada no livro de Câmara Cascudo, *Meleagro* (1978) – embora não dê os créditos –, não o inclui entre eles. Mas cita, como "melodia de catimbó", a seguinte toada:

> Sou caboclo Zé Pilintra
>
> Negro de pé derramado
>
> Quem mexer com Zé Pilintra
>
> Está doido ou está danado (s.d.: 47).

As fotos de Zé Pelintra incorporado em José Ribeiro e Mestra Severina mostram-no vestindo calça de cor clara, camisa quadriculada e chapéu de palha, indumentária própria de camponês, bem distante da elegância do frequentador das noites boêmias da cidade e, conforme o depoimento de César Lúcio da Cruz, que assina o prefácio do mesmo livro: "Eu conheci Zé Pilintra na cabeça de Zé Ribeiro, com chapéu de palha amarrado a fita, pedaço de pau fingindo bengala, sentado no tronco à beira da esteira, fumando cachimbo e jogando cusparada pelo chão" (p. 19). Longe de representar a figura do malandro, Zé Pelintra toma feições de espírito benfazejo e muito "evoluído", ao acreditar nas palavras da prece que lhe é dirigida por José Ribeiro: "Dai-nos, Zé Pilintra, o sentimento suave que se chama misericórdia [...]. Tomai-nos Zé Pilintra, sob a vossa proteção, desviai de nós os espíritos atrasados e obsessores enviados pelos nossos inimigos encarnados e desencarnados e pelo poder das trevas" (p. 26). Definitivamente, aos olhos de José Ribeiro, Zé Pelintra *não é* um Exu.

A pertença ao catimbó é também enfatizada por Maria Helena Farelli. "Dizem que conhecia tudo sobre os catimbós. Era rezador, macumbeiro [...] andou por Pernambuco, Ceará, Paraíba" (1987: 15) até se fixar no Rio, como tantos outros migrantes. A autora assegura que Zé Pelintra era nativo de Caruaru. "O Zé, gibão de couro, calça branca, alpercatas, lenço no pescoço [...] era mulherengo e femeeiro como só macho do sertão. Cafuné de mulher era seu repouso, quando não estava ao tiroteio bravo, sob a lua nova, ou de facão amolado atrás de cristão" (p. 13). Essa representação de Zé Pelintra incorpora elementos que, no imaginário do Sul, são atribuídos ao famoso estereótipo do "sertanejo-antes-de-tudo-um-forte", em que a influência dos filmes sobre cangaço parece preponderante. A ligação com o malandro da Lapa não é evidente, e a autora não dá explicações a esse respeito. "Com os Malandros, Zé das mulheres, Gargalhada, Zé Pretinho, Zé do Morro, eles formam o que chamo reino da malandragem" (p. 25). Mas além de sertanejo puxado a cangaceiro, Zé Pelintra não é malandro comum: "sabendo-se que Pelintra é um sábio, um estudioso, mas não gostava de trabalhar. Fez do carteado a sua profissão [...]. Viveu no alto do morro, mas também na alta sociedade" (p. 34). Era "malandro letrado", e o volume retangular que se encontra às vezes ao pé das imagens de Zé Pelintra, geralmente interpretado como sendo o invólucro de um baralho, é promovido a livro por Farelli: "assim suas imagens o retratam com um livro nos pés" (p. 25).

Ainda que se dê o devido desconto das contribuições pessoais de Farelli à história de Seu Zé, a duplicidade dessa figura não deixa de chamar a atenção. É pernambucano e carioca, sertanejo e morador da Lapa, macumbeiro e catimbozeiro, malandro e letrado, pertence aos *bas-fonds* e à alta sociedade. Não há por quê escolher uma só direção.

Baseada na minha vivência pessoal, afirmei acima que ele é um Exu, mas ignoro tudo do catimbó. No entanto, à medida que coletamos dados acerca de Zé Pelintra, vemos que uma de suas características essenciais parece ser precisamente a duplicidade. Ele é uma figura proteiforme e, como bom malandro, não se deixa adivinhar.

Na época em que Câmara Cascudo escrevia sobre catimbó – a primeira edição de *Meleagro* é de 1949 –, a situação deste em relação às demais religiões populares era bastante semelhante à conceituação da macumba[2] no Rio de Janeiro: "enxergarão o intruso,

---

[2] Vejamos, como exemplo, a definição dada por Armando Magalhães Corrêa uma década antes: "A macumba é a religião dos malandros cariocas, da classe inculta, cujo fervor está em razão direta de seu atraso, rito espiritualista, misto de catolicismo, fetichismo africano e superstição indígena, verdadeira adaptação louca do jujuismo praticado no candomblé" (1936: 217).

o adventício, hostil, desconfiado, zombeteiro, um culto irregular e maldito, sem ligação e coerência, sem hierarquia e gradações, vivendo pela exploração do Medo" (CÂMARA CASCUDO, 1978: 21). O ilustre folclorista considerava o catimbó como culto marginal. No livro, não menciona o nome de Zé Pelintra, mas a adjetivação que utiliza lembra por demais as características dessa figura ambígua: desconfiado, zombeteiro, sem respeito às regras nem às hierarquias. Mestre ou Exu, pouco importa. Melhor dizendo, é preciso assumir: Mestre *e* Exu, ou Exu em figura de Mestre.

Seu Zé Enganador

"Zé Pelintra é malandro mesmo, joga cartas, dados, é trapaceiro, isso é a história da vida dele. Foi um ser vivente mesmo, viveu na Lapa nos anos 10, 20. Morreu na rua. Foi navalha, em briga de rua, porque ele roubava nas cartas". Esse depoimento, recolhido no Rio de Janeiro, quando Seu Zé deu licença para falar, deixa claro que a trapaça e a duplicidade são características intrínsecas da entidade, incluída pelo informante entre os exus, "porque não tem o mesmo nível de iluminação de uma entidade de luz, mas não é um Exu da pesada como, por exemplo, um Exu Caveira". É batizado, usa terno, não anda seminu como tantos exus que se veem por aí. Suas estatuetas o representam de cabeça baixa, porque "quem fez não tinha como retratá-lo como realmente é, então fez de conta que estava assim, curvado diante de Deus, mas é humildade fingida. Não tem nada a ver".

O fingimento, o ardil, a astúcia, parecem constituir características de Zé Pelintra. Como bem diz o ponto:

> Estava no jogo,
> ó mulher

> Estava jogando
> ó mulher
> Meu dinheiro acabou
> ó mulher
> Fui pra casa chorando
> ó mulher
> Ó Seu Zé
> Ó Seu Zé enganador
> Enganaste a sina alheia
> Com palavras de amor (do disco *Zé Pelintra*).

Tudo nele é jogo, e jogo trapaceado. Por isso ele é consultado pelos devotos em casos referentes a negócios e intrigas amorosas, dois campos em que a boa-fé nem sempre garante o êxito. Diz o mesmo informante:

> Ele ajuda em problemas de dinheiro, empresas, negócios, coisas assim. Caso de homem e mulher também. Mas acho que a especialidade dele é negócio mesmo. É gente que tá a fim de manipular com dinheiro, é mais essa trama financeira [...] coisas com a secretária também [...]. Nesse sentido, entra uma coisa que é muito de homem. A maior procura é de homem, com problemas sexuais. Ele resolve. E resolve mesmo. As pessoas sempre voltam a procurar o Seu Zé.

Em pagamento dos seus trabalhos, ele recebe cigarro, cachaça, algumas moedas, depositados numa encruzilhada, frequentemente ao pé de um poste de luz. Mas o que jamais deve faltar na oferenda é um baralho, pois é no carteado que Zé Pelintra tem seu instrumento predileto. Não é que leia as cartas, como fazem as cartomantes. É na dinâmica do jogo que ele estabelece as estratégias que levarão o consulente ao sucesso. "Ele corta, embaralha, manipula e joga com toda velocidade, como jogador profissional que é. Às vezes, Seu

Zé incorporado joga cartas com a pessoa para ver como é que tem que fazer. Tudo nele passa pelo carteado". Uma cantiga tradicional usada para saudar Zé Pelintra mostra-o viajando despreocupado, mas prevenido, para os fundos da Baía de Guanabara:

> Mas eu boto meu baralho no bolso
> Meu cachecol no pescoço
> E vou para Barão de Mauá...

Dos cabarés da Lapa até os confins da Baixada, o território de Seu Zé estabelece-se nas margens do Rio de Janeiro, onde as cartas são mapas, e os dados, bússola.

Tadeu, informante de Paula Montero, atribui a morte de Seu Zé a briga por causa de mulher. Mas a referência à malandragem permanece:

> Zé Pelintra era pernambucano, era de Recife. Zé Pelintra é nascido em Recife [...] então ele começou a roubar muito, furtar e tudo, ele era malandro, NE [...]. Então certo dia [...] assim eles conta... que ele ia muito em cabaré: tava num cabaré dançando, uma mulher que ele gostava viu ele dançá com a outra, matou ele por trás das costas. Assassinou ele (MONTERO, 1985: 95).

Voltamos a encontrar a referência nordestina. O fato é que, ao fim da apresentação da primeira versão deste trabalho, não por acaso em Recife, os presentes confirmaram tratar-se de personagem local. Uns dizem que era nativo de Goiana, outros de Recife mesmo, talvez de Casa Amarela ou, mais seguramente, de Santo Amaro que, nas palavras do saudoso René Ribeiro, "era covil dos marginais naquela época". Parece ter existido realmente nos anos 20, mas sua biografia heroica foi provavelmente fabricada *après-coup*, na opinião de Roberto Motta, que lhe enfatiza o caráter transgressor. Foi então que, como disse René Ribeiro, "transfigurou-se no Rio de Janeiro", virando malandro carioca.

No Rio[3], as estátuas de Seu Zé reproduzem fielmente o retrato do clássico malandro: "chapéu de panamá, camisa de seda, calças almofadinhas e chinelo de cara-de-gato. No bolso, uma navalha". Essa descrição é tirada de livro consagrado ao famoso Madame Satã (DURST, 1985: 7), que reproduz todos os estereótipos do imaginário popular que vem também alimentar a produção da figura de Zé Pelintra. João Francisco dos Santos, também conhecido como "Caranguejo da Praia das Virtudes", ou ainda "Mulata do Balacochê", que acabou tomando emprestado o apelido de Madame Satã de um filme americano que fazia sucesso no Rio no fim dos anos 30, era também nativo de Pernambuco, e veio para cá diplomar-se "na fina arte da malandragem: o jogo, o papo, a rasteira, a valentia" (p. 21). Ainda que, no depoimento de uma antiga garçonete de um bar da Lapa, "malandro autêntico, verdadeiro, [fosse] homem até certo ponto honesto, cheio de dignidade, consciente de sua profissão" (p. 11), matava-se muito por traição nesses nem tão dourados anos 30: "Meia-Noite morreu assassinado por um desafeto em 1938. Miguelzinho morreu aos dezoito anos de morte natural. Joãozinho da Lapa foi assassinado por um companheiro de malandragem por volta de 39..." (p. 13). Representante mítico da fina flor da Lapa, Seu Zé levou facada pelas costas. Morreu por descuidar-se.

> Me mataram e saíram sorrindo,
> Só do Zé ninguém tem compaixão (SALES, 1981: 11).

Mas ele volta como entidade da Umbanda-quimbanda, para mostrar a universalidade da lei da malandragem. Tudo é trapaça, engodo, traição.

---

[3] Em Pernambuco também. Em célebre terreiro de Olinda, pude ver, lado a lado, uma estátua de Zé Pelintra como Mestre de catimbó, com as características de "matuto" descritas acima, e a de Zé Pelintra com a indumentária de malandro carioca dos anos 30.

É precisamente na crença na desonestidade generalizada, tão arraigada na sociedade brasileira, que parece fundar-se a necessidade de contar, em assuntos de amor e dinheiro, com um intercessor do calibre de Zé Pelintra. É assumidamente ladrão, trapaceiro e marginal. É por isso que ele é confiável. Situa-se de imediato nos interstícios do poder institucional. Sua lei é driblar a lei.

A Umbanda que, como bem mostrou Renato Ortiz (1978), firmou-se nos anos 30 conjuntamente com a ascensão da classe média e o advento do Estado Novo, reúne uma infinidade de entidades que, por assim dizer, estavam disponíveis no imaginário social. Organiza-as em estruturas hierárquicas e, paulatinamente, vai situando em nível inferior as figuras difíceis de serem enquadradas numa ideologia de ordem e progresso, quando não as rejeita para o campo marginal, dominado pela "magia negra". Mas essas fronteiras não são estáveis. A própria Umbanda deixa-se permear. No dizer de Concone e Negrão (1985: 74-75)

> temos aqui duas umbandas: a "malandra" correspondente à Umbanda de Terreiro, e a "comportada" correspondente ao movimento federativo [...]. Apesar do escândalo das grandes federações, continuam a funcionar de forma legal e regularmente terreiros onde se praticam matanças rituais, em trabalhos de "esquerda" ou de "magia negra", da "pesada", regados a cachaça, em giras de exus "pagãos", baianos e "zés-pelintras", oficialmente condenadas e abolidas.

Não é por acaso que, ao descrever essa "linha malandra" da Umbanda, surge o nome de Seu Zé, ampliado por um curioso plural, que parece multiplicar-lhe o poder e as áreas de atuação. Em toda parte, só se fala de *um* Zé Pelintra, mas é verdade que ele é geralmente encaixado na categoria dos "Zés", já assinalada por Roberto Motta (1985). Além de Zé das mulheres, Zé Pretinho e Zé do Morro, recenseados por Farelli (1987), há também Zé Malandrinho, cuja imagem é bem parecida com a do nosso herói, só que ostenta bigode e costeletas, enquanto Zé Pelintra é imberbe; por sua vez, Trindade (1985) fala em "Zé Ferreira".

A multiplicidade dos "Zés" sublinha sua semelhança com os exus, que são legião, e parece que, no nível dos informantes, chegam a confundir-se. Diz um entrevistado por Trindade: "Sou cavalo de Exu Tiriri, ele foi uma espécie de Zé ou Silva na terra" (1985: 53). Em relação à palavra "Zé", o dicionário *Aurélio* (1975) recomenda: "l) ver zé-povinho; 2) ver ralé", e dá em relação a esses dois verbetes grande número de sinônimos, que vão de "arraia miúda" a "poviléu", passando por termos tão depreciativos como escória, escumária, fezes e lixo. Resumindo: a categoria "Zé" diz respeito à "camada mais baixa da sociedade, o refugo social". Mais despossuído, impossível. As entidades de tipo "Zé" expressam, portanto, aquilo que a sociedade rejeita para a periferia. São parentes próximos de Maria Molambo, rainha da marginália, Pombagira da Lixeira. A identificação com Exu afirma-se novamente. Diz uma informante de Montero: "Exu é Zé, ele vence as coisas longe, tem muita força" (1985: 240). Essa força é o poder das margens, onde tudo pode acontecer. Nos interstícios do poder instituído, vão-se acumulando energias selvagens, indômitas e muito perigosas. É este o reino dos exus. E dos Zés.

Nos domínios da ambiguidade acumula-se o ódio dos ressentidos, daqueles que são classificados como fezes e lixo pela boa sociedade. Não nos deve surpreender, portanto, que esse território seja tão bem defendido, dificultando a aproximação. O muro de silêncio que os devotos erguem em volta de Seu Zé marca a opacidade dos despossuídos frente a qualquer invasão. "Zé Pelintra é rebelde e vingativo" (TRINDADE, 1985: 56). Parece que tem lá as suas razões.

A alcunha de "Pelintra" (ou "pilintra", conforme as versões) merece também investigação. De acordo com o *Pequeno Dicionário da Língua Portuguesa*, pelintra significa "pessoa pobre ou mal trajada, mas com pretensões a figurar; pessoa sem dinheiro; pobre, mas pretensioso; (Bras.) bem trajado; peralta; adamado". Logo de início, portanto, Seu Zé é descrito como mal e bem trajado. É pobre metido a elegante. O *Aurélio*, sempre generoso, acrescenta que pelintra pode também significar "safado, descarado", e assinala a sinonímia com "peralta", definido por sua vez como sendo "janota, indivíduo ocioso, vadio; (Bras.) travesso, traquinas". O elemento de malandragem, mercê da vadiagem e da ociosidade, entra em cena.

A *Enciclopédia Brasileira Mérito* resume a ridícula ousadia do pelintra, própria "de quem não tem nada e pretende mostrar ser dono de alguma coisa".

Zé Pelintra, por conseguinte, assume claras feições de pobre que não conhece o seu lugar. Veste-se com esmero, mas sua elegância é por demais chamativa. Foge ao bom-tom. É roupa de pobre metido a rico, de marginal que se promove, de dominado que sonha em igualar-se ao dominador e, pelo espalhafato, acaba proclamando, em vez da ascensão social, a irremediável sina da ralé. É pelintra mesmo.

Impossível é resistir ao prazer de transcrever aqui uma frase de Eça de Queirós que, ao estigmatizar a pobreza de um dos personagens de *Os Maias*, como que introduz, já em 1888, Seu Zé Pelintra entre os exus de fala portuguesa: "O pobre Ega tinha o ar lamentável de um *Satanás Pelintra*, agasalhado pela caridade de um *gentleman* e usando-lhe o fato novo" (Apud *Caldas Aulete*, 1964 – grifo meu). Além da curiosa coincidência, o autor português ressalta a triste sina do malandro que, ao se tomar por elegante, só engana a si próprio.

A força dos fracos

Despojada do acesso ao poder social e político, relegada concreta e geograficamente às zonas periféricas da cidade, mantida na ignorância e confinada às atividades de produção informal, a arraia miúda – o povo dos zés – recorre às práticas mágicas e marginais. "Exu", diz Montero, "representa, pois, a força dos fracos, que se realiza a partir dos expedientes situados à margem das soluções legais e moralmente aceitas" (1985: 240). É o exercício da malandragem. Várias questões, porém, devem ser levantadas.

Em primeiro lugar, se as figuras da malandragem estão claramente ligadas à marginália, isso não implica que seu culto seja, *ipso facto*, restrito às camadas desfavorecidas da população. Exu não é apenas o discurso dos despossuídos, ele é também o não dito da pequena (e grande) burguesia. Já tive a oportunidade de mostrar como a repressão das imagens da sexualidade feminina desencadeou a emergência de figuras em que tal sexualidade assume aspectos desenfreados (AUGRAS, 1989). Zé Pelintra não atende apenas aos anseios do zé-povinho. Seu culto, ao que parece, espraia-se em todas as camadas sociais. Tanto em relação ao Candomblé como à Umbanda, há uma grande circulação de bens espirituais e de dinheiro entre todos os níveis da sociedade. Basta citar o papel desempenhado pelas empregadas domésticas na intermediação entre "madamas" e pais de santo. Levam problemas e trazem soluções, que implicam intensa movimentação do mercado dos bens mágicos. Nesse aspecto, a construção e consequente manipulação de imagens como a de Zé Pelintra não parece constituir mero mecanismo de compensação das frustrações cotidianas. Na medida em que essa imagem é produzida por um sistema impiedoso e segregacionista, suas características marginais encontram-se destacadas. Mas, por um movimento contrário, os cultos periféricos insinuam-se em todas as fímbrias do tecido social, operando uma subversão geral dos valores e comportamentos, que talvez seja mais eficaz, por insidiosa, do que uma revolta aberta. O imaginário dos despossuídos não agride francamente o sistema hegemônico. Come por baixo.

Poder-se-ia objetar, e aqui vem outra questão, que esse tipo de resposta, ainda que subversiva, só serve para manter o *status quo*, por cultivar a alienação. É verdade que certos pontos de Zé Pelintra parecem pertencer à esfera daquilo que os psicanalistas chamam de fantasia de faz de conta, como por exemplo:

> Aqui no morro
>
> No morro não tem mosquito,
>
> Criança chorando,
>
> Malandro descia,
>
> Mas a polícia,
>
> No morro, não subia (Apud MONTERO, 1985: 240).

O uso do imperfeito remete a um passado utópico. Pois no morro tem *muito* mosquito e criança chorando. E a polícia sobe sim.

Numa perspectiva herdada de Gluckmann (1963), pode-se considerar que Zé Pelintra funciona como válvula de escape das tensões sociais e, nesse sentido, só vem reforçar as linhas de poder já estabelecidas. Se, pelo contrário, julgamos que é nas margens dos sistemas sociais que se fomentam as mudanças nas estruturas de poder, os cultos que têm sua mola propulsora na transgressão assumem certa positividade. Além do mais, entre os policiais que sobem o morro, quantos não serão também devotos de Zé Pelintra?

3
Os reis da França na Ilha da Encantaria e o imaginário da Guerra Santa*

> *Não cantaram em vão*
> *O poeta e o sabiá*
> *Na fonte do Ribeirão,*
> *Lenda e assombração*
> *Contam que o rei criança*
> *Viu o reino de França*
> *No Maranhão*

"O rei da França da Ilha de Assombração". Samba-enredo de Zé Di e Malandro. *Salgueiro*, 1974.

Em sua primeira viagem além de Salvador, pelos idos de 1947, Pierre Verger, que já visitava tudo quanto é terreiro, fez uma observação intrigante ao chegar a São Luís do Maranhão. Além da venerável *Casa das Minas*, então dirigida por Mãe Andresa,

> havia nesta mesma cidade uma *Casa dos Nagôs*, dirigida por Rosalinda Rodrigues, onde se praticava em princípio o culto dos orixás nagô-iorubás, como na Bahia. Mas alguns santos que não tinham nenhuma ligação com eles apareciam igualmente. Ali fui testemunha no dia 25 de agosto, dia de São Luís, rei de França, quando aquele au-

---

* Este texto sintetiza, com as devidas atualizações, dois artigos: "Le roi Saint-Louis danse au Maragnon". *Cahiers du Brésil Contemporain*, 5, 1988, p. 77-90. Paris. • "Imaginaire et altérité: rois et héros de l'Histoire de France dans les cultes populaires brésiliens". *Bull. de liaison des Centres de Recherches sur l'Imaginaire*. Hors-série n. 1, 1998, p. 12-23. Grenoble.

gusto soberano voltou para a terra, seiscentos e sessenta e dois anos após sua morte, para reencarnar-se no corpo de uma filha de santo da casa. Quando lhe disseram que havia um francês na sala, São Luís exprimiu sua satisfação e o desejo que eu lhe fosse apresentado (VERGER, 1982: 240).

E acrescenta com um bocado de malícia: "Foi assim que eu fui recebido em audiência real, mas foi em português que nossa conversa foi trocada... isso, sem dúvida nenhuma, como sinal de polidez e de consideração para o público reunido, que não poderia seguir uma conversação mantida em nossa língua" (p. 240). Infelizmente, Verger nada transcreveu dessa conversa, mas nos brindou com a fotografia intitulada "São Luís, rei da França" (p. 245): é uma jovem mulata, com rosto bastante sério.

Cinquenta anos depois, Reginaldo Prandi recolhe, da boca de Francelino de Xapanã, pai de santo nascido e iniciado em Belém, mas confirmado no terreiro de Jorge Itaci de Oliveira, em São Luís, e que trouxe para São Paulo o culto da mina-jeje e mina-nagô, uma toada, ou, como se diz na Mina, uma "doutrina", aprendida com seu pai de santo:

> Venceu Brasil
> Já ganhou aliança
> Desceu na guma,
> São Luís é rei de França
>
> São sete rosas
> São sete alianças
> Senhor meu pai
> Ele é Luís
> É rei de França

> Ele é rei
> Rei de Nagô
> No meio do mar
> Ele é rei imperador

(PRANDI & SOUZA, 2000: 222).

Nesse meio tempo, Mundicarmo Ferretti, cujas pesquisas eu já vinha acompanhando, me havia enviado a fotografia colorida de São Luís, manifestado no pai Jorge Itaci, no terreiro Fé em Deus, em um 25 de agosto. Era fácil reconhecer a identidade mítica, evidenciada pelos paramentos em *bleu-blanc-rouge*, cores, como se sabe, da bandeira francesa. É bem verdade que, nos tempos do Rei São Luís (1214-1270), não se usava essa bandeira, que foi inventada durante a Revolução Francesa, quando, inclusive, acabou-se o reinado dos descendentes do próprio São Luís. Mas isso é apenas um detalhe. Importa é que a presença dessas três cores evoca imediatamente algo ligado à França e, no caso, estabelece a necessária ligação com a natureza daquela entidade. É claro que eu, como francesa, havia de me interessar pela presença na Mina do Maranhão de um rei que, na escola, eu havia aprendido a venerar pelo seu apego à justiça.

Nos livros escolares, ele era sempre representado sentado debaixo de um carvalho, nos arredores de Paris, atendendo às queixas das mais humildes pessoas. Devo confessar a minha estranheza ao descobri-lo entre as entidades cultuadas nos terreiros do Maranhão. Por mais que a gente se considere livre de etnocentrismo, não é bem isso que ocorre: jamais achei esquisito que o quarto rei de Oyó, na Nigéria, volte a viver nos terreiros brasileiros de Candomblé sob o nome de Xangô. Por que haveria de surpreender-me com a manifestação de um rei pertencente à história do meu próprio povo? Foi uma boa oportunidade para meditar sobre as minhas limitações.

Mas, de qualquer maneira, não havia como resistir à curiosidade, e parti para o estudo da presença de um rei da França na Mina do Maranhão. O fato é que achei vários.

Até hoje, na verdade, ninguém sabe dizer ao certo se o rei em questão é mesmo Luís IX, São Luís, festejado no dia 25 de agosto, ou Luís XIII, contemporâneo da fundação da "França Equinocial". Este último é provavelmente o "rei menino" evocado pelo samba-enredo cantado pelo Salgueiro em 1974, quando essa escola de samba ganhou o primeiro lugar, com a atuação de um carnavalesco genial, Joãosinho Trinta, ele próprio, não por acaso, maranhense. Seja como for, os devotos costumam se referir à entidade como Dom Luís, e vamos seguir o uso. Mas talvez não seja supérfluo lembrar aqui alguma coisa da história factual, que, se não esclarece por que o imaginário popular reinventou a função da realeza, pelo menos explica a dupla natureza de Dom Luís.

A aventura da França Equinocial

Assim como a França Antártica, de que falaremos mais adiante, a França Equinocial teve vida breve. No início do século XVII, Daniel de La Touche, Senhor de La Ravardière, recebeu do Rei Henrique IV (1553-1610) o cargo de "tenente-general da terra da América desde o Amazonas até a Ilha da Trindade" (D'ÉVREUX, 1986: 10). Território vastíssimo, sem dúvida, tão amplo que, na prática, acabou se reduzindo às dimensões da Ilha do Maranhão e seus arredores, onde já se estabelecera um armador francês, Jacques Riffaut, que havia feito alianças com os índios. Foi lá que desembarcou, em agosto de 1612, uma expedição de mais de 500 homens, sob o comando de La Ravardière e de François de Rasilly, outro fidalgo. Logo trataram de construir um forte "para segurança dos franceses e conservação do país", conforme relata Claude d'Abbeville, um dos quatro capuchinhos que, logo que implantado o forte e erguida uma cruz ao lado, rezaram a primeira missa na "terra das palmeiras". Isso se deu em 8 de setembro de 1612 e d'Abbeville, que nos deixou uma saborosíssima *Histoire de la mission des pères capucins em l'isle de Maragnan et terres circunvoisines, où est Traité des singularitez admirables & des moeurs merveilleuses des Indiens habitants de ce pays*, explica claramente como se deu o batizado:

> O Sr. de Rasilly deu à fortaleza o nome de Forte de São Luís, em memória eterna de Luís XIII, Rei de França e de Navarra, e ao fundeadouro, junto ao Forte, chamou Porto de Santa Maria, recordando a Rainha do Céu, a sagrada Virgem Maria, cuja natividade se festejava naquele dia em homenagem à sua imagem na terra, Maria de Médici, Rainha de França e de Navarra, Mãe e Regente de nosso Cristianíssimo Rei, que desejamos seja conservada por muito tempo pela Bondade Divina (D'ABBEVILLE, 2002: 105).

Por conseguinte, sem sombra de dúvida, Dom Luís é mesmo o Rei Luís XIII (1601-1643). O seu pai, incentivador da colonização, havia sido assassinado em 1610, e a expedição de La Ravardière e Rasilly se deu quando ele contava onze anos apenas, o que fazia dele um "rei menino", enquanto sua mãe exercia a regência. Mas, do mesmo modo que o porto fora colocado sob a invocação de Nossa Senhora, por ser a Virgem Maria a santa padroeira da regente Maria de Médici (1573-1642), o nome do forte não deixou de aludir a São Luís, padroeiro da dinastia dos reis franceses. De tal modo que homenagem de conveniência e batismo se entrelaçam: o forte e o porto levam, conjuntamente, nomes de governantes e de santos.

Os capuchinhos logo se empenharam em converter e batizar o maior número possível de índios tupinambás. Estes, no dizer de d'Abbeville, apesar de pagãos, eram "por natureza de bons gênios e de alegre humor" (p. 291). Tudo corria às mil maravilhas até que

Pernambuco mandou uma tropa que, sob o comando de Jerônimo de Albuquerque, derrotou os franceses na Batalha de Guaxenduba, em 16 de novembro de 1614. Os comentaristas da época levantaram várias hipóteses para entender como trezentos portugueses e duzentos índios "frecheiros" conseguiram liquidar com quinhentos franceses apoiados por mil e quinhentos tupinambás. Mas algo é certo: no meio da refrega, todos os combatentes viram, com seus próprios olhos, Nossa Senhora das Vitórias lutando ao lado dos portugueses.

Ainda houve alguns combates, mas, finalmente, La Ravardière teve que abandonar o porto e o forte, quatro anos apenas depois de sua fundação. É preciso lembrar que, naquela época, Portugal se encontrava sob o jugo espanhol (1580-1640), que determinava a sua política externa. Em 1615, França e Espanha assinaram um tratado encerrando meio século de guerras, e acertando o casamento de Luís XIII com uma infanta espanhola. Assim sendo, era necessário dar fim a qualquer problema que houvesse nas "Índias novas". O pobre do La Ravardière amargou três anos de prisão nos calabouços de Lisboa. E, da aventura, hoje apenas subsiste o nome do forte São Luís, que identifica a capital do Estado do Maranhão.

Os portugueses, agradecidos, escolheram Nossa Senhora das Vitórias como santa padroeira da cidade. Mas o protetor da dinastia dos reis da França não abandonou a Ilha do Maranhão. Ao que parece, acabou por conquistar, como queria Henrique IV, a "terra da América desde o Amazonas", e hoje em dia, como se lê no livro de Reginaldo Prandi (2000), ele estendeu o seu reinado até as terras paulistanas!

Nesse ponto, pouco importa que se trate de São Luís ou de Luís XIII, de reis franceses ou africanos. A toada citada acima não proclama que Luís, rei da França, é também "rei de nagô" e imperador no meio do mar? Para os devotos dos cultos brasileiros, todos esses reis de países longínquos são personagens igualmente imaginários, pertencentes à categoria dos *Encantados*, isto é, gente que viveu na terra e, há muito tempo, virou entidade.

O nome genérico de encantados designa "espíritos de homens e mulheres que morreram, ou então *passaram diretamente deste mundo para um mundo mítico, invisível, sem ter conhecido a experiência de morrer:* diz-se que se encantaram" (PRANDI, 2000: 7 – grifo meu). Sendo que o melhor exemplo conhecido entre nós, e que precisamente encontrou no Maranhão o seu pouso preferido, é o do Rei Dom Sebastião. Ainda que haja documentos que asseguram que ele morreu, de fato, na batalha de Alcacer Quibir, uma persistente tradição lusa fez dele um eterno Encoberto e Desejado (VALENSI, 1994). Não é preciso evocar as profecias do Padre Vieira, nem as de Antônio Conselheiro, para reconhecer em Dom Sebastião o protótipo do Encantado...

Encantados e encantaria

A encantaria, no dizer dos devotos, é o lugar de morada dos encantados: podem ser as águas, as praias, as pedras, ou as florestas. Nisso, é preciso concordar com Heraldo Maués e Gisela Villacorta (2000), quando veem nessas crenças uma mistura de elementos indígenas, através da pajelança, com tradições herdadas da Europa, através dos contos de fadas. Mas, ao comentar a coletânea de artigos que prefacia, Reginaldo Prandi opera uma síntese que dá conta de todos os aspectos:

> a expressão "encantaria brasileira" indica uma realidade mágico-religiosa formada de múltiplas realidades que, embora mantendo cada uma sua autonomia ritual e mítica, participam, cada vez mais, como elementos

dinâmicos, de um quadro geral que as reúne numa única e grande religião brasileira: a religião dos encantados (PRANDI, 2000: 9).

Aqui, quando a palavra "encantaria" for usada, implicará um ou vários desses múltiplos aspectos, seguindo nisso, aliás, o uso dos devotos que, em regra geral, expressam poucas preocupações de natureza epistemológica, problemas estes que, muito sabiamente, deixam por conta dos pesquisadores.

O maior dos encantados, como não poderia deixar de ser, é Dom Sebastião, que mora na Praia dos Lençóis. Um informante de Mundicarmo Ferretti diz que hoje, como "o lugar está cheio de casas e de turistas, já não se acha mais nada. O próprio Rei Sebastião já não está mais aparecendo. Antes, ele era visto como touro, ao meio-dia" (*Ferretti*, 2000: 77). Mesmo assim, muitas coisas estranhas acontecem quando as pessoas chegam por lá. Ainda que Dom Sebastião não seja mais visto, o seu encanto poderoso permanece. "Existe uma doutrina, muito cantada em São Luís nos terreiros de 'mineiros' e curadores, que parece advertir que não se deve fazer nada para quebrar o seu encanto":

> Rei, rei, rei Sebastião
>
> se desencantar Lençóis
>
> vai abaixo o Maranhão (p. 78).

Dom Luís, ainda que não goze de um *status* tão poderoso – afinal, os franceses seus súditos só permaneceram quatro anos na Ilha –, parece ocupar um segundo lugar, logo após Dom Sebastião. O pai de santo Jorge Itaci de Oliveira, recentemente falecido, assegurava que foi mesmo na Casa de Nagô, visitada por Verger, que se deu a sua primeira manifestação:

> Mãe Alta, a primeira pessoa a receber Dom Luís, viveu 105 anos. Era filha de um português com uma escrava.

> Quando criança, foi oferecida ao vodum Dadarrô, pois sua mãe era ligada à Casa das Minas. Mas, quando estava com 18 anos, "bolou" na Casa de Nagô com Dom Luís que, apesar de não ter incorporado antes, já era esperado ali (Apud FERRETTI, 2000: 91).

Interessante é o detalhe da "espera de Dom Luís". Não se sabe como se deu tal expectação. Talvez ocorra aqui certa transferência das lendas de Dom Sebastião, cujo retorno foi para sempre esperado. Há também, nesse depoimento, um claro empenho em legitimar a incorporação de nova entidade pela origem de Mãe Alta, cuja mãe pertencia à Casa das Minas, de longe o mais ilustre dos terreiros de São Luís. Jorge Itaci prossegue contando que, de início, a filha de santo não deu muita atenção a esse encantado, e dele recebeu um castigo pesado, até que ela aceitou a sua missão e, "durante 70 ou 80 anos recebeu Dom Luís, que vinha nela de modo solene e passou a ser um dos mais importantes da Casa de Nagô" (p. 92). Mãe Alta dava uma grande festa no dia 25 de agosto. E Jorge Itaci, por sua vez "filho" do terreiro do Egito, outra casa antiga e muito venerada, hoje desaparecida, levou essa tradição para o Centro de Tambor de Mina Iemanjá – Fé em Deus, que fundou.

A sua fala sugere que na Mina do Maranhão existe como que uma hierarquia entre as diversas entidades, que Mundicarmo e Sérgio Ferretti colocaram em evidência: primeiro, há os voduns, deuses trazidos do Dahomey, e mais ou menos equivalentes aos orixás nagôs; em seguida, vem o "povo gentil", que agrupa os fidalgos; depois, temos os "caboclos", herdados em princípio dos indígenas, mas que, como veremos adiante, sofreram, em sua elaboração, uma forte influência de lendas europeias.

Além de Dom Sebastião e de Dom Luís, o "povo gentil" ainda conta com outros fidalgos, reis, príncipes ou homens políticos que, em certa medida, tiveram, em vida, alguma relação com a história da ilha. Há Dom João, que foi talvez o rei Dom João III de Portugal, aquele que criou as Capitanias; Dom Manuel (será o "Venturoso"?); Dom Miguel, Dom Pedro e Dom Henrique, todos nomes de reis portugueses; e Dom Floriano, que alguns supõem tratar-se de Floriano Peixoto... O poder político parece ter sido reinterpretado, pelo imaginário social, em termos de poder mágico. Personagens poderosos e longínquos se tornaram encantados.

Nessa reversão, é como se houvesse uma troca, em nível de poder, já que a relação histórica de sujeição agora se modificou. Pois os fidalgos acorrem ao chamado dos tambores. Obedecem ao apelo dos sacerdotes que, fora dos terreiros, pertencem às mais baixas camadas da população. Os príncipes dançam, falam, ouvem os pedidos dos devotos. Deste modo, no espaço de uma festa, inverte-se o sentido das linhas de poder. Satisfação ilusória, ou exercício de negociação com as autoridades? Ainda que situada em um registro simbólico, será que essa vivência não carreia, dentro de si, alguma positividade? A eficácia dos símbolos não mais requer ser demonstrada...

Mas a Encantaria não vive apenas de "gente fina". Há nela outra categoria situada, ao que parece, bem abaixo dos deuses e dos reis. São os caboclos. E, como mostrou Mundicarmo Ferretti em sua tese de doutorado (FERRETTI, 1993), nem todos correspondem a espíritos indígenas. Entre eles, encontram-se *turcos*, oriundos das páginas do Ciclo de Carlos Magno, cujos episódios são desenvolvidos pela literatura de cordel. De acordo com os folcloristas, "depois da Bíblia Sagrada, a História de Carlos Magno foi o livro de maior penetração nos sertões do Brasil, principalmente no Nordeste, a partir da edição portuguesa de 1814 – vindo do original francês *Conquêtes du Grand Charlemagne*, de 1445, através da tradução castelhana, de 1525" (NUNES BATISTA, 1971: 143). Detalhe relevante: foram caboclos incorporados em sacerdotes da Casa de Fanti-Ashanti, onde Mundicarmo realizava a sua pesquisa de campo, que lhe deram a dica, sugerindo que procurasse o livro, para melhor entender com qual família de encantados estava lidando. Não é muito comum entidades fornecerem referências bibliográficas! Mas, como bem observa a pesquisadora, esse caso, sobretudo, "chama a atenção para a falta de fronteiras absolutas entre cultura nacional e cultura importada, entre cultura letrada e cultura oral" (FERRETTI, 1989: 216).

Enquanto os encantados do "povo gentil" provêm de personagens históricas, cuja existência factual nada apresenta que seja duvidoso, a categoria muito mais ampla de "caboclos" inclui entre seus membros personagens saídos da literatura. Isso sugere que o imaginário social não constitui um registro homogêneo, mas que, pelo contrário, engloba, por assim dizer, diversas camadas de referência. Ou talvez o fato de que haja narrativas a respeito de uns e outros acabe por estabelecer uma comunidade de origem entre personagens literárias e personagens históricas. O relato, geralmente transmitido em forma oral, talvez tenda a nivelar o nível de "existência" dessas diversas personagens. Toma-se conhecimento de umas e outras através dos contos, passados ao longo do tempo, e reelaborados. E, no fim, tudo dá na mesma. Se os Doze Pares de Carlos Magno são filhos da fantasia, o Imperador dos Francos (742-814) existiu realmente. Mas todos receberam igual tratamento, de reinterpretação e mitificação que, como veremos agora, provém menos da fantasia literária do que de um jogo político, no qual estamos envolvidos ainda hoje.

A gesta de Carlos Magno e o imaginário colonial

A utilização de personagens oriundas de fontes literárias inscreve-se na tradição implantada pelos religiosos que evangelizaram o Brasil. Folguedos diversos eram promovidos para diversão dos colonos e conversão de índios e africanos. A eterna luta entre Bem e Mal era encenada sob forma de combates entre cristãos e mouros. Estes, é claro, eram representados por negros, e aqueles, por brancos. A história de Carlos Magno, já bem conhecida em toda a Península Ibérica, fornecia episódios e heróis, aos quais se acrescentavam alguns caciques. Entre os mouros, os maus logo morriam, e os bons se convertiam. No fim, danças celebravam o coroamento do "Rei do Congo", doravante cristão.

Nada surpreende, portanto, que se possa encontrar, nos terreiros de São Luís, um caboclo que dizem ser Ferrabrás de Alexandria, personagem da história de Carlos Magno e "rei da Turquia". Por vezes, atende pelo nome de Imbarabaia, porque foi assim chamado por um índio velho, que o acolheu quando, vencido pelos cristãos, veio fugido para o Brasil, junto com seus companheiros de armas (FERRETTI, 1993: 189-198). A versão de Jorge Itaci contribui com uma precisão: "o rei da Turquia foi trazido por Dom Luís, após a última cruzada contra os mouros" (p. 202). Ora, essa cruzada foi empreendida por Luís IX, São Luís, que, aliás, nela morreu, em 1270. A fusão entre personagens e situações poderia facilmente ser vista como confusão, se a referência à última cruzada não apontasse, de repente, para uma perturbadora relação em nível ideológico.

Yves d'Évreux, outro capuchinho que escreveu uma *Suite de l'Histoire des choses les plus mémorables advenues em l'île de Maragnan es années 1613 et 1614* (D'ÉVREUX, 1986), oferece o seu texto, que se propõe visivelmente a complementar o relato de d'Abbeville[1], em homenagem ao Rei Luís XIII, com essas palavras:

---

[1] A rivalidade entre viajantes, no que diz respeito à experiência de campo, não é coisa nova. "A experiência me trouxe mais coisa, já que ele (D'Abbeville) só ficou quatro meses no Maranhão, ao passo que eu fiquei dois anos inteiros" (D'Évreux, 1986: 28). Dos outros dois capuchinhos, Ambroise d'Amiens morreu de doença pulmonar, ainda na ilha. Do outro só se sabe o nome, Arsène de Paris. Na verdade, não são sobrenomes, mas sim a indicação da origem respectiva dos religiosos.

Meu Senhor, aquele que se destacou sobre todos os monarcas do mundo no que diz respeito à piedade e à religião foi São Luís, honra dos franceses, do qual herdaste o sangue, o cetro, o nome, e a imitação das virtudes: pois ele não usou apenas dos seus tesouros, dos seus nobres, mas também da própria pessoa, atravessando os mares [...] a fim de restaurar a piedade e a religião humilhadas pelas crueldades dos infiéis, e faleceu nesse propósito (p. 26).

Pelas suas implicações, esse texto em muito ultrapassa o nível de simples elogio exigido pelo protocolo. Estabelece uma nítida relação de identidade entre a colonização do Brasil e a última cruzada. A expedição de La Ravardière reedita a de São Luís. A evangelização das Américas decorre do imperativo da conversão dos mouros.

E isso nos leva de volta à história de Carlos Magno. Hoje, sabemos que a morte de Roldão em Roncesvalles, que constitui o ponto nodal da "Gesta", não foi consequência da ferocidade dos mouros que então ocupavam grande parte da Espanha, mas sim da "perfídia dos Bascos", como relatou Eginhard, cronista da corte de Carlos Magno (BÉDIER, 1929: 193). Autor da *Vita Caroli*, escrita por volta do ano 800, ele deixa claro que as incursões de Carlos Magno na Espanha atenderam ao pedido de um aliado seu, Emir de Saragoça, e que, no caminho, aquele que iria ser tomado como grande símbolo da cristandade devastou terras cristãs. Donde se conclui que, em Roncesvalles, os bascos tiveram lá suas razões para atacar a retaguarda do exército francês e, apesar do que me ensinaram em criança, o campo de batalha não ressoou com "os gritos estridentes dos Sarracenos"[2].

---

[2] Bédier (1929: 276) acrescenta que "as mais confiáveis fontes árabes ignoram que Carlos Magno tenha sido derrotado nos Pirineus, e o seu silêncio, confirmando o dos anais francos, proíbe supor que os sarracenos tivessem algo a ver com essa derrota".

Como foi que os bascos se transformaram em mouros? *La chanson de Roland* (A gesta de Roldão), da qual o mais antigo manuscrito conhecido data de fins do século XII, é provavelmente uma transcrição de textos mais antigos, decorrentes de diversas tradições orais. Tudo deixa supor que esses textos foram criados por volta de 1080 (LE GENTIL, 1955), ou seja, por pouco antecedem a primeira cruzada (1096-1099) na Palestina, então dominada pelos turcos seljúcidas. É no fim do século IX que se desenvolve, na Espanha, o culto de Santiago de Compostela, logo alcunhado de "*Matamoros*"³, o matador de mouros. Santiago será o santo padroeiro da "Reconquista", e os peregrinos, ao longo do "caminho francês" que os leva para Compostela, vão contar e cantar as façanhas dos cavaleiros cristãos. É provavelmente nessa época que Roldão de Bretanha se torna vítima dos mouros, e que Carlos Magno e seus pares se transformam em modelos da guerra santa. Os eruditos dos mosteiros sitos ao longo do caminho só tiveram de "costurar" os relatos, para elaborar sólidos instrumentos de propaganda das cruzadas (BÉDIER, 1929).

Ao que parece, a gesta de Carlos Magno forneceu poderoso suporte ideológico a todos os empreendimentos de guerra santa. Em seu estudo sobre a Biblioteca Azul de Troyes, conjunto de livros populares que se disseminaram na França nos séculos XVII e XVIII, Robert Mandrou encontrou, entre 40 títulos dedicados à história da França, nada menos que 30 textos – de cem a duzentas páginas! – sobre as aventuras de Carlos Magno. Diz ele que essas "fantasmagorias históricas" só tratam de um único tema, o da defesa da cristandade contra os infiéis. "A guerra santa é uma luta violenta

---

³ Pouco tempo depois da descoberta de uma ossada que lhe é atribuída, Santiago aparece, ao lado dos cristãos, para lutar contra os mouros, na batalha de Clarijo, em 844 (BARRAL I ALTET, 1993).

e infindável contra um inesgotável inimigo: apesar dos extermínios e das conversões, a hidra muçulmana sem fim renasce, ameaçadora [...]. A cruzada contra o muçulmano é o grande mito dessa série de legendas francesas" (MANDROU, 1964: 46-47).

Como vimos acima, essa mesma matriz simbólica aqui deu sustento à elaboração dos folguedos organizados pelos religiosos para encenarem o extermínio dos pagãos e a conversão dos escravos, fossem eles indígenas ou africanos. Hoje, as personagens da gesta de Carlos Magno vivem nos terreiros do Norte-Nordeste. Mas, ao passo que nobres e reis da França são membros do "povo gentil", os mouros e seus príncipes foram encaixados em uma categoria inferior, ainda que muito poderosa. A perpetuação do imaginário medieval resulta em amálgama de reis franceses cristãos e turcos indígenas infiéis que, além da sedução das lendas, revela uma lógica ferrenha: a lógica da dominação.

A hierarquia dos encantados parece retratar a sociedade que os criou, de modo bastante fidedigno. País de imigrantes e exilados, que ainda sonha com a nobreza europeia, que busca suas referências em modelos estrangeiros, que se recusa a reconhecer como traço próprio a terrível violência presente em toda parte, o Brasil se revela capaz de uma incrível capacidade criadora e, para resolver questões antagônicas, constantemente constrói estranhas estratégias...

Pois o reino de Carlos Magno não se reduz ao Nordeste tantas vezes folclorizado. Em um contexto mais explicitamente politizado, foi encontrado por Maria Isaura Pereira de Queiroz, no Estado de Santa Catarina, no início do século XX. Uma comunidade de camponeses enfrentou os soldados da República, entre 1910 e 1914, com milícias armadas. A elite dessas milícias era formada pelos Doze Pares da França, e suas preces diárias "terminavam por um sermão ou pela leitura do livro sagrado, que era o romance de *Carlos Magno*"

(QUEIROZ, 1976: 279). Os camponeses se opunham à República, e reclamavam a volta do imperador. A gesta de Carlos Magno parece aqui simbolizar a ordem política antiga e a perenidade das instituições monárquicas. A subversão aparente estava ali sustentada pelo mais tradicional conformismo social, como já mostrou Mandrou a propósito da "Biblioteca Azul".

Para processos desse tipo, costuma-se usar, com Lévi-Strauss, a palavra "bricolagem". Mas, como disse Roger Bastide, o termo "remendo" seria bem mais adequado, já que, nesse caso, não há criação, "nem lógica do imaginário. É remendo de um objeto já existente" (BASTIDE, 1970: 100). Longe da expressão de um "pensamento selvagem", o remendo parece determinado por uma situação social específica, cujas contradições só podem aparecer por meio do mito.

Nesse sentido, os caboclos mouros do Maranhão, Dom Luís, rei ou santo, os pares de Carlos Magno – já que Guido de Borgonha, Oliveiros e Roldão também frequentam os terreiros, na qualidade de fidalgos, é claro – não constituem simples exemplos de pletora barroca ou de sincretismo delirante; põem em evidência uma realidade paradoxal, cujos conflitos, se expressos sem disfarce na vida diária, talvez fossem intoleráveis...

Colonialismo e escravismo costumam gerar sociedades intrinsecamente alienadas, o que não foi o caso do Brasil apenas. Como bem mostraram Sérgio Gruzinski (1988), para o México, e Laura de Mello e Souza (1993), para o Brasil, o imaginário de tais sociedades reproduz, amplificando-os, os sonhos e os pesadelos europeus. Apoiada na posição de Cornélius Castoriadis (1986), para quem o imaginário social, ao invés de representar um conjunto de superestruturas que nos afastam da realidade, constitui pelo contrário um acervo que é preciso interrogar para entender melhor a sociedade que o gerou, a presença de reis e nobres franceses na Encantaria maranhense me levou, em retorno, a perceber aspectos geralmente encobertos da minha própria cultura. São Luís e Carlos Magno foram meus guias nesse caminho invertido.

Uma estada em Paris me permitiu verificar a solidez da associação entre esses reis, em lugares onde não os estava esperando. Suas estátuas estão presentes de cada lado da entrada da Igreja dos Inválidos. Nada surpreendente, já que o Rei Luís XIV, que determinou a sua construção, poderia muito bem ter se inspirado em um e outro soberano. O fundador do império franco – sonho inspirador de todos os reis da França – e o padroeiro da dinastia haveriam de ladear a igreja da instituição consagrada aos valentes soldados. Eis, no entanto, que estão igualmente presentes em um sítio essencialmente republicano: o anfiteatro onde se reúnem os senadores, no Palácio de Luxemburgo. Os seus bustos respectivos ladeiam o assento do presidente do Senado. São os únicos reis ali representados. No alto da sala, há uma comprida prateleira, que serve de suporte aos bustos de ilustres republicanos. Estes não me causaram espanto, mas me perguntei o porquê da presença de dois soberanos. Ambos foram agentes de empreendimentos hegemônicos... Surgiu, então, a necessidade de dedicar algum estudo à utilização da figura de Carlos Magno pelo imaginário social francês, além da criação dos diversos textos que redundaram na produção da "História" supracitada.

As muitas reinvenções de Carlos Magno

Em primeiro lugar, a presença de Carlos Magno na porta daquela igreja, e dentro de muitas outras, como haveria de descobrir, me levou a questionar: será que se trata de um santo? Em Paris, outrora, existia o costume – não sei se hoje ainda perdura – de se festejar, a cada 28 de janeiro, "*la saint-Charlemagne*", em um banquete bastante animado a que compareciam estudantes, para homenagear o "fundador das escolas". Mas isso sempre me parecera ser uma das manifestações do rico folclore estudantil, de origens medievais em sua maioria. Não respondia à questão.

Em uma biografia recente, Jean Favier traz importantes esclarecimentos. Ele afirma que "Carlos Magno não consta do calendário litúrgico romano" (1999: 658), mas isso não impede que, ao longo da história, tanto da Alemanha como da França (já que o seu império "cobria" ambos os territórios), ocorressem vários episódios em que uma suposta santidade viria a calhar, sempre com fins legitimadores.

A primeira grande contribuição nesse sentido foi uma iniciativa de Frederico Barba-roxa que, pouco depois do Natal de 1165, reuniu a corte em Aachen "para revelar, exaltar e canonizar o santíssimo corpo de Carlos Magno", ali sepultado (p. 652). Como se sabe, naquela época, a proclamação de santidade ainda não era da exclusiva competência do papa, como passou a ser a partir do pontificado de Inocente III, no século XIII. Bastava que o povo – *vox populi, vox Dei* – apoiado pelos seus bispos, aclamasse um novo santo, para que o mesmo fosse aceito como tal pela Igreja.

No caso de Barba-roxa, porém, tratava-se menos de um possível clamor popular, e mais de uma manobra para legitimar a sua pretensão em ser reconhecido como "imperador romano". Não recebera Carlos Magno os títulos de "rei dos Francos e dos Lombardos, e príncipe dos Romanos", coroado imperador pelo Papa Leão III em Roma, em 800?

Ao "canonizá-lo" por conta própria, Frederico como que se vinha abrigar na aura sagrada do primeiro imperador do Ocidente, em uma época de acirrados conflitos com o papado. Assegurou, ademais, que contava com "a autorização do Papa Pascual e a concordância de todos os príncipes laicos e eclesiásticos" (1999: 652) mas, como o pontífice em questão havia sido considerado um "antipapa" pela Igreja, a justificativa tendia a enfraquecer o argumento... Na cidade de Aachen e demais lugares do império, a iniciativa de Barba-roxa foi muito bem recebida, como era de se esperar. Distribuíram-se relíquias, e altares foram consagrados em nome do novo santo.

Na Alemanha, de acordo com Gerard Mathon (2003), "o culto de Carlos Magno atingiu o seu apogeu no século XV, mas não foi sequer abolido pela Reforma" e, como veremos adiante, permaneceu em algumas cidades como "devoção regional".

A França, por sua vez, graças ao deslizamento semântico que logo amalgamou os "franceses" com os "francos", considerava Carlos Magno como o seu fundador e antepassado dos seus reis. A história factual ensina que, logo depois de sua morte, em 28 de janeiro de 814, tiveram início lutas sucessórias tais que, em pouco mais de um século, já não havia mais carolíngios no poder. Com o reinado de Hugues Capet (987), surgiu nova dinastia, que só iria findar em 1328. Todavia, diz ainda Favier, "*Carlos Magno permaneceu o modelo do rei cristão, até que São Luís lhe tomou o lugar*" (1999: 666 – grifos meus). Como se vê, a associação dos dois nada tem de casual. A primazia de São Luís, cuja canonização, vinte anos depois da morte, obedecera a todos os requisitos estabelecidos pelos papas, impunha-se. Mas a duvidosa canonização de Carlos Magno, no entanto, acabaria recebendo um reforço, quando do estabelecimento de nova dinastia que, embora descendente de São Luís, provinha de um ramo colateral.

Os novos reis se empenharam para assentar a sua legitimidade em "São Carlos Magno, rei da França". E, para firmar concretamente essa herança, o Rei Luís XI haveria de mandar, para Aachen, um belíssimo relicário de ouro e prata, contendo um osso do braço do imperador, além de proclamar, em 1475, que, doravante, o 28 de janeiro seria dia santo e feriado. A monarquia francesa passou a contar com dois santos padroeiros, e o cetro da coroação adornou-se com a efígie do imperador, com a inscrição "*Sanctus Karolus Magnus*" (p. 666).

À Igreja, não convinha tomar uma posição francamente contrária e, finalmente, no século XVIII, o Papa Bento XIV resolveu aceitar essa devoção como "equivalente" [sic] de uma beatificação regular. Hoje, "o culto de Carlos Magno é somente celebrado em Aachen, no dia 28 de janeiro, e, em duas cidades vizinhas, é *tolerado por indulto da Santa Congregação dos Ritos*" (MATHON, 2003: 4 – grifos meus).

Em outros termos, Carlos Magno não é exatamente um santo *stricto sensu*, mas é como se fosse...

Interessante é que a invocação do seu nome não para por aí. Outra reinvenção de peso ocorreu na França, em fins do século XIX, na ocasião da guerra de 1870-1871 em que foi derrotada pelos exércitos prussianos. A vitória da Prússia serviu para cimentar a unificação da Alemanha. Mas, do lado francês, ocorreu uma estranha tentativa de recuperar Carlos Magno em seu favor. Considerando que ele havia conquistado a Baviera e a Saxônia, e que, talvez, ele fosse originário da Alsácia, que acabara de ser anexada pela Alemanha, o governo da República Francesa resolveu transformá-lo em um rei francês vencedor dos alemães. A Terceira República, assumidamente laica, não o poderia chamar de santo, mas, com esse passe de mágica, fez dele o inspirador da *Revanche*, a tão sonhada reconquista. Em um procedimento que já pudemos várias vezes observar, para dar concretude a uma elaboração imaginária, mandou fazer uma bela estátua equestre, de bronze, colocada na praça defronte à Igreja de Notre Dame, em 1882.

E como cada qual interpreta ao seu modo as reinvenções legitimadoras, essa estátua foi poupada pelos alemães que ocupavam Paris durante a Segunda Guerra Mundial, e que costumavam mandar todas as placas e estátuas para fundição, para alimentar a indústria bélica. "Eles bem sabiam que Carlos Magno também lhes pertencia, e tentaram fazer dele o patrono da nova Europa que pretendiam implantar" (FAVIER, 1999: 714). E, mancha vergonhosa que não se pode apagar, a Divisão da SS criada para agrupar os franceses colaboracionistas que lutavam nas linhas alemãs foi batizada de *"Division Charlemagne"*.

O estudo do imaginário social, como se vê, não pode prescindir da análise das jogadas políticas que, a todo momento, dão novas inflexões aos conteúdos e símbolos disponíveis.

Em todo caso, a muito paradoxal apropriação de Carlos Magno como herói francês da luta contra a Alemanha nos fornece uma hipótese bem plausível para explicar a sua presença no hemiciclo do Senado, instalado, precisamente, pelo governo da Terceira República (1872-1940). São Luís e Carlos Magno, mais heróis lendários do que simples figuras históricas, agora confirmam a sua associação com o tema das cruzadas: contra os sarracenos ou contra os saxões, no século XI da "Gesta", no século XIII em Túnis, no século XVI da introdução das congadas no Brasil, no século XVII da França Equinocial, ou no século XIX da *Revanche*... As linhas de poder desenham paisagens exóticas que acabam se superpondo e, finalmente, sempre contam a mesma história.

E essa história continua se repetindo em nossos dias, quando o discurso dos governantes, sejam cristãos ocidentais ou islamitas orientais, transmitido de parte a parte pelo clamor estereotipado da mídia, volta a falar em guerra santa. Mil anos de cruzadas não esgotaram a retórica do terror, que prossegue justificando-se através da diabolização do Outro.

Em Codó, no Maranhão, uma informante de Mundicarmo Ferretti declarava que "A encantaria tem segredo e tem mistério, a gente anda, anda, e nunca chega ao fim" (FERRETTI, 1993: 147). Mas, como acabamos de verificar, a análise das personagens e das lendas não se esgota com o plano religioso. Remete à elaboração de uma temática que revela os mais sombrios abismos de uma história de longuíssima duração. Longe de nos afastar da realidade, o estudo do imaginário põe em evidência a presença de alguns dos seus aspectos mais ameaçadores.

4
A Escrava Anastácia

> *Quem é ateu*
> *E viu milagres como eu*
> *Sabe que os deuses sem Deus*
> *Não cessam de brotar.*
> Caetano Veloso. *Milagres do povo.*

Imagem de Anastácia: um busto de gesso adquirido por nossa equipe[1], pela modesta quantia de R$ 12,00, no Mercadão de Madureira. Representa a negra de olhos azuis, bata branca, com coleira e máscara aplicada na boca, pintadas de um cinza prateado que sugere metal. Está na prateleira de minha sala na PUC, rodeada de outras estatuetas herdadas de projetos anteriores: N.S. de Nazaré, artesanato de Belém do Pará, A Desatadora, feita de resina e provavelmente fabricada na China, um *kit* de Santo Antônio, com garrafinha de água-benta e pãezinhos, e até uma garrafa de vinho tinto com a efígie de Santo Expedito... A imagem da Escrava é de tamanho maior que as demais e, talvez por isso, chama a atenção. Mas, sobretudo, permite verificar o poder da imagem e a atração que exerce. Não há visitante que não comente. Todos sabem de quem se trata, e muitos têm algo a contar. Várias informações de

---

[1] A pesquisa, como parte do projeto *O paradoxo das imagens* (2003-2006), recebeu o apoio do CNPq, por meio de uma bolsa de Pesquisador 1-A, e de três bolsas de iniciação científica, para os então acadêmicos do curso de Psicologia da PUC-Rio, Aline von der Weid, Maria de Fátima Carneiro Florim e Maurício da Silva Guedes.

grande valia nos chegaram por esta simples via, desde o relato do "crime de Anastácia" até a devoção dos cantores de *hip hop*. De tal modo que o tema da pesquisa se desenvolve em uma espiral, gerando percepções que se cristalizam em relatos, transformando acadêmicos em informantes, alargando a nossa compreensão da porosidade do universo das crenças brasileiras...

A origem da representação

Os pesquisadores estão concordes em identificar o ponto de partida da devoção à "Escrava Anastácia" na reprodução de uma gravura, publicada em 1839, no livro de um viajante francês, Jacques Étienne Arago, intitulado *Voyage autour du monde – Mémoires d'un aveugle*. Este autor não é de todo desconhecido daqueles que se interessam pelos viajantes que aportaram na costa do Brasil na primeira metade do século XIX. Importante fonte é o livro de Jeanine Potelet, *Le Brésil vu par les voyageurs et marins français 1816-1840 – Témoignages et images* (1993). Da exaustiva bibliografia fornecida pela autora, deduz-se que todos os viajantes, de volta à terra natal, brindavam os seus patrícios com relatos em que destacavam as curiosidades exóticas dos lugares visitados. E, ao que parece, não poupavam detalhes. Freycinet, o capitão da corveta em que Arago viajou, publicou sete tomos relativos à expedição que comandou, enquanto o geógrafo que o acompanhou, Duperrey, tratou do mesmo assunto em nada menos que nove volumes! É verdade que relatavam observações realizadas ao longo da volta ao mundo, pois as viagens para lugares exóticos consistiam, antes de tudo, em expedições científicas destinadas a levantar, identificar e seriar terras, plantas, animais e grupos humanos, naquele século XIX tão cioso de enquadramento científico do mundo.

Jacques Arago era pintor e desenhista, e tomou parte na viagem nessa qualidade, para documentar as observações dos cientistas. Assim embarcou, em setembro de 1817, na corveta *L'Uranie*, comandada por Louis Claude de Saulces de Freycinet (1779-1842), que fez escala no Rio de Janeiro, de 06/12/1817 a 29/01/1818. Prosseguiu rumo ao Sul com pouca sorte, já que veio a encalhar logo mais nas Malvinas (14/02/1818), de tal modo que os nossos viajantes tiveram de embarcar em outro navio, *La Physicienne*, e voltaram para o Rio, onde permaneceram até setembro[2], prosseguindo a viagem. De volta a Paris, capitão, geógrafo e desenhista entregaram os respectivos relatórios. Foi então que Gérard, "primeiro pintor do rei e membro da Academia de Belas Artes, teceu fortes elogios aos desenhos de Jacques Arago" (POTELET, 1993: 51). O fato é que, no verbete dedicado a Freycinet pelo *Robert des Noms Propres* (1989: 1.179), há uma reprodução de uma dessas ilustrações, tão ou mais encantadora que as gravuras – aliás contemporâneas – de Debret.

Mas até hoje, a obra pictórica de Arago permanece praticamente desconhecida. Nas enciclopédias francesas, fala-se mais dos livros que escreveu. Aqui transcrevo o verbete do *Larousse du XXe Siècle* (1928, t. 1: 301):

> Escritor francês, nascido em Estagel (Pyrénées Orientales), em 1790, falecido no Brasil em 1855. Romancista, dramaturgo e viajante, tomou parte, em 1817, da expedição do navio *L'Uranie*. Foi diretor de um teatro em Rouen (1835). Em 1837, ficou cego. Escreveu peças de teatro [os títulos são listados] e publicou *Promenade autour du monde* (1822), *Voyage autour du monde* (1838/1840), *Souvenirs d'un aveugle*, etc.

---

[2] Os nomes das embarcações bem expressam o empenho cientificista, filho do Iluminismo de fins do século XVIII, pois evocam, o primeiro, a musa das ciências exatas e o segundo, a própria física.

Ao que parece, o nosso autor foi aproveitando o material dos relatórios para publicações sucessivas[3]. O detalhe que, até a presente data, estranhamos, é a informação de que o seu falecimento teria ocorrido no Brasil. Nada, no levantamento bem exaustivo de Potelet, autoriza a chegar a essa conclusão, até mesmo porque os comentários de Arago sobre a escravidão no Brasil fazem supor que ele não devia ser considerado *persona grata* entre nós.

Sobre a obra dos viajantes estrangeiros, Süssekind (1990) já observou que nem sempre o que lhes chamava a atenção eram coisas que os próprios nativos gostariam que fossem retratadas, de tal modo que vários autores foram classificados pela elite brasileira como "exageradamente críticos", quando não ingratos e até mesmo mal-intencionados. As citações de Potelet, extraídas de vários escritos de Arago, mostram claramente o seu repúdio à escravidão: "em *Souvenirs d'un aveugle,* Arago desenvolve o tema da brutalidade e da crueldade dos senhores, aspectos marcantes, para ele, da escravidão no Brasil: 'O país de que estou falando é, sem dúvida, o lugar do mundo em que os escravos são os mais dignos de pena, onde os castigos são os mais cruéis, até diria os mais ferozes'" (POTELET, 1993: 192).

É duvidoso que essa opinião, tão claramente expressa, pudesse capacitar o seu autor a voltar para o Brasil. Além do mais, o irmão mais velho de Jacques, o célebre cientista François Arago, elegera-

---

[3] De acordo com Potelet (1993), haveria quatro publicações com essa característica: *Promenade autour du monde pendant les années 1817, 1818, 1819 et 1820*, sur les corvettes du Roi L'Uranie et la Physicienne commandées par Mr. Freycinet. 2 vol. Paris: Leblanc, 1822. • Épisode d'un voyage au Brésil. *Journal de la Marine, des Colonies, des Ports et des Voyages*, t. II (1), 1834, p. 18-22. • *Souvenirs d'un aveugle* – Voyage autour du monde. 5 t. Paris: Hortet et Ozanne, 1839-1840. • *Souvenirs d'un aveugle* – Voyage autour du monde. Nouvelle édition enrichie de notes scientifiques par Mr. François Arago, etc. 2 vol. Paris: H. Lebrun, 1842-1843. Houve outra edição, talvez bem remanejada, em 1892, com a inclusão de uma biografia de Jacques Arago por H. Duclos, intitulada *Promenade autour du monde*. Paris: Librairie Illustrée.

se deputado da primeira Assembleia Constituinte da República Francesa consecutiva à revolução de fevereiro de 1848 e, como tal, desempenhara importante papel na redação do sexto artigo da nova constituição, que aboliu a escravidão nas colônias francesas. Não é sensato imaginar que a "feroz ironia e o humor negro" (p. 192) dos textos de Jacques Arago sobre a escravidão no Brasil pudessem passar despercebidos aos olhos do governo brasileiro, quanto mais que a reedição, em 1842/1843, das tais "lembranças" vinha enriquecida de "notas científicas" assinadas pelo próprio irmão, notório abolicionista.

Monsenhor Guilherme Schubert (1987) que, na qualidade de membro do IHGB, encarregou-se de levantar as origens da imagem na época da tomada de posição da Igreja em relação à devoção a Anastácia, obviamente encaixa Arago na categoria dos viajantes ingratos: "Observou, *com espírito crítico e bastante negativo*, a sociedade brasileiro-portuguesa da época, ficando particularmente penalizado e escandalizado com o sofrimento dos escravos" (grifo meu). Foi Schubert quem identificou a imagem como ilustração do livro *Souvenirs d'un aveugle,* gravura destinada a exemplificar um dos castigos aplicados aos escravos.

A nossa equipe não logrou localizar o texto de Arago na Biblioteca Nacional, de tal modo que permanecemos tributários das informações fornecidas por Schubert, das quais não há motivos para duvidar. Segue uma tradução dos comentários do autor:

> Olhe aquele homem que passa por lá, com um anel de ferro, ao qual é adaptada uma haste do mesmo metal, fortemente presa à nuca: é um escravo que tentou fugir [...] Eis um outro cujo rosto é totalmente coberto por uma folha de flandres, na qual foram abertos dois furos para os olhos... o miserável comeu terra e capim para se suicidar.

A gravura seria uma tentativa – pouco feliz, no entender de Mons. Schubert – de sintetizar dois castigos diferentes:

> Para mostrar isso, [Arago] junta os dois castigos numa só ilustração, aliás, não com toda precisão. Pois a haste da "gargantilha" costumava ser mais alta, para cumprir a sua finalidade: dificultar a fuga pelo mato, embaraçando-se nos galhos. E, se bem que existia também uma máscara em forma de bridão, era mais usada a máscara total (SCHUBERT, 1987).

Em suma, como ilustração destinada a documentar os horrores da escravidão brasileira, a gravura de Arago não era grande coisa... Empenhado em demonstrar que a Escrava Anastácia jamais existiu, o que parece fora de dúvida, Mons. Schubert não resiste à tentação de, *en passant*, também desqualificar a representação que deu origem à lenda. E acrescenta, desdenhosamente, que "temos gravuras de muitos outros visitantes do Brasil nesta época".

É verdade. Entre as gravuras de Debret (1834-1839/1978), há uma página inteira retratando várias modalidades do "colar de ferro, castigo dos negros fugitivos" (Pr. N. 42: 345), bem como comentários detalhados (p. 343-346) sobre função, peso e até lugares de fabricação desses "aparelhos de suplício"[4], entrando assim, ele próprio, no rol dos ingratos[5]. Mas o que chama a nossa atenção, nos comentários de Arago transcritos por Schubert, é a finalidade da máscara de flandres, ou do "bridão": "o miserável comeu terra e capim para se suicidar".

---

[4] "É principalmente na Rua da Prainha, conhecida pelas suas serralharias, que se encontram certas lojas em que se fabricam esses instrumentos de punição, correntes, colares de todos os tamanhos, cangas em forma de compasso, bota de ferro e anjinhos com os quais se podem esmagar os polegares e de que se servem os *capitães de mato* para fazer o negro confessar o nome e endereço do seu senhor" (DEBRET, 1978: 344).

[5] Diz Mário Guimarães Ferri, que assina a apresentação da edição de 1978 da *Viagem pitoresca e histórica ao Brasil*: "Membros do Instituto Histórico e Geográfico Brasileiro julgaram 'chocante que se pintassem costumes de escravos e cenas da vida popular com tanto realismo'" (p. 13).

Ao que parece, a ingestão de terra era prática comum em toda a América escravista. Em belíssimo romance recente, o haitiano Gary Victor evoca a tragédia

> dos Negros que os deuses abandonaram à própria sorte, dos filhos dos Negros para os quais seria melhor morrer no ventre materno do que ver a luz do dia, dos Negros que se suicidam lentamente, engolindo terra, dia após dia, achando que é melhor morrer pela terra do que trabalhá-la para enriquecer o colono (VICTOR, 2002: 270).

O *manger-terre* era um meio lento, relativamente discreto, de se conseguir fugir na morte. No Brasil, ainda que um autor como o Jesuíta Benci não inscreva o *comer terra* em sua lista de práticas usuais – "fazendo-se algozes de si mesmos, [os escravos] acabam a vida ou às facadas por suas próprias mãos, ou enforcados nas árvores, ou afogados nas águas, ou precipitados das janelas" (BENCI, 1700/1977: 157) –, não há motivos para duvidar da extensão da prática, corroborada pela fabricação de máscaras destinadas a impedi-la.

Esta impressão é reforçada pelo testemunho de Koster, citado por Gilberto Freyre (1933/1998: 367): "um dos meios que esses infelizes empregam na própria destruição, é comer terra e cal". O problema era que não apenas escravos africanos, como "moleques crioulos" e também "meninos livres", brancos, se entregavam a esse "vicio" [sic]. Freyre acrescenta que

> parece que Koster não teve ocasião de observar o tratamento de crias ou muleques viciados em comer terra, e até de meninos brancos, pelo sistema da máscara de flandres. Muito menos pelo do panacum de cipó: enorme balaio dentro do qual o negro era guindado até o teto de improvisado lazareto com auxílio de cordas metidas por entre os caibros e presas em argolas nos portais (p. 368).

Tais geringonças eram utilizadas em meados do século XIX em vários engenhos, com o fito de tornar impossível ao escravo "manter o abominável vício da geofagia". A criatividade dos torturadores respondia *pari passu* à engenhosidade dos candidatos ao suicídio. No Primeiro Congresso Afro-Brasileiro do Recife, Freyre ainda lista itens retirados dos anúncios referentes a negros fugidos, entre os quais

> fugidos com máscara ou mordaça de flandres na boca. Às vezes máscaras ou mordaças *fechadas com cadeado*. Essas mordaças seriam menos castigo que medida prophylatica: contra o chamado vício de comer terra. As máscaras se usavam – informa em artigo nos *Annaes Brasilienses de Medicina* o médico Gama Lobo – *contra a voracidade por toda a espécie de fructas, até as verdes*, dos escravos soffrendo de ophtalmia... (FREYRE, 1934/1988: 243 – grifos meus).

A transformação de tentativa de suicídio em vício pode ser entendida como procedimento claro de *desqualificação*. Não apenas se retira do escravo até a liberdade de morrer[6], como também se reduz o comer terra a um comportamento vicioso e viciado, uma molecagem lastimável à qual não se deve conceder maior importância[7]. Trata-se da condenável tendência a comer coisas proibidas – inclusive as sumarentas frutas que o próprio escravo cultiva –, mas facilmente curável pela adoção da mordaça, cujo cadeado será aberto pelo senhor na hora que lhe convier, para maior controle da alimentação. Sem falar, é claro, da dimensão animalesca à qual reduz o seu portador[8].

---

[6] Kátia de Queirós Mattoso assinala a altíssima taxa de suicídios entre escravos: "em 1865, de cada 5 casos registrados em Sergipe, 4 são escravos; no Rio, em 1866: 16 em 23; na Bahia, em 1848, 28 em 33, dos quais dois crioulos" (MATTOSO, 1982: 155).

[7] É bem verdade que o Padre Du Tertre, erudito autor de uma *Histoire générale des Antilles habitées par les François*, publicada de 1667 a 1671, falava no *vício de fuga* que acometia alguns escravos! (cf. BOUGEROL, 1983).

[8] Em *O Veterano, ou o Pai do Filho da Terra,* uma publicação de 1832, localizada por Ivana Stolze Lima em sua tese de doutorado, fala-se "de uma preta escrava que levou tanta surra por comer terra" (LIMA, 2003: 49). Ambos os fatos parecem corriqueiros: o comer terra, e a consequente surra...

Outro *vício* era acrescentado à lista das justificativas evocadas pelos senhores de escravos para o uso da máscara de flandres. No conto "Pai contra Mãe", Machado de Assis explica:

> A máscara fazia perder o vício da embriaguez aos escravos, por lhes tapar a boca. Tinha só três buracos, dois para ver, um para respirar, e era fechada atrás da cabeça por um cadeado. Com o vício de beber, perdiam a tentação de furtar, porque geralmente era dos vinténs do senhor que eles tiravam com que matar a sede, e aí ficavam dois pecados extintos, e a sobriedade e a honestidade certas. Era grotesca tal máscara, mas a ordem social e humana nem sempre se alcança sem o grotesco, e alguma vez o cruel (MACHADO DE ASSIS, 1906: 11).

Grotesca e cruel, mas por assim dizer, necessária: o tom agridoce de Machado, em sua sutileza, deixa pairar certa ambiguidade. Pois, no fim das contas, é o escravo o próprio culpado pelos castigos que recebe. Será por isso que, nas lendas de Anastácia, salvo o primeiro texto de 1977, de que falaremos adiante, até hoje não encontramos referência à clássica finalidade da máscara de flandres?

Quando estivermos lendo as diversas versões da história de Anastácia, veremos que nenhuma mantém a temática da absorção de coisas proibidas. A mordaça será interpretada em termos de censura da palavra escrava. Desconhecimento dos verdadeiros costumes escravistas? Ou exemplo de "esquecimento" das reais condições de vida nos tempos da Colônia, como já pudemos observar em outros discursos populares de embelezamento do passado? (AUGRAS, 1998). A análise do conteúdo dessas versões talvez nos leve a algumas pistas... Por enquanto, voltamos a Jacques Arago. Este desenhou uma figura que apresenta, por assim dizer, a síntese de diversos castigos profiláticos: retrata um escravo negro, que leva ao mesmo tempo o colar de ferro e a mordaça. É esta gravura, em preto e branco, que, um século e meio mais tarde, será retomada e literalmente reinventada, para se transformar no retrato de uma linda princesa banta de olhos azuis.

A estranheza e o sagrado

Atribuir um valor misterioso a uma imagem estranha não constitui monopólio da população do Rio de Janeiro. Autores que se dedicaram à fenomenologia da religião ou ao estudo das religiões em uma perspectiva histórica sublinham o quanto a estranheza de um objeto funciona como *signo* da presença de algum poder. Escreve Mircea Eliade (1970: 25): "tudo o que é insólito, singular, novo, perfeito ou monstruoso, se torna recipiente de forças mágico-religiosas e, conforme o caso, objeto de veneração ou de temor". Essa estranheza seria a manifestação da ambivalência que, diz ainda o autor, o sagrado desperta. O uso do adjetivo "insólito", que remete em sua raiz ao verbo latino *solere*, costumar, ter por hábito – termo que deu origem ao verbo português *soer*, de idêntico significado – seria uma adequada tradução do famoso *Unheimlich* que, para Freud (1919), conota aquilo que é objeto de estranheza ao mesmo tempo que, paradoxalmente, remete a uma sensação de familiaridade. *Unheimlich* é o não familiar, secreto e perturbador por irromper em meio daquilo que deveria ser percebido como cotidiano.

G. van der Leeuw, comentando a arte dos ícones russos, assegura que "a pintura sacra não se propõe a copiar a realidade, mas se *detém em criar uma coisa santa*", e ainda pergunta: "*Por que será que a imagem serve de veículo ao sagrado, a não ser que se revelou cheia de poder e determinada por este poder?*" (1933/1970: 443 – grifos meus). Vale dizer: a estranheza é percebida pelo homem como marca de um poder que a cultura na qual ele está inserido identifica como característica da presença do sagrado. O autor chega a afirmar que, quanto mais disforme o objeto, mais poderoso ele se revela. Nesse ponto, remete ao nível da vivência do devoto, quando a sensação de deparar-se com algo poderoso e insólito – agora podemos dizer: poderoso já que insólito – se abre para o sentimento do *numinoso*, tal como descrito por Rudolf Otto (1929/1968). O próprio Van der Leeuw insiste em que "o terrível, o inumano, até mesmo o monstruoso, expressa o sagrado, melhor do que uma imagem mais serena; sua popularidade advém de que se aproxima mais do 'totalmente outro'" (1970: 441). A alteridade essencial do divino revelar-se-ia à medida da estranheza e até do terror vivenciado pelo devoto.

Como se vê, a fenomenologia da religião afirma que há ligação entre imagens estranhas e "poder" sagrado. O sagrado é colocado como um *a priori* em nível existencial, e a imagem ou o objeto que o evoca seria o seu suporte material. Eliade (1970) chega a utilizar a noção de *hierofania* (de *hierós*, sagrado, e *phania*, mostração) para descrever a função de símbolo atribuída aos objetos "poderosos":

> ao se transformar em símbolos, ou seja, em signos de uma realidade transcendente, esses objetos *anulam os seus limites concretos*, e deixam de ser fragmentos isolados para se integrar em um sistema; melhor dizendo, passam a encarnar, apesar de sua precariedade e do seu caráter fragmentário, todo o conjunto do sistema (ELIADE, 1970: 379 – grifos do autor).

Por conseguinte, ao ser ressignificado como símbolo, o objeto insólito passa a ser integrado em um conjunto mais amplo, que é o sistema de construção e interpretação do mundo elaborado pela cultura. Peter Berger já analisou, em *O dossel sagrado* (1985), os mecanismos pelos quais toda religião se estrutura como um vasto sistema de construção e manutenção do mundo, de modo a garantir a permanência de uma ordem significativa que o defenda – e aos seus adeptos – da irrupção da anomia e da ação desagregadora do caos. Nessa ordem de ideias, o funcionamento desse grande sistema de interpretação do mundo implica a criação e o desenvolvimento de um amplo "reservatório", por assim dizer, de símbolos e representações que, a cada momento da história da sociedade ou do grupo, pode ser reativado para prover os seus componentes com ferramentas que lhes permitam, ressignificando os acontecimentos, assegurar o sentido do mundo, logo, a sua permanência. Assim é que, no imaginário social, existe como que um repertório de temas míticos, que podem ser reativados à medida da necessidade de atribuir sentido a coisas estranhas ou eventos insólitos. Em sua brilhante tese sobre a elaboração e disseminação do popular *Livro de São Cipriano*, Jerusa Pires Ferreira observa que "é como se fosse formado um grande depósito de imaginário, e essas estórias decantadas vão sendo retiradas daqui e dali, quando os encaixes narrativos permitem ou a conexão temática o solicita" (FERREIRA, 1992: 26). E tudo aquilo que se relaciona com devoções "populares" poderia ser citado como ilustração desse fenômeno.

A construção da "Escrava Anastácia", com a elaboração de versões sucessivas destinadas, em um primeiro momento, a explicar as peculiaridades da imagem insólita e, em seguida, a fornecer bases cada vez mais críveis para a implantação e manutenção da devoção, dar-nos-á vários exemplos desse processo. E, em primeiro lugar, a transformação da imagem de um "castigo de escravo" em retrato de um martírio, não mais metafórico, mas representação concreta do elemento que permitirá atribuir a Anastácia as características da santidade.

Sabe-se que os primeiros relatos hagiográficos, redigidos no século II de nossa era, consistiam na descrição dos martírios aos quais haviam sido submetidos os primeiros cristãos (AUGRAS, 2002). Tais relatos, cuja leitura é deveras impressionante, carreavam a intenção do testemunho e o objetivo de fortalecer o ânimo das comunidades que haviam de se preparar para logo enfrentar a eventualidade da repressão. Mais tarde, descrições pormenorizadas de suplícios diversos passaram a constar dos tratados hagiográficos, da *Legenda Áurea* de Jacopo da Varazze (VORAGINE, c. 1256/2003) aos Bolandistas do século XVII, culminando com certa "coleção de narrativas de martírio do beneditino Thierry Reinart (ou Ruinart), *Acta primorum martyrium sincera e selecta*", citada por Ferreira (1992: 2). Esses repertórios, constantemente atualizados, copiados, reinterpretados e divulgados em todas as camadas das sociedades cristãs[9] ao longo da história, vão fornecer a matéria-prima temática de onde se nutrirão inúmeras versões populares de fatos espantosos. E a temática da "virgem mártir", elaborada a partir de uma imagem insólita que, na verdade, corresponde a uma figura masculina, não constitui um caso único, por incrível que possa parecer.

Basta evocar a devoção a Santa Wilgeforte, com a qual topei no início da primeira pesquisa dedicada ao culto dos santos. Originou-se em uma interpretação, por assim dizer, ao pé da letra, que frente a uma representação do Cristo na cruz sob a forma oriental de *Basileus* – isto é, como um homem barbudo vestido de longa túnica bordada de ouro que lhe chega até os pés, levando uma imponente coroa também de ouro –, viu nele a estátua de uma mulher barbuda. Essa imagem é conhecida como o *Volto Santo di Lucca vestito*. Como se vê, é enfatizado o fato de o "Santo Vulto" se apresentar "vestido", contrastando com a representação ocidental tradicional, do Cristo semidespido.

A percepção da imagem, até hoje conservada na Sé da cidade italiana de Lucca, como sendo a de uma mulher barbuda, deu origem

---

[9] Cristãs, porque a descrição de martírios não se resumiu ao âmbito do hagiológio católico. Como se vê em Scott (2003), os relatos referentes aos mártires da Reforma não diferem em nada, em suas narrativas, dos lugares-comuns elaborados pelos autores católicos.

à lenda de uma virgem particularmente linda que, assediada pelos pretendentes e desejosa de se consagrar a Jesus, pediu a Deus a graça de tornar-se horrenda, daí a barba. Em um segundo momento de reinterpretação, a presença da cruz levou à óbvia elaboração de uma história de martírio. O mais curioso disso tudo é que, apesar de a invenção de Wilgerforte ter sido reconhecida e denunciada como tal em 1905 por um ilustre bolandista, Hippolyte Delehaye (1905/1927), não foi abolida a devoção, nem sequer deixada de lado pela Igreja Católica. Ao acreditar em Paul Scott, que dedicou recente ensaio ao tema das crucificações femininas, "essa santa ainda constava do *Martyrologium Romanum*, em 20 de julho, até a última edição revisada de 2002, quando desapareceu" (SCOTT, 2003, n. 45: 162).

As gravuras do livro *Sacrum sanctuarium Crucis* (1634) de Pedro de Bivero, jesuíta espanhol (1572-1656) que vivia nos Países-Baixos, reproduzidas no artigo de Scott, e referentes a casos de mulheres crucificadas, põem em evidência outra dimensão, inescapável: a da erotização sádica. Mulheres semidespidas entregues a suplícios são retratadas com inegável complacência. Comenta Scott que teria havido uma certa "glorificação da violência" (p. 156) naquele fim do século XVI, e assinala a publicação, em Roma, de certo *Tratatto degli instrumenti di martírio* (1591), bem como a expansão, na época, daquilo que chama "a iconografia da virgem mártir" (p. 158). As cenas sangrentas são nela recorrentes. Ou seja, transportando-nos para o século XX no Rio de Janeiro, a descoberta de uma figura estranha, amordaçada, parece ter despertado no imaginário social herdado daqueles tempos da Contrarreforma, algum *topos* referente a instrumentos de suplícios – deslizando rapidamente para a ideia de martírio, que desemboca na quase sinonímia *virgem e mártir*.

Outra observação de Scott reforça o parentesco. Ao comentar gravuras que representam o martírio de diversas santas, o autor nota que, em regra geral, a mártir costuma ser rodeada apenas por homens e, por vezes, as formas femininas são de tal modo apagadas "que a santa parece se transformar, metaforicamente, em homem" (p. 163). Em outros termos, o martírio transforma a virgem em herói. A mulher, fraca por definição, só alcança a glória do martírio por receber a graça de excepcional coragem, ou, melhor dizendo, *virtus*, valor masculino como denuncia a etimologia.

Mártir, aliás, é masculino em português; talvez fosse melhor dizer que é neutro, aplicando-se igualmente a homens e mulheres. Nessa ordem de ideias, o fato de a gravura de Jacques Étienne Arago representar um homem perde qualquer relevância. O operador "*mártir*" funciona em ambos os sentidos. Teríamos então uma cadeia de significações interligadas – castigo/ suplício/ martírio – levando à percepção: pessoa supliciada/ mártir/ pessoa santa. De onde a final equivalência: pessoa negra escrava castigada = escrava mártir e virgem. A questão da virgindade da escrava, ao longo dos textos que foram elaborados pelos devotos, passará a ser posta em dúvida, e o tema será substituído pelo de assédio sexual, ou de estupro, voltando, portanto, ao encontro das imagens sadicamente erotizadas, ou eroticamente sádicas, que já vinham acompanhando gravuras e relatos hagiográficos.

A invenção de Anastácia

A polissemia da palavra "invenção" parece dar conta de todo o processo de construção dessa devoção, já que os dicionários a definem como sendo: "ação ou efeito de *inventar*; coisa *inventada*; astúcia; engano; fábula; descobrimento, especialmente de relíquias: *a invenção da Santa Cruz*"[10]. Para os devotos, consagra a dimensão

---
[10] Do *Pequeno Dicionário Ilustrado da Língua Portuguesa* (1974).

de descoberta da imagem da Escrava, mercê da referência ao mais ilustre episódio de *invenção*, a escavação, comandada por Santa Helena, do lenho da própria cruz, que teria levado para Roma. Para as autoridades eclesiásticas, ferrenhas opositoras da devoção, ressalta o caráter de coisa inventada, de fábula, e até de engano. Para o pesquisador de ciências sociais, aponta para a ação: as etapas da produção de um símbolo coletivo serão objeto de análises detalhadas (cf. SOUZA, 2001).

De fato, é praticamente impossível deixar de considerar essas três dimensões, já que, em graus diversos, contribuíram para dar visibilidade à devoção e, por conseguinte, à sua expansão. Por ora, vamos tentar entender como tudo começou.

> Em 1968, o Museu do Negro, anexo à Igreja do Rosário e da Irmandade de São Benedito, no centro do Rio, organizou uma exposição na ocasião do octogésimo aniversário da Abolição. Ao prepará-la, o diretor do museu, Yolando Guerra, aficionado da história da escravidão, dirigiu-se ao Arquivo Nacional, onde descobriu uma coleção de papéis pertencentes à família Pires de Almeida. Entre eles, achou uma página retirada de um livro de memórias do século XIX, *Souvenirs d'un aveugle: voyage autour du monde* (1856) de Jacques Arago, viajante francês. Nessa página, havia uma única gravura: uma pessoa com uma "máscara de flandres", e a legenda "*Châtiment des esclaves*" (castigo de escravos). Guerra achou que essa imagem seria uma boa ilustração de tortura, e a incluiu na exposição (BURDICK, 1998: 67).

Esta notícia histórica consta do livro de John Burdick, *Blessed Anastácia – Women, race, and popular christianity in Brazil*. Na verdade, o subtítulo retrata com mais propriedade a temática da publicação, preocupada com o Movimento Negro e até mesmo, diz o autor, com "*Latin American revolutions*" (p. vii). Ainda que Burdick estivesse em relação com grupos brasileiros entre 1984 e

1988, a pesquisa de campo propriamente dita foi realizada durante 16 meses, de 1993 a 1996. O pesquisador norte-americano não acompanhou diretamente o início da devoção, recorrendo a informações de origens diversas, e grande parte das entrevistas que realizou junto a militantes negros é visivelmente dominada pela perplexidade do próprio Burdick frente ao pouco caso que eles fazem da Escrava Anastácia. Tudo deixa supor que *ele* se encantou e, apesar de verificar que a contribuição do "Cristianismo Popular" aos movimentos negros parecia bem mais ligada aos setores evangélicos, não conseguiu deixar de lado a efígie da negra amordaçada. Fez dela a capa do seu livro, que assumidamente colocou sob a invocação da "Bem-aventurada Anastácia". Esse encantamento, por vezes, parece se sobrepor à boa regra de cuidados críticos em relação às informações coletadas no decorrer do trabalho de campo e, nesse ponto, o material recolhido por Mônica Dias de Souza ao longo dos três anos (1999-2000) da pesquisa que fundamentou a sua dissertação de mestrado vai nos fornecer subsídios mais consistentes para entendermos como se foi construindo a devoção[11].

A autora confirma o aparecimento da imagem em meio ao acervo do Museu do Negro. Diz ela: "A princípio, a imagem [...] era tratada na Irmandade [do Rosário] como representação de 'escravos'. No entanto, passaram a se estabelecer, no museu, novas relações entre os visitantes e o 'acervo', entre os 'produtores' e os 'consumidores'" (SOUZA, 2001: 90). A referência weberiana ao mercado de bens simbólicos marca com clareza o processo de construção da devoção, com influência mútua dos diversos setores interessados. Comparando o ambiente do Museu do Negro com o do Museu do Folclore, onde estão expostas numerosas peças

---

[11] É preciso registrar aqui a generosidade de Mônica Dias de Souza ao acolher a nossa equipe e disponibilizar o texto da dissertação, ainda inédito.

referentes às culturas negras brasileiras em sua vertente religiosa, Souza observa que nenhum esboço de devoção popular se manifestou em relação a estas últimas, ao passo que a situação do Museu do Negro, anexo à Igreja do Rosário, parece ter favorecido a permeação. Tudo deixa supor que a inserção na própria edificação da igreja fez com que a categoria "museu" tenha sido, na percepção dos seus frequentadores, fagocitada pela categoria "igreja". O fato é que, até hoje, ouvimos pessoas se referir à "capela da Escrava" para designar o museu, e até mesmo, recentemente, afirmar que "a Igreja mandou fechar a capela da Escrava", mostrando que a contenda faz parte, por assim dizer, da própria construção da lenda anastaciana. As diversas capelas que nossa equipe passou a frequentar não estão sob a jurisdição da Igreja Católica Romana, mas são servidas por padres pertencentes à chamada "Igreja Católica Apostólica Brasileira" (Icab), ou oriundos desta. Como veremos adiante, a questão da legitimidade institucional é a que menos interessa aos devotos, mas não deixa, até hoje, de paradoxalmente contribuir para o fortalecimento da devoção.

Ninguém, entre pesquisadores ou informantes, sabe esclarecer a partir de quando a gravura do escravo castigado passou a ser percebida como retrato de uma mulher escrava, nem tampouco quando recebeu o nome de Anastácia. Burdick (1998: 67) assegura que cinco pessoas idosas, "inteiramente independentes umas das outras" lhe contaram que,

> nos anos 40 e início de 50, haviam visto, em casa de parentes, a imagem de uma escrava com colar de ferro, talvez com rosto coberto de ferro, imagem essa que era objeto de devoção. Além disso, uma senhora dos seus sessenta anos lembrava-se perfeitamente de ter ouvido o nome de Anastácia associado a uma dessas imagens, quando da sua adolescência em Minas Gerais.

Reconstrução *a posteriori* ou lembrança genuína? Em seu livro sobre os quadros sociais da memória, Maurice Halbwachs já assinalava em 1925 que a memória religiosa "obedece às mesmas leis da memória coletiva: *não conserva o passado, mas o reconstrói*, a partir de vestígios materiais, de ritos, de textos, de tradições, mas também *a partir de dados psicológicos e sociais recentes*, isto é, com o presente" (HALBWACHS, 1925/2001: 221 – grifos meus).

Em todo caso, no Rio de Janeiro, a imagem da Escrava ganhou visibilidade no início dos anos 70[12]. Nada impede, no entanto, supor que já ocorressem devoções de escravas mártires em diversos lugares do Brasil, e que o surgimento dessa imagem insólita fosse, por assim dizer, cristalizar diversas tendências existentes em nível popular. Quanto mais que a criação do Museu do Negro se seguiu ao incêndio que destruiu a maior parte da Igreja do Rosário:

> O incêndio começou na noite de 26 de março do ano de 1967. Telhados, móveis, cortinas, toalhas, os santos e os documentos seculares foram devorados pelo fogo. Irmãos que moravam nos arredores chegavam desesperados, tentando em vão controlar o incêndio com baldes de água. Muitos ficaram atônitos olhando o fogo. Uma devota de São Benedito tentou, à força, entrar no local em chamas, passou mal em frente à igreja e morreu no hospital. A dor era imensa para todos (SOUZA, 2001: 58).

Foi no decorrer da reconstrução da igreja que se criou o Museu do Negro, "para abrigar objetos recuperados entre os escombros, entre eles, peças do cativeiro [...]. Parte do acervo foi complementada com livros sobre a escravidão e imagens diversas de negros em gravuras, esculturas ou estátuas como as de preto velho espalhadas

---

[12] Ainda que o meu testemunho pessoal careça de precisão, já que na época não fiz o registro, na minha lembrança ficou gravada a presença de um camelô vendendo a imagem, desenhada em folha de couro, no Beco das Cancelas, no centro da cidade, isso por volta de 1969 ou 1970. No início dos anos 60, quando cheguei ao Rio de Janeiro, nada havia ou, melhor dizendo, nada vi a esse respeito.

pelo salão" (p. 60). De acordo com informações impressas que constam do acervo do próprio museu, a inauguração se deu em fevereiro de 1969, pouco tempo antes, aliás, que o seu principal incentivador falecesse[13]. Não houve, portanto, relação direta com a comemoração de oitenta anos da Abolição. Importante foi a associação do aparecimento da gravura de Arago com a reconstrução da igreja após o incêndio. Nesse quadro, a imagem toma feições de "quadro milagroso", fênix ressurgindo das cinzas, suporte bem propício para legitimações míticas.

Dois informantes de Souza, velhos Irmãos do Rosário, optam por esse caminho:

> A imagem de Anastácia teria sobrevivido ao incêndio, e encontrada por um dos juízes da irmandade. A escrava estaria, segundo tais versões, enterrada na igreja, e sua imagem que sobrevivera ao incêndio era um indício de que a reconstrução teria êxito. Partindo do fogo, surgem uma "nova" igreja, uma "nova" irmandade e uma "nova" crença: a fé na escrava Anastácia (p. 62).

A superação da tragédia do incêndio leva à elaboração de uma ruptura. A igreja fora construída sob a dupla invocação de Nossa Senhora do Rosário e de São Benedito. A sua destruição leva à criação de nova padroeira. De São Benedito, Anastácia conserva a cor, mas surge como que substituta de Maria, mãe e mártir. Em certo sentido, seria uma síntese de ambos os oragos, já que mantém a função de uma, e a cor do outro. Nessa perspectiva, a evolução do culto anastaciano e a correlata condenação pela Igreja Católica não nos poderão surpreender.

---

[13] "Graças ao empenho do então provedor, Marechal João Batista de Mattos, a igreja foi reconstruída e o Museu do Negro reaberto ao público em fevereiro de 1969, aos cuidados do Irmão Yolando Guerra", do cartaz colocado à entrada do museu. O texto sugere que outro museu já existia no local. Um recorte do *Jornal do Brasil* ainda comenta o falecimento do provedor, em 21/05/1969.

A crise estoura nos anos 80. Até então, a devoção prosseguia sem maior visibilidade. Eis que dois irmãos, Nilton e Ubirajara da Silva, encomendam a um escultor, Jaime Vieira Sampaio, um busto da escrava, que instalam em Benfica, na Zona Norte do Rio de Janeiro, e fundam o Mopran – Movimento Pró-canonização de Anastácia. Em maio de 1984, resolvem endereçar o seu pedido para o Vaticano. A escolha do mês se justifica obviamente pela data da Lei Áurea e, durante muito tempo, as festas de homenagem à Escrava serão celebradas no dia 13 de maio, quando a Umbanda festeja os Pretos Velhos. Burdick (1998: 73) assegura que Nilton da Silva teria redigido um texto sobre a história e os milagres da candidata à santidade, história essa que lhe teria sido revelada pela própria Escrava, mas não diz como, e até agora não foi possível encontrar esse relato. O cardeal D. Eugênio Sales, então arcebispo do Rio de Janeiro, reage ao pedido de canonização e convoca os préstimos de Monsenhor Schubert que, no decorrer de sua pesquisa histórica, consegue localizar a gravura original e, por conseguinte, conclui pela inexistência factual da Escrava.

Inicia-se a contenda. De um lado, a Igreja Católica multiplica os pronunciamentos, através da imprensa. O artigo de Mons. Schubert é publicado no *Jornal do Brasil* em setembro de 1987. Nesse mesmo ano, o Iser, Instituto de Estudos da Religião, produz o vídeo "Anastácia – Escrava e Santa", que recolhe as diversas versões, mas, na catalogação, constando do seu boletim, *Comunicações do ISER*, resume a temática como tratando da "ambiguidade de um culto não oficial porém tolerado pela Igreja Católica" (1988: 98). Tolerância que rapidamente chegou ao fim. Os devotos de Anastácia argumentavam que a não comprovação factual de sua existência não bastaria para recusar-lhe a canonização, já que muitos santos de reconhecido valor e competência tampouco gozavam de garantias históricas. O exemplo de São Jorge, que o movimento pós-Vaticano II havia tentado "cassar", sem conseguir acabar com a enorme devoção que recebe, era constantemente citado. A negra fama da Inquisição era também lembrada, para sublinhar a rigidez e o autoritarismo atribuídos à Igreja. Mas o argumento de maior peso, naqueles anos 80, quando a sociedade brasileira voltava ao pleno exercício das liberdades democráticas, era de natureza política: não queriam canonizar Anastácia por ela ser negra.

É verdade que os santos negros são bem escassos. Na pesquisa que realizamos nas igrejas de irmandades do centro do Rio de Janeiro, encontramos apenas São Benedito e Santo Elesbão (de existência histórica sobejamente comprovada), Santo Antônio de Catejeró (de existência razoavelmente comprovada, mas cuja beatificação permanece muito duvidosa), e Santa Ifigênia, de vida totalmente lendária (AUGRAS, 2005). Esses quatro santos oferecem uma amostra, por assim dizer, do *status* devocional dos santos populares, desde um rei etíope do século VI até uma princesa virgem e mártir dos tempos de São Mateus.

Santa Ifigênia, tal como São Jorge, pertence aos primeiros séculos da Era Cristã. Como bem mostrou o bolandista Delehaye (1927), os primórdios da hagiografia foram marcados pela inclusão acrítica de inúmeros *topoi* oriundos das literaturas antigas. Hoje, porém, a Igreja dificilmente pode aceitar como santas pessoas que jamais existiram, pois a santidade não se reduz a uma simples adjetivação. É uma forma de vida, marcada pela total entrega aos desígnios de Deus, e um modelo que todo cristão deveria seguir. Nessa perspectiva, não há lugar para "existências lendárias". Para que haja santidade, é preciso que haja uma vida real, concreta.

No caso de Anastácia, por conseguinte, não se poderia esperar o beneplácito da Igreja Católica do século XX. Em agosto de 1987, a Cúria Arquidiocesana do Rio de Janeiro publicou uma nota que pretendia encerrar a questão, concluindo: "Determina-se aos Sacerdotes que se abstenham de aceitar intenções de Missa de ação de graças ou por outro qualquer motivo à 'Escrava Anastácia'. Tal determinação, naturalmente, não impede que sejam aceitas por almas dos escravos" (apud BETTENCOURT, 1995: 564). Essa nota, assinada por Dom Romeu Brigenti, Vigário-geral e Moderador da Cúria, em 26/08/1987, ainda mereceria um desdobramento, no mês seguinte: "A nota da Cúria Metropolitana, de 26 de agosto de 1987, *proibindo* a celebração de missas de qualquer maneira relacionadas à (fictícia) 'Escrava Anastácia', inclui, logicamente, a proibição, distribuição, uso e exposição de orações, ex-votos, imagens, medalhas e outros objetos de culto" (Apud SOUZA, 2001: 97-98 – grifo do autor).

D. Marcos Barbosa ainda tentou esclarecer no *Jornal do Brasil*, em março de 1988, que "A Igreja não pode aceitar essa devoção, não por sua condição ou cor, mas simplesmente porque jamais existiu" e citou os nomes de vários santos negros devidamente cultuados e reconhecidos. Mas o argumento teológico não foi ouvido[14]. Estávamos em 1988, centenário da Abolição, a questão racial já havia sido amplamente levantada ao longo dos anos 80, e a mídia já se apoderara da história de Anastácia para aproveitar a moda do resgate do passado negro[15].

Os militantes, conforme observou Burdick, não mostraram grande entusiasmo pela "santa", quando muito, aproveitaram a celeuma para lembrar que a Igreja fora "opressora histórica dos

---

[14] É verdade que Dom Marcos Barbosa não foi muito feliz, ao afirmar, no mesmo artigo, que não havia racismo no Brasil...

[15] De acordo com Souza (2001: 98ss.), a revista *Veja*, de 27/03/1988, cobriu as opiniões pró e contra a devoção.

escravos" (BURDICK, 1998: 75). Os cientistas sociais começaram a se interessar pelo fenômeno: Micênio Santos, um dos autores do vídeo do Iser, registrou, entre os eventos ocorridos no dia 13 de maio de 1986, "o afluxo dos fiéis ao Museu do Negro [...] onde a imagem da escrava Anastácia é venerada; um ato público organizado pelo Mopran – Movimento Pró-canonização da Escrava Anastácia, independente da Igreja Católica, realizado na Avenida 13 de maio próximo ao monumento da Princesa Isabel" (SANTOS, 1988: 72), além de festejos consagrados aos Pretos Velhos, em Inhoaíba, no Grande Rio, onde nota a presença de um terreiro com o nome de "Tenda Espírita Escrava Anastácia e Obaluaê São Lázaro" (p. 77). Mas no grande Congresso Internacional sobre Escravidão, organizado pela USP em junho de 1988, em que compareceram praticamente todos os pesquisadores da área afro-brasileira, nenhum *paper* ou atividade tratou da devoção ou da celeuma em volta da questão[16].

A Cúria, por sua vez, encerrou o assunto: mandou fechar o museu. "Na reabertura, quase um ano depois, não se viram vestígios materiais do motivo da discórdia. Realizou-se uma limpeza completa de retirada das imagens da escrava Anastácia", informa Souza, que acrescenta: "O que parecia um fim, na verdade, foi um recomeço, pois gerou oportunidades para o culto se alastrar pela cidade, nas mais variadas formas" (SOUZA, 2001: 100).

A "saída" da imagem do Museu do Negro foi o ponto de partida para a instalação de novos lugares de culto. Primeiro, achou guarida em uma loja de artigos religiosos afro-brasileiros, situada na Praça Tiradentes, pertinho da Igreja do Rosário, o que decerto haveria de facilitar o acesso para os devotos decepcionados com a ausência da imagem no Museu do Negro.

---

[16] Além do meu testemunho pessoal como participante nas atividades dessa área, há o *Catálogo* com centenas de contribuições, nenhuma sobre a Escrava Anastácia.

> Neste lugar, a imagem da escrava sofreu uma intervenção: ganhou corpo. Relatos a descreveram como sendo uma imagem de tamanho "natural", com um longo vestido branco de cetim, tipo uma longa bata, na cor branca e um manto azul; os olhos passaram a ser evidenciados com a cor azul; as mãos colocadas um pouco erguidas, numa leve expressão de chamado (p. 135).

De início, era uma gravura em preto e branco. Os partidários da canonização promoveram a criação de um busto – na gravura, só havia rosto e pescoço – instalado em praça pública, onde, aliás, se encontra até hoje. Com o busto, ganha formas seguramente mais femininas, e cores: olhos claros, bata branca. A negação da existência real de Anastácia pela Cúria produz, em retorno, a realização de uma estátua em tamanho natural: tanto existe, que tem corpo, e veste roupas, cujas cores, não por acaso, reproduzem o próprio vestuário das estátuas oitocentistas da Imaculada Conceição. De vestido branco e manto azul, ergue levemente as mãos... Expulsa da Igreja, Anastácia se tornou, literalmente, o *negativo* da Virgem Maria.

O afluxo de devotos é tanto, que a loja fica pequena demais. O Mopran, talvez por reconhecer a impossibilidade da canonização pelas vias vaticanas, se transforma em Ordem Universal da Escrava Anastácia, e busca outro pouso para a sua padroeira. Desta vez, ficará bem longe do centro do Rio, em Madureira, na Rua Dagmar da Fonseca, 118. Uma capela será construída com esse fim, mas até que fique pronta a estátua da Escrava em tamanho de gente encontrará abrigo... na quadra da Portela. Da Igreja do Rosário de onde outrora saía o cortejo do Rei Congo até uma das mais gloriosas escolas de samba do Rio, o percurso de Anastácia segue uma trajetória que une os mais significativos espaços da cultura negra carioca. Outra vertente, a da Umbanda, será também incorporada pelos fundadores da Ordem Universal, que criarão ritos próprios para o culto anastaciano, com o acréscimo da devoção aos pretos velhos, caboclos e orixás. Chamarão também padres da Igreja Católica Brasileira para ministrar missas.

Não se sabe muito bem por que o culto não se fixou em Madureira. O fato é que, de lá, se deslocou para duas capelas, uma em Olaria, e outra em Vicente de Carvalho. Voltaremos a falar desses dois santuários, frequentados amiúde por nossa equipe. Interessante é que Madureira permanece como referência legitimadora para os devotos de ambos. Existe uma disputa, nada velada, para reivindicar a posse da *verdadeira imagem* de Anastácia, "aquela que estava em Madureira", como já nos disse uma devota seguindo a procissão de 13 de maio de 1998, nos tempos em que mal começávamos a nossa primeira pesquisa no campo das devoções populares. Pois ambos os santuários mantêm, em seu recinto, uma imagem da Escrava em tamanho natural, com indumentária muitíssimo parecida. Dando razão, mais uma vez, às observações de Hobsbawm e Ranger (1997), a invenção da tradição tende a situar em um passado mais ou menos longínquo a origem de costumes ainda frágeis. Mas por que evocar Madureira em vez da Praça Tiradentes?

Talvez porque o Padre Geraldo, cuja trajetória estamos acompanhando faz tempo (cf. AUGRAS, 2004a), era quem ministrava as missas em Madureira, frente, portanto, à "imagem legítima"[17]. Souza, no entanto, sublinha que "ambos os templos de devoção passaram a recorrer às origens do culto em Madureira para se legitimar. Os dirigentes dos referidos templos relatam ter conhecido de perto o Sr. Nilton e a família, e que foram autorizados por eles a manter

---

[17] Souza (2001: 138-139) reproduz uma declaração, datada de 10 de maio de 1995 e assinada por Edwviges [sic] da Silva Rodrigues, presidente da Ordem Universal e irmã de Nilton da Silva, já falecido, conforme a qual doou documentação da Ordem e vários objetos sacros, entre os quais a *"Imagem legítima da Escrava Anastácia em tamanho natural venerada muitos anos em Madureira e outros lugares"*.

o culto" (2001: 138). Para reforçar a legitimidade, ainda afirmam que a imagem *verdadeira* "acompanhou o culto desde a Igreja do Rosário". Mas acontece que, nas origens, no Museu do Negro, só havia uma gravura, ou sua reprodução, e nenhum dos irmãos do Rosário entrevistados pela pesquisadora reconheceu a imagem de corpo inteiro como tendo pertencido em algum momento ao museu. Resumindo: não há meios de se saber ao certo a origem das duas estátuas, sendo que uma delas provavelmente apareceu no hiato entre museu e Portela, quando da migração dos devotos para a lojinha da Praça Tiradentes, que ninguém parece recordar. Notável é o fato que tampouco é nomeado o autor da estátua. Será que a ausência de autoria não sugere a evocação de um passado muito remoto, e por isso mesmo venerável, jogando as origens da devoção para a fundação da Igreja do Rosário? Como veremos adiante, ao analisar as diversas versões da vida de Anastácia, o século XVIII surgirá como quadro de referência, remetendo aos "tempos coloniais" tão valorizados pelo imaginário social brasileiro (cf. AUGRAS, 1998). Nessa perspectiva, a origem factual da representação desaparece, para dar lugar a uma imagem de corpo inteiro que, além de propiciar consistência à existência concreta da Escrava, joga a produção da estátua *in illo tempore*, tempo mítico ou lendário, em que a ausência de autoria como que a situa entre tantas outras imagens milagrosas, surgidas de repente.

Apesar da proibição, a devoção anastaciana voltou para o Museu do Negro, onde foi instalado um busto, colocado dentro de uma vitrina, onde se encontra também o "Pôster de origem desconhecida" [sic], xerox ampliada da gravura de Arago, com os dizeres originais: *Châtiment des esclaves – Brésil*. O fato é que nem o busto nem o "Pôster", aliás, bem degradado, chamam muito a atenção. Mas os devotos sabem muito bem para onde se dirigir com oferendas de flores, de dinheiro, de ex-votos de cera, e como enfiar nas frestas papeizinhos rogando por "graças"... A Cúria controla a Igreja do Rosário, proíbe a devoção, mas as missas das segundas-feiras, normalmente oferecidas como sufrágios em prol das almas do purgatório, são também dedicadas à Escrava, conforme depoimentos de membros da Irmandade (SOUZA, 2001: 100). E a responsável pelo Museu do Negro, que afirma em alto e bom som que Anastácia jamais existiu e tudo se passa na imaginação do povo "que cria essas coisas", quando perguntada diretamente, não deixa, quando mais confiante, de confidenciar que "Anastácia é uma realidade... Me tornei devota quando vim para cá, a escrava realiza muitas graças, é impressionante o olhar dela, ela te olha assim..." (15/01/2004). O discurso muda conforme o momento, revelando a ambiguidade da devoção, negada e afirmada ao mesmo tempo. Como tantas outras coisas no Brasil, é proibida e promovida, no mesmo lugar e pelas mesmas pessoas... Anastácia voltou para o Museu do Negro, discretamente colocada em uma prateleira, de modo a não atrair a atenção, mas permitir aos devotos o exercício do seu culto.

A Igreja proibiu a devoção, Anastácia nunca existiu, é tudo invenção, mas quem sabe, sabe.

Esse processo de evitação do confronto aberto com as autoridades eclesiásticas provocou a mudança da data em que a Escrava é festejada. Em 1998, ainda pudemos seguir a procissão que, em 13 de maio, saíra do santuário de Olaria. Quando começamos a pesquisa sistemática, a favor do projeto O *paradoxo das imagens*, iniciado em março de 2003, a nossa equipe acompanhou várias missas e procissões, em Olaria e em Vicente de Carvalho, na mesma data. Mas, no ano de 2004, as coisas mudaram. Com a explicação de que "o bispo não deixa", as celebrações deslizaram para a véspera. Doravante, parece que a data de 12 de maio ficará sendo a da festa de Anastácia.

Os textos relativos à vida e lendas da Escrava, que analisaremos adiante, já vinham afirmando que a mesma teria nascido em 12 de maio. Desse modo, perde-se o elo evidente com a data da Lei Áurea, mas, em compensação, evita-se o confronto com a Igreja que, em 13 de maio, festeja N.S. de Fátima. Assim sendo, Anastácia ganha uma data que é só dela, o seu aniversário natalício. E a devoção, aos poucos, desenvolve certa autonomia, ainda que, por vezes, continue cultivando uma boa dose de ambiguidade, mantendo ligações nem sempre muito frouxas com o culto dos santos, de um lado, e o das almas, do outro. Um pequeno passeio pelos santuários onde hoje a Escrava é cultuada fornecerá algumas ilustrações disso.

Os santuários

O primeiro local destinado exclusivamente a Anastácia encontra-se em Benfica, na Praça Dr. Carvalho, e consiste em um quiosque, pequena construção com grade de madeira, com cobertura de telhas, protegendo um busto da Escrava. De cor bem preta, olhos bem azuis, tem vestimenta branca, mordaça e coleira da mesma cor. O pedestal ostenta uma placa, com os dizeres: "Pedir só o bem" 13-05-1888 12-05-1971 "à Escrava Anastácia, O Povo" 29-07-1981 – e, abaixo, "Busto colocado em 1981" com a lista dos doadores: Lourdes Singelo, Iolando [sic] Guerra, Zeladora Marieta, Silva Teixeira.

As datas parecem assegurar a primazia do oratório, instalado em 29/07/1981. O 12 de maio de 1971 levanta uma questão, por enquanto não respondida. Será alusivo a alguma celebração anterior, da qual não encontramos registro entre os pesquisadores que nos precederam? O dia 12 parece remeter à "data natalícia" de Anastácia. Terá sido em 1971 a primeira homenagem à imagem do Museu do Negro? Como vimos acima, a data do início da devoção ou, melhor dizendo, da atribuição de um significado especial à gravura de Arago, muda conforme os autores: de 1968 com Burdick (pouco verossímil), passamos a 1970 com Souza, enquanto os dizeres afixados no museu fornecem a data de fevereiro de 1969 para a inauguração do mesmo. Mas pode ser que o enfoque na imagem tenha surgido algum tempo depois da abertura do museu e que, de fato, tenha sido em maio de 1971 que Yolando Guerra resolveu assumir e proclamar a *invenção* de Anastácia[18].

Como se vê, a entronização do busto deu-se bem antes da intervenção dos irmãos Silva em prol da canonização. E os dizeres, a rigor, não sugerem tratar-se de alguma espécie de santidade. A referência ao "Povo", assim mesmo, com maiúscula, poderia aludir a algo de natureza política, ainda que os tempos não fossem particularmente propícios[19]. O aspecto agreste do quiosque não evoca algum tipo de "capela" e, a rigor, chamá-lo de oratório, como estamos fazendo, parece um tanto exagerado. Hoje, porém, vários indícios concorrem para apontar no sentido devocional. Fora da edícula, um pouco afastado, do lado esquerdo de quem olha para o busto, foi construído um "queimador" destinado a receber velas e cujo aspecto, bem enegrecido, mostra a utilidade. A presença do queimador, cuja função está ligada ao culto das almas do purgatório (cf. AUGRAS, 2005), aponta para uma forte relação destas com a devoção a Anastácia. Lembramos que, consoante a determinação da Cúria, missas em nome de Anastácia estão proibidas, mas que

---

[18] Ao assinalar a presença de uma capela dedicada a Anastácia no "ponto mais alto" de uma favela em Acari, Alvito (2001: 266) escreve que "a imagem da escrava Anastácia foi exposta pela primeira vez em 1971 no Museu do Negro". Talvez não "exposta", mas sim proclamada enquanto tal naquela data...

[19] A invenção de Anastácia e o desabrochar da devoção são exatamente contemporâneos à vigência do AI-5. Ao que parece, nenhum autor, até hoje, estudou eventuais relações entre ambos. Ao menos, pode-se observar que, em 1981, falar em "Povo" não era visto como algo necessariamente subversivo.

não se pode impedir que as pessoas rezem por ela nas missas em sufrágio das almas dos escravos.

Em todas as vezes que a nossa equipe a visitou, havia flores frescas no pé da imagem. Isso não apenas no mês de maio. Atrás das flores, está uma placa, advertindo: "Não escureças com as chamas de velas o que deve ser puro, de alva cor. Ore e creia que o sofrimento dela se fez, por Deus, com fé, esperança e amor". Essa inscrição, cuja finalidade prática é impedir que os devotos acendam velas ali – de onde veio a necessidade de construir um "queimador", um tanto afastado da imagem – ressalta a pureza, a alvura da alma de Anastácia. Não diz que foi santa, mas intima o devoto a dirigir-se a Deus. Discurso sutil, procedimento ambíguo que aparentemente não rompe com as exigências da Igreja sem, no entanto, deixar de sugerir o papel de mediadora atribuído à Escrava, função esta que pertence aos santos. Anastácia age como santa, mas não é santa, ou talvez no fundo seja... Nossa equipe registrou, atrás do busto, a presença de ex-votos de cera, assim como outros se veem, no Museu do Negro, no teto da prateleira que ostenta/disfarça a presença da imagem.

A mesma ambiguidade se revela, de modo mais nítido e, poder-se-ia dizer, mais deliberado, no santuário de Olaria. Pois sua fachada, coberta por azulejos azuis, leva os dizeres de "Igreja Ortodoxa São Cosme e São Damião e Santa Anastácia Mártir"[20], e apresenta, da esquerda para a direita de quem olha, as imagens sucessivas de Santa Anastácia, dos Santos Gêmeos, e da Escrava. Vale dizer: são *duas Anastácias*.

O fato já chamara a nossa atenção quando acompanhamos a procissão em 13 de maio de 1998. Ainda que as devotas falassem

---

[20] Aliás, em nossa última visita (26/08/04), a denominação havia sido restrita aos dizeres São Cosme e São Damião.

da "imagem verdadeira" vinda de Madureira, o folheto distribuído aos presentes levava a reprodução de um ícone de feitura grega, com o nome de Santa Anastácia e o texto de uma oração dirigida à santa, imprimido "COM APROVAÇÃO ECLESIÁSTICA" – assim mesmo, em negrito e caixa alta, reforçando a ortodoxia, de modo a mostrar que nada tinha a ver com os problemas levantados pela Igreja Católica Romana. O folheto prosseguia com o relato da "Vida de Santa Anastácia Mártir", que nada ficava a dever aos *topoi* do martirológio clássico[21], e assinalava que "sua importância e santidade é tamanha, que seu nome está inscrito no Cânon da missa". Mais legitimada, impossível. A última página do folheto indicava o endereço da igreja em Olaria, na Rua Leopoldina Rego, 675, além de pedidos de doações para uma "Campanha do Leite para as crianças carentes", que deviam ser depositadas em conta da Caixa Econômica Federal, em nome da "Sociedade Beneficente Santo Expedito e Santo Antônio".

A referência a essa sociedade beneficente ligava explicitamente a Igreja dos SS. Cosme e Damião e Sta. Anastácia a outra capela, construída anteriormente, e na qual já tivéramos a oportunidade de observar o mesmo mecanismo de promoção deliberada de ambiguidade. De início havia, na Penha, uma capela dedicada a Santo Antônio de Categeró, frequentada por militantes do movimento negro, e cujo padre, ao que parece, pertencia à Igreja Católica Brasileira. Nos anos 90, quando surgiu a avassaladora devoção a Santo Expedito (cf. AUGRAS, 2003), o nome da capela incorporou esse orago, seguramente mais midiático. Virou "Igreja de Santo Expedito e Santo Antônio"[22]. Nota-se que desapareceu a referência a

---

[21] "Os magistrados pagãos [...] a prenderam e a levaram para o cárcere, onde foi muito castigada com cruéis sofrimentos, chibatadas, torturada pelo fogo em brasa e, por fim, foi Santa Anastácia coroada com o santo martírio em Sírmio, onde cortaram sua cabeça".

[22] Em 26/08/04, os dizeres se referiam exclusivamente a Santo Expedito.

Categeró, lugar que, aliás, ninguém conseguiu localizar até hoje (cf. AUGRAS, 2005), de tal modo que qualquer devoto mais distraído pode julgar tratar-se de ninguém menos que Santo Antônio de Lisboa, o grande. E, sob essa nova denominação, o santuário de Santo Expedito foi recebendo grande afluxo de devotos, especialmente no dia de sua festa, em 19 de abril.

Tudo deixa supor que aconteceu algo parecido, em relação ao santuário de Olaria, quanto mais que o seu animador é o mesmíssimo padre, hoje explicitamente filiado à Igreja Ortodoxa de São Nicolau[23]. A capela conhecida como sendo dos SS. Cosme e Damião passa a ostentar o nome de Santa Anastácia Mártir, reverenciada pela Igreja Ortodoxa, mas também em Roma, de modo a acolher os devotos da Escrava Anastácia. É verdade que ignoramos a data em que Santa Anastácia foi agregada aos oragos já tradicionais daquele santuário. Talvez já estivesse cultuada por lá, ainda que a disposição interna dos altares e das imagens sugira fortemente a antecedência e o predomínio do culto dos santos gêmeos. O que nos interessa aqui é, por assim dizer, a utilização do nome de uma santa institucionalmente consagrada, para dar "cobertura" a uma personagem não reconhecida pelas autoridades eclesiásticas. Em um processo algo parecido com o famoso "sincretismo", pelo qual os sacerdotes das religiões africanas aproveitaram eventuais semelhanças entre santos católicos e deuses negros para cultuar estes últimos sem causar maiores problemas, uma santa ortodoxa fornece uma quase legitimação para a negra rejeitada. O ícone tornou-se o transparente disfarce da imagem.

Aos devotos, porém, pouco interessa a sutileza. Algo que a pesquisa no campo das religiões populares nos ensinou é que as

---

[23] Ver os detalhes dessa trajetória em Augras (2004a).

distinções e classificações são problema nosso, acadêmico. Importa é o *poder* do santo, ou da imagem do santo, ou do nome do santo. Saber se o mesmo foi devidamente homologado pelas autoridades competentes não vem ao caso. Chocar-se com a evidente manipulação de denominações e devoções, como fazemos, é bobagem de intelectual.

Além disso, a legitimação do culto à Escrava é totalmente garantida do outro lado, ou seja, do lado dos *inventores* de Anastácia. No santuário de Olaria, há numa parede uma declaração, emoldurada, do próprio punho da irmã do falecido Nilton da Silva, afirmando que

> com o falecimento do senhor Nilton da Silva, meu irmão, a pedido seu ainda em vida, DOAMOS EM CARÁTER DEFINITIVO, todos os objetos sacros, pertencentes ao culto e devoção da ESCRAVA ANASTÁCIA, ao Ilmo. Revmo. Senhor PADRE GERALDO AVELINO DOS SANTOS, por vontade expressa do Senhor Nilton da Silva, assim como referida DEVOÇÃO. Trata-se do Movimento de Madureira, Rua Dagmar da Fonseca, 118-Madureira (transcrito *ipsis litteris*).

A seguir vem a lista dos "objetos sacros": imagem "legítima" da Escrava, imagem do "Escravo desconhecido", imagem de São Lázaro "em tamanho natural", imagem de São Jorge, e "outras imagens menores de outros santos", assim como móveis de escritório e documentos diversos. A declaração se encerra com uma legitimação conclusiva: "DECLARAMOS E ATESTAMOS através do presente Documento, que no Rio de Janeiro ou em qualquer parte do Brasil, o único responsável pelo culto e devoção da ESCRAVA ANASTÁCIA, Movimento Madureira, é o Ilmo. Revmo. Senhor Padre Geraldo Avelino dos Santos".

Esse documento legitima os "culto e devoção" anastacianos, e ainda assegura a exclusividade para todo o Brasil. É verdade que isso diz respeito à herança do "Movimento Madureira", prevenindo assim o surgimento de outras ramificações do culto. Será? Até hoje a referência a Madureira permanece como fundadora, quase substituindo o museu e a Igreja do Rosário como ponto reconhecido de início da devoção. Tanto é que, dentro da capela de Olaria, existem várias estátuas da Escrava, em busto ou de corpo inteiro. Mas logo antes da entrada, à direita, é a dupla estátua dos santos Anárgiros que acolhe o visitante, enquanto, do lado direito, uma lojinha oferece imagens e "santinhos" diversos, de Anastácia em sua maioria.

A distribuição interna da capela ostenta diversas imagens no estilo da Igreja Oriental, e o altar-mor é dominado pela figura do Cristo. Do lado esquerdo, o visitante depara-se com a estátua de Anastácia, em tamanho natural, com vistoso vestido azul brilhante, e com "mordaça" cor de ouro, debaixo de uma redoma de vidro. Em dia de sua festa, costuma-se tirá-la da redoma, quando, nas mãos erguidas à frente do corpo, é colocada uma longuíssima fita azul, que os devotos vão segurar enquanto rezam. Uma portentosa caixa para "donativos" completa a disposição. O comprimento da fita parece facilitar a aproximação ao mesmo tempo em que impede os devotos mais afoitos de deteriorar a imagem propriamente dita. Um dos nossos pesquisadores teve a ousadia de solicitar do padre que tirasse uma foto ao lado da imagem de Anastácia. Ele recusou; "Justificou a sua recusa dizendo que a escrava *ainda não era canonizada*, e que por isso não pegava bem uma foto do padre ao lado dela". O discurso permanece ambíguo: ao mesmo tempo, afirma o respeito das autoridades institucionais, mas deixa entender que a canonização é possível, quiçá próxima. Novamente, a devoção é incentivada, ainda que sujeita a ponderações – apenas – verbais.

Dentro da capela, do lado direito, abre-se um corredor a céu aberto, com uma placa indicando a "Sala dos Milagres da Escrava

Anastácia". Ali, qualquer sugestão de ortodoxia católica desaparece. Além do busto da Escrava, encontram-se estátuas de alguns santos negros como S. Baltazar, S. Benedito e Santa Ifigênia, mas também de vários santos católicos conhecidos como "coberturas" de orixás – S. Lázaro (Obaluaê), S. Jerônimo (Xangô), SS. Cosme e Damião (Ibeji) – diversas estatuetas de Pretas e Pretos Velhos, e dois grandes bustos que chamam a atenção: o de "Maria do Rosário" e o do "Escravo Desconhecido".

Maria do Rosário é uma negra bem luzidia, de olhos claros, que usa um turbante branco, e cujo pescoço é rodeado por uma infinidade de colares de contas, predominantemente azuis, brancas, e transparentes. Até agora, não obtivemos informação a respeito dessa figura, que sugere algo ligado a uma Preta Velha, mas que não deixa de remeter às tradições do Rosário[24]. Mais "falado" é o Escravo Desconhecido, cujo rosto bem preto, com olhos bem azuis, se encontra no meio da sala, rodeado de flores. Ele tem um buraquinho no ouvido e, como pudemos presenciar mais de uma vez, os devotos fazem fila para segredar-lhe os seus pedidos. Em seguida, costumam dar a volta por trás do busto e, no rumo da saída, põem a mão em reverência na imagem da Escrava, para se despedirem.

Se a capela de Olaria, ao colocar-se explicitamente sob as bênçãos de Santa Anastácia Mártir, recorre a uma aparente legitimação institucional para manter o culto da Escrava, não deixa de se apoiar em aparato oriundo do referencial afro-brasileiro para, em uma sala anexa, proclamar os "milagres" desta última[25]. Além disso, ao promover a devoção ao "Escravo Desconhecido", introduz um

---

[24] Não se pode esquecer que, conforme Clarival do Prado Valadares afirma (1988), já houve representações negras de N.S. do Rosário (cf. AUGRAS, 1989).

[25] Enquanto as estátuas de santos e pretos velhos se amontoam em prateleiras à esquerda de quem entra, toda a parede do lado direito está recoberta de ex-votos de cera. No quintal, defronte à sala dos milagres, encontra-se um "queimador" para se colocar velas.

novo elemento, politicamente correto nestes tempos de denegação da "democracia racial" que, ao mesmo tempo, reforça a presença de negros poderosos apesar da escravidão, e costura entre si diversos referenciais de legitimação. Poder-se-ia dizer que a capela de Olaria conseguiu instituir um ponto de equilíbrio, ainda que muito delicado, entre alguns dos vetores atuantes no panorama religioso brasileiro.

Na pracinha em frente à capela, há um painel de azulejos com um busto de Anastácia rodeado de flores, e cuja tonalidade dominante é um azul-claro. O predomínio da cor azul na maioria das representações sugere fortemente o reforço da associação, já comentada acima, com as cores clássicas da Imaculada Conceição.

Enquanto a referência principal da capela de Olaria, pelo menos na fachada, permanece sendo o catolicismo ortodoxo, o "Santuário da Escrava Anastácia", em Vicente de Carvalho, situa-se claramente na vertente umbandista. Fundado por um casal de devotos (SOUZA, 2001), pretende também conter a estátua "original" de Madureira. A parte pública da edificação compõe-se de duas salas: primeiro, um "salão", cuja parede em frente à entrada ostenta uma grande imagem do rosto e das mãos de Anastácia, sobre um fundo azul. Há nuvens e pombas brancas neste céu edênico. Encostadas nas paredes, veem-se estátuas de santos católicos: abaixo da imagem de Anastácia está o Sagrado Coração de Jesus, ladeado por São Roque à esquerda, e São Jorge à direita. Nem é preciso lembrar o parentesco sincrético destes últimos com Omolu e Ogum. O cortejo é completado pela presença de N.S. da Glória, São Jerônimo (Xangô) e Santa Edwiges, do lado esquerdo, e Santo Antônio e os SS. Cosme e Damião (Ibeji), do outro.

Ao penetrar no santuário propriamente dito, o visitante se depara com uma infinidade de estátuas de santos, colocados em todas as paredes. No fundo, atrás do altar encimado por um crucifixo, está a grande imagem de Anastácia, em tamanho natural, sob uma redoma de vidro, com vestido branco de renda, tiara na cabeça, grandes colares de pérola e anéis nos dedos. Passa a ideia de uma rainha, bem fiel às lendas que mais adiante transcreveremos.

Mas há outras representações, bustos ou cabeças de Anastácia, em vários outros pontos. O que mais chama a atenção é uma espécie de quintal, do lado esquerdo de quem entra, comportando um "queimador" em forma de grelha, usado para inserir velas pequenas, ladeado por duas bancadas brancas, azulejadas, sobre as quais o busto de Anastácia está acompanhado por estatuetas de Pretos e Pretas Velhas. De frente a cada uma está um copo de água e um copinho de café. Há lugar para se colocar velas grossas, à efígie da Escrava, que podem ser adquiridas na indefectível lojinha de artigos sacros. A associação de Anastácia com os Pretos Velhos, entidades de Umbanda representando "bons" escravos, aqui se torna evidente. Há também uma *interface*, por assim dizer, com a devoção às almas, patente na presença do "queimador" central, e com os dizeres de duas placas agradecendo, "às minhas almas benditas, sabidas e entendidas". Em outros termos, o "santuário" – e, sem dúvida, a escolha dessa denominação, em vez de "capela", não se deu por acaso – apresenta-se, com os santos na entrada e os pretos velhos no canto esquerdo, como um grande *congá*.

Tal como em Olaria, não falta o aspecto politicamente correto. Lá também, defronte à lojinha, está o busto do "Escravo Desconhecido", em um nicho estranhamente forrado por fundos de maços de cigarro, que produzem um efeito entre o prateado e o dourado. A cabeça, bem preta e bem luzidia, apresenta um detalhe curioso: as orelhas são de tamanho descomunal, talvez porque lhe caiba "ouvir" os pedidos dos devotos.

Mas o que chama a atenção, quer se visite o santuário de Visconde de Carvalho ou a capela de Olaria, é o fato de que os mesmos permanecem abertos, em cada dia da semana, o dia todo. Vale dizer: a qualquer hora do dia, há devotos procurando o apoio de Anastácia.

Falta ainda assinalar a presença de Anastácia em outros pontos da cidade. Assim é que, seguindo, ao que parece, o modelo instituído pela instalação do busto de Benfica, encontramos outro oratório, em uma Praça de Inhaúma, subúrbio popular. No entanto, há uma notável diferença entre eles. Enquanto em Benfica o busto de Anastácia é a única imagem presente – ainda que, ao sabor de nossas visitas, pudemos observar a presença de uma ou outra estatueta de santo católico atrás do busto ou em meio ao "queimador" –, em Inhaúma, a Escrava divide o espaço com duas representações católicas canônicas. No centro, está um grande crucifixo, ladeado do lado direito por uma estátua de N.S. Aparecida e, do lado esquerdo, por um busto de Anastácia. O transeunte desprevenido jamais poderia intuir que aqui se trata de uma devoção proibida pela Igreja Católica! E os devotos dificilmente irão se convencer de que a proibição, claramente proclamada nos anos 80, foi para valer...

Hoje, o lugar de devoção mais frequentado, talvez por ocupar um lugar central na geografia da cidade e na origem do culto, é simplesmente o Museu do Negro, situado em prédio atinente à própria Igreja do Rosário! Colocados discretamente em um armário de vidro, uma xérox ampliada da gravura original e um pequeno busto escuro voltaram a receber pedidos, dinheiro, flores e agradecimentos.

As lendas

Antes mesmo do encaminhamento do pedido de canonização da Escrava, havia, além de prováveis versões orais referentes à sua vida, pelo menos um texto que procurava sintetizá-las, de autoria de Maria Salomé, trecho de um libreto intitulado *Templos e cemitérios históricos*, com data de 1977. Uma pesquisadora de nossa equipe, Aline Von der Weid, pôde consultá-lo na Biblioteca Nacional[26].

De pronto, Maria Salomé se identifica como sendo membro da própria Irmandade do Rosário[27], e John Burdick (1998: 68) assegura que teria sido Yolando Guerra o incentivador da publicação, cujo conteúdo teria sido informado "pelo espírito da própria Anastácia". Esse tipo de legitimação, amiúde encontrado junto a seguidores da Umbanda e do Espiritismo, de antemão desqualifica qualquer tentativa de análise crítica. Se a informante foi a própria Anastácia, não há como duvidar da versão[28]. O estilo literário, no entanto, pode seguramente ser atribuído ao talento pessoal da Irmã Maria Salomé:

> Um antigo diretor do museu, entre fatos da Igreja, contava que antes [da lei que proibiu sepultamentos dentro das igrejas] fora sepultada uma Escrava de rara beleza, em plena e radiosa mocidade, supliciada com uma gargantilha de ferro que lhe penetrara nas carnes, produzindo tétano que lhe envenenara o sangue, produzindo dores numa agonia pior que a morte. Deram-lhe o nome de Anastácia, instituindo o dia 12 de maio, o dia da Mãe Negra, em homenagem à Escrava que fora violentada para aumentar o Serralho, foi ama de leite das crianças brancas, o leite sadio negado ao próprio filho (p. 3).

---

[26] Em monografia publicada em 1985, Rosângela Martins Lambret Silva relata que ainda pôde adquirir um exemplar junto a uma vendedora, na antessala do Museu do Negro. Deixa entender, aliás, que essa vendedora seria a própria autora (SILVA, 1985: 62-63).

[27] Bem como das de Santa Ifigênia e Santo Elesbão, do Senhor de Bonfim, da Imaculada Conceição, e de Nossa Senhora da Piedade da Cruz dos Militares (dizeres da contracapa).

[28] Mas nada, no texto de Maria Salomé, alude a essa dupla origem, de incentivo de Yolando Guerra e revelação da própria Anastácia. Parece que, a esse respeito, houve uma pequena confusão com o livreto *Mensagem de Anastácia*, redigido por Nilton da Silva a partir de uma "mentalização" pela qual teria recebido mensagem da própria Escrava (ver adiante).

E Salomé comenta ser isso comum nos tempos da escravidão. Mais adiante (p. 18-20), escreve que a escrava – "chamavam-na Anastácia, pois não tinha documentos" – proviria de Angola. Era belíssima, altiva e triste, e, "levada para uma fazenda próxima da Corte, fora cruelmente violentada pelo feitor", e assediada por todos os homens da redondeza. "Suas noites eram de angústia, de medo e de vergonha". De dia, trabalhava no engenho.

> Certo dia lhe veio a vontade de provar um torrão de açúcar. Foi vista pelo feitor malvado que, chamando-a ladra, colocou-lhe na boca uma mordaça. Era a vingança. Anastácia jamais se deixara beijar. Era pura, inocente e casta. Esse castigo era infamante e chamou a atenção de Sinhá moça, vaidosa e ciumenta, que ao notar a beleza estranha da Escrava, teve receios que o esposo se enamorasse dela. Pérfida, sem consultar o esposo, mandara colocar no seu pescoço uma gargantilha de ferro. Não resistiu à tortura por muito tempo.

Como se vê, Salomé é fiel à tradição escravista que, da máscara de flandres, faz o castigo da gula. No entanto, essa temática é como que ultrapassada pela referência à sexualidade, já que a mordaça é aproveitada como vingança pelo feitor de quem Anastácia rejeitara os beijos. Esse simbolismo é logo decodificado pela sinhá, que manda colocar-lhe a gargantilha de ferro que provocará o tétano e a morte. Aqui temos dois níveis de interpretação da imagem original, por assim dizer: o imediato, que remete ao castigo dos "vícios" tradicionais dos escravos; e uma ressignificação em termos sexuais. Enquanto o uso da gargantilha era consequência de castigos por tentativas de fuga, aqui é impingido como medida preventiva da eventual percepção, pelo senhor, da beleza da escrava, e acaba levando à morte, castigo supremo.

A história contada por Maria Salomé servirá de ponto de partida para várias versões, nas quais desaparecerá a referência ao torrão de açúcar e será enfatizada, cada vez mais, a pureza da Escrava e sua resistência face às libidinosas investidas dos seus algozes. Estes, aliás, se arrependeram, e até mesmo o senhor que, curiosamente, fora isento de culpa nessa história, "levado pelo remorso e um lampejo de compaixão, providenciava um enterro digno como liberta depois de morta, lembrando Ignez de Castro" [sic]. Para a feitura da lenda, até mesmo contos ibéricos são convocados.

Resumindo a contribuição da Irmã Salomé: Anastácia veio de Angola, era belíssima e pura, foi torturada e morta, e sepultada na Igreja do Rosário. "Hoje *seu busto doado por um escultor francês* enfeita o Museu dos Escravos na Igreja N.S. do Rosário e São Benedito" (grifo meu). A precisão técnica há de ser transcrita: "seu busto é cópia fiel de uma fotografia, *relíquia* do museu, *cópia fiel de um retrato a creiom encontrado entre outras relíquias*". A repetição das palavras "relíquia" e "cópia fiel" sugere fortemente o empenho em legitimar a representação – além de constituir, é claro, uma reinterpretação *sui generis* das origens francesas da gravura inicial – e também reforçar a crença de que "é Santa a Escrava torturada". A autora conclui afirmando já ter recebido inúmeras graças, "aumentando a fé, na certeza de que ela morreu em odor de santidade, e deve estar no céu, rodeada de anjos". Já em 1977, nada faltava à santidade da Escrava, salvo o reconhecimento pela Igreja...

"Beleza, Pureza, e Sofrimento": eis o tripé em que se assentou, desde o início, a devoção anastaciana, na análise que Rosângela Martins Lambret Silva (1985) realizou, a partir da leitura do livro de Maria Salomé, bem como do texto *Mensagem de Anastácia*, de Nilton da Silva, já nosso conhecido por ter sido o iniciador, junto com o irmão Ubirajara, da campanha do Mopran. Não conseguimos localizar esse texto e temos aqui de acompanhar a pesquisadora[29]. De acordo com as suas observações, o conteúdo, redigido em linguagem de forte referência espiritualista, retoma os temas presentes no texto de Maria Salomé, acrescentando-lhes um enfoque mais político – destacando o carisma da Escrava e sua consciência social na denúncia da escravidão, e da repressão em geral – além de sublinhar, de modo algo platônico, que a sua beleza física seria o reflexo de sua beleza espiritual.

Ao que parece, temos aqui um aspecto das tensões presentes nos anos 80, anos de "abertura" política, enquanto o texto de 1977 estaria mais preocupado com os valores individuais, por assim dizer, da personagem Anastácia. Daí por diante, a máscara de flandres não mais será vista como castigo ligado a motivações materiais, punição da gula ou vingança de cunho sexual. Tornar-se-á mordaça, visando impedir a fala livre dos escravos.

O livro de Jacimar Silva, sobre *O poder dos passes e das curas espirituais*, não leva data, mas tudo deixa supor que se propôs como que uma síntese dos textos precedentes, além de alicerçar as diversas versões que então circulavam oralmente, de modo a construir uma imagem mítica bastante coerente. Inspira-se claramente na tradição hagiográfica. Antes mesmo de nascer, Anastácia chorou no ventre de sua mãe, sinal indiscutível de sua predestinação santa

---

[29] Há, no artigo de Rosângela Silva, um aspecto encantador: ela conseguiu entrevistar a própria Salomé, então com 86 anos, e também Nilton da Silva, com 40. Ainda que recorra a iniciais, é fácil identificar ambos. Salomé era branca, católica "Apostólica romana" [sic], descendente de uma "tradicional família do Vale do Paraíba, tendo sido criada por uma 'mãe preta' que era Juíza da Irmandade de São Benedito em Guaratinguetá" (SILVA, 1985: 64). Nilton, por sua vez, mostrou-se muito politizado, dedicado à "questão do negro", e assumiu a autoria "mentalizada" através de mensagem da própria Anastácia. Convidou a pesquisadora para a inauguração do "Templo" da loja na Praça Tiradentes, com a famosa estátua em tamanho natural, e externou o desejo de que o local se tornasse lugar ecumênico de credos, ressaltando que "Aqui não será um terreiro de macumba. Inclusive já está programada a realização de uma missa inaugural neste local" (p. 67). Abria-se a devoção para os domínios da Icab.

e heroica. Não há mais sinal de sexualidade, e os castigos se devem ao apoio dado por Anastácia aos escravos fujões ou maltratados. "As fugas de escravos ou mesmo pequenas rebeliões de negros na senzala, as curas, os milagres proferidos [sic] pelas mãos calejadas e poderosas de Anastácia, tudo isso era motivo para que sinhá Olina, esposa do senhor de engenho chamado Leocádio, ficasse cada vez mais irritada" (SILVA, s.d.: 141). Note-se que, agora, os donos do engenho ganharam nomes, de modo a produzir um efeito de realidade, do mesmo modo que, mais adiante, os pais da heroína e o seu lugar de nascimento receberão denominações aparentemente precisas.

Aqui, novamente, a sinhá é responsável pelas torturas infligidas, enquanto o senhor se mostra leniente, e até mesmo mandou desacorrentar Anastácia e "transportá-la para o Rio de Janeiro a fim de fazer um tratamento nas feridas que ficaram em seu pescoço e na garganta", mas ela "não resistiu à gangrena e faleceu aos vinte e três anos de idade, tendo sido enterrada na Igreja dos Negros Forros. Ela morreu no exato momento em que Leocádio assinava a sua carta de alforria" (p. 143). Ainda que Sidney Chalhoub (1998) tenha demonstrado que as relações entre escravos e patrões não se pautavam pelos esquemas estereotipados que ideologias simplórias costumam perpetrar, essa repetição do tema "sinhá sádica x sinhô bondoso" levanta questões merecedoras de um estudo específico que, lastimavelmente, foge ao alcance da presente pesquisa.

Os redatores dos textos impressos atrás dos santinhos distribuídos no fim dos anos 80 se inspiram visivelmente nos livros analisados acima, acrescentando interpretações que reforçam a imagem de heroína da liberdade:

"*Castigada com mordaça por dizer não ser escrava. Suplicada* [sic] *pela fazendeira com ferro no pescoço, gangrenou. Trazida pelo*

Senhor para o Rio, faleceu. Enterrada na Igreja dos Negros Forros, teve a liberdade depois de morta" (grifo meu).

Interpretação essa que logo será proclamada em altos brados no belíssimo samba *Kizomba, a festa de uma raça*, de autoria de Luiz Carlos da Vila, Rodolpho Souza e Jonas Rodrigues, que deu o primeiro lugar à Unidos de Vila Isabel, no carnaval de 1988:

> Ô Ô, negra Mina, Anastácia não se deixou escravizar...

Como costuma acontecer, o mesmo filão será explorado no ano seguinte, pelo Salgueiro, com *Templo negro em tempo de consciência negra*, de Alaôr Macedo, Helinho do Salgueiro, Artzão, Demá Chagas e Rubinho do Afro:

> E na atual sociedade,
>
> Lutamos pela igualdade
>
> Sem preconceitos sociais
>
> Linda Anastácia sem mordaça
>
> O novo símbolo da massa
>
> A beleza negra me conduz

O preconceito racial foi transformado em "preconceito social", o que parece livrar Anastácia da mordaça...

Burdick (1998) lamentou que essa temática, de cunho mais político, tenha sido relativamente pouco explorada pelos movimentos negros. Mas não desapareceu de todo, e hoje alimenta o discurso de diversos grupos dedicados ao resgate da cultura afro-brasileira. A nossa equipe obteve bastante material desse tipo, ao fazer buscas na internet[30].

---

[30] Sites: http: //www.acp_anastacia.sites.uol.br .• http://www.filipezouk. vilabol.uol.com.br/etnianegra_/etn5.htm • http://www.realhiphop.com.br/minasdarima/grupos_anastacias.htm • http://www.bolsamulher.com.br; http://www.bolsamulher.com.br • http://avesso.net/Vasti/seculoXVIII.htlm • http://www.portalroberiodeogum.com.br/anastcia.htm • http://www.frecab.hpg.ig.com.br/Cultura-anastacia.htm

Assim é que se verificou a existência, pelo Brasil afora, da *Associação Cultural Princesa Anastácia* no Nordeste e, no Rio Grande do Sul, de um grupo feminino de *hip hop* intitulado *Anastácias*. O site da primeira abre com a imagem da Escrava, com expressão bastante enfurecida, com os dizeres *"Jamais nos calarão!"*, enquanto o segundo apresenta um pequeno resumo da ideologia do grupo nos seguintes termos:

> Escrava Anastácia, mulher negra que durante os seus anos de vida enfrentou a brutalidade de um sistema escravista, racista e opressor. *Símbolo de guerreira* e que não foge à luta, *mesmo amordaçada Anastácia lutou até o fim, firme, por seus ideais de uma sociedade justa, livre de preconceitos, onde o negro fosse visto como igual, com os mesmos direitos e respeito* (grifos meus).

Algo importante de se sublinhar é que, no seu conjunto, tais grupos são formados por mulheres, e a denúncia dos males da escravidão se torna um meio de protesto contra a opressão de gênero. Anastácia é vista como guerreira, em forte contraste com a tônica dos primeiros textos, que enfatizavam a sua paciência de mártir. Ocorreu um deslizamento, das virtudes cristãs para o ânimo belicoso, provavelmente facilitado pela recusa da Igreja. Negado o acesso à santidade, haveria de ser exaltada como heroína leiga, representante das culturas oprimidas pela hegemonia branca, e mártir da opressão escravista. Um exemplo recente é fornecido pelo grupo baiano Didá Escola de Música que, em seu folheto de apresentação, esclarece que tomou Anastácia como sua padroeira: "O fato é que Anastácia é uma mulher atual [sic] que sofreu por preconceitos que nós mulheres negras deste novo século ainda sofremos" (2002).

Nos textos encontrados na internet, a espinhosa questão da inexistência factual da heroína é encarada com certa naturalidade. Bom exemplo disso é fornecido por Mariana Várzea (www.bolsademulher.com.br, 18/08/2003), falando sobre "História feminina":

A verdade é que pouco se tem comprovado da vida desta mulher. Alguns autores colocam em dúvida a sua existência real, atribuindo a criação de um mito com sua imagem, a partir do desenho do artista *Etienne Victor Arago, representando escravos mineiros que eram obrigados a usar a máscara de ferro para que não ingerissem pepitas de ouro durante o trabalho forçado na mineração.* Outros afirmam que era *filha de Delminda, negra da tribo Bantú, mais precisamente da família real Galanga, trazida para o Brasil em 1740, junto a um carregamento de 112 escravos* (grifos meus).

A narrativa prossegue, acumulando precisões, dando o nome do feitor que teria comprado Delminda, vendida depois de violentada por um homem branco – "motivo pelo qual Anastácia, sua filha, possuía olhos azuis" – para "Joaquina Pompeu", alusão à personagem histórica mineira conhecida como Joaquina do Pompeu. Do mesmo modo que a função da máscara de ferro, reinterpretada em termos de mineração, é obviamente inspirada na lenda de Chico Rei.

Seria enfadonho comentar todos os erros e deslizes do texto que, devido à enorme redundância dos textos da internet, que se copiam uns aos outros, é sem dúvida uma colagem de outros tantos. Importa, no entanto, sublinhar a "precisão" dos nomes[31] e referências que até estipulam o número de escravos e a data de sua chegada. Um texto anterior, aliás, já dera até o dia, 9 de abril de 1740, e o nome do navio, "Madalena"[32]. É claro que o discurso enfatizando preocu-

---

[31] Outra narrativa, de autoria da Federação de Resistência da Cultura Afro-Brasileira, talvez a mais literária depois do texto de Maria Salomé, dava os nomes de Simão e Eleutéria, escravos bantos vivendo na Bahia, como sendo os pais de Anastácia (http://www.frecab.hpg.ig.com.br/Cultura_anastacia.htm). Observe-se que o Estado do Rio foi substituído ora por Minas, ora por Bahia.

[32] http://www.avesso.net/Vasti/seculoXVIII.html (01/01/1998). Parece tratar-se da cópia de um texto publicado pela revista *Manchete*, 1.883, em 21 de maio. Conforme Souza (2001: 143), o jornalista teria sido informado por uma vidente mineira sobre as fontes da verdadeira história de Anastácia, que se encontrariam na Bahia, onde "achou" os dados sobre o navio, os escravos, etc.

pações de crítica histórica, junto com a pseudoprecisão dos nomes próprios (ainda que errados ou inventados) só pode contribuir para produzir um efeito de realidade. A seriedade do tom e a amplitude das referências hão de levar o leitor à conclusão almejada: Anastácia existiu sim, quem não quer ver está de má-fé.

Jerusa Pires Ferreira, em sua minuciosa análise das diversas versões do *Livro de São Cipriano,* observa os mesmos fenômenos, oriundos da fusão de textos cultos e de lendas orais que, com muita propriedade, aproxima das tradições hagiográficas já consagradas: "se não há narrativa inocente, aquela sobre santos é a menos inocente que há" (FERREIRA, 1992: 101). Santos das margens, como o sombrio São Cipriano, ou negados pelas instituições eclesiásticas, como a Escrava Anastácia, recebem um reforço legitimador mediante a multiplicação dos textos. A esse respeito, poder-se-ia levantar a hipótese conforme a qual a produção, circulação, redundância e colagem de textos operadas no âmbito da internet constituiriam como que uma forma substituta da oralidade, na qual todos os rituais e cuidados, que até agora acompanhavam a feitura e distribuição do texto escrito, são transgredidos. Mais um questionamento que, por ora, não poderemos desenvolver.

E, falando em oralidade, não podemos deixar de citar um folheto de cordel, da autoria de Gonçalo Ferreira da Silva, intitulado *Milagres de Anastácia* (2002). Contrastando com os textos anteriores, que apresentavam a nossa heroína como modelo de luta contra a opressão racista e sexista, o folheto retoma a enumeração das virtudes cristãs:

> O meu nome é Anastácia
>
> e a minha religião
>
> é toda fundamentada

> na virtude do perdão
> que nos coloca no rumo
> da suprema perfeição

O autor descreve os sofrimentos da escrava, seguidos por "levitação", conforme "episódio contado/ por fonte credenciada". Em seguida, relata vários casos de milagres operados pela sua intercessão, para concluir que:

> Se nossa santa Anastácia
> canonizada não é
> na galeria pomposa
> dos santos da Santa Sé
> é santa nos corações
> dos nossos irmãos de fé

As preces

"Santa no coração", sua intercessão há de ser solicitada pelos devotos. Tal como os santos oficialmente reconhecidos, recebe orações impressas nos "santinhos" e nos livretos que lhe são dedicados. A prece A *milagrosa escrava Anastácia* é a mais difundida:

> Vemos que algum algoz fez da tua vida um martírio, violentou tiranicamente a tua mocidade; vemos também no teu semblante macio, no teu rosto suave, tranquilo, a paz que os sofrimentos não conseguiram perturbar.
>
> Isso quer dizer: eras pura, superior, tanto assim que Deus levou-te para as planuras do céu e deu-te o poder de fazeres curas, graças e milagres mil.
>
> Anastácia pedimos-te [...] roga por nós, protege-nos, envolve-nos no teu manto de graças e com teu olhar bondoso, firme, penetrante, afasta de nós os males e os maldizentes do mundo.

Pureza, beleza e sofrimento estão aqui presentes. Contrastando com o discurso libertário encontrado nos textos politicamente engajados, aqui o referencial hagiográfico é retomado, e nada deixa perceber que a oração se dirige a alguma santa não canonizada. Outra oração assume claramente a porosidade religiosa brasileira (cf. SANCHIS, 2001):

> Oh, Escrava Anastácia, protegei nossa família, seja esta casa como se fosse a casa de N.S. de Nazaré, um lugar de paz, alegria e felicidade. Todos aqui cumprem a vontade de Deus, pela oração diária e a leitura da palavra do Senhor, pela missa de cada domingo e por uma vida de amor e caridade.
>
> Oh! Escrava Anastácia, fazei com que um dia este lar que na terra vós pertencestes, seja reconstituído no céu onde será nossa eterna morada, é tudo que pedimos por nosso Senhor Jesus Cristo, na unidade do Espírito Santo, Amém.

Já comentamos acima que a ortodoxia pouco parecia preocupar os devotos, e verificamos agora que o código utilizado nessas orações é o mesmo de quantas recolhemos nas pesquisas anteriores, referentes aos santos católicos. Mas, tal como ocorreu com orações dirigidas a santos oficialmente consagrados, que por vezes resvalam para um discurso de conteúdo explicitamente mágico, há outros textos bem menos cristãos:

> *Prece Talismã Anastaciano*
>
> Com as Bênçãos de Deus,
> Jesus Cristo, Anastácia
> E todas correntes positivas...
>
> Com a minha fé.

Minha força de vontade...
Hei de vencer!

Hei de vencer as doenças
O ódio, a ambição, a inércia,
A inveja e a maldade

Alcançarei a felicidade,
A prosperidade, a paz
E as graças de Anastácia. Amém.

Ainda que se fale em "graças" e em Jesus Cristo, o objetivo da oração parece situar-se no plano da obtenção de felicidade terrena, contrastando com as precedentes. Do mesmo modo, o texto que segue alude a outros tantos, já bem conhecidos: "que os olhos dos meus inimigos não me vejam, etc.":

Prece para se livrar dos Inimigos Visíveis e Invisíveis

É virgem Santa Princesa Anastácia
Vós que tendes nas mãos o poder dos milagres
Do bem e da caridade
Fazei com que meus inimigos
Não tenham forças nas mãos para me atingir
Não tenham forças nos olhos para me verem
Não tenham força nos pés para me alcançarem

Bem-aventurada Santa Anastácia
Primeira e única princesa absoluta do cativeiro
Eu vos peço pelo sofrimento que passastes no cativeiro

Livrai-me de dia e de noite dos meus possíveis inimigos
Ocultos e declarados, visíveis ou invisíveis.
Assim seja, Amém.

Aqui Anastácia é santa, é virgem, é princesa, "primeira e única princesa absoluta do cativeiro", o que parece reforçar a dimensão de pura criação do imaginário social. Pois aqui, no Brasil, houve muitas princesas e rainhas negras, personagens históricas de existência comprovada, vendidas como escravas ao longo dos quatro séculos de cativeiro. Basta lembrar, entre tantas, as pesquisas de Pierre Verger, quer se trate do monumental *Fluxo e refluxo do tráfico de escravos entre o Golfo do Benin e a Bahia de Todos os Santos dos séculos XVII a XIX* (1987), ou da pequena monografia sobre a provável vinda da mãe do Rei Ghezo em São Luís do Maranhão (VERGER, 1952). No Maranhão, na Bahia, em Pernambuco, só para citar casos sobejamente comprovados, os terreiros das religiões de origem africanas puderam se estabelecer graças à deportação de reis, príncipes, sacerdotes de ambos os sexos, que trouxeram para cá suas tradições e, por vezes, até mesmo os instrumentos dos respectivos cultos.

Será que Anastácia é proclamada primeira e única princesa absoluta do cativeiro por lhe terem atribuído uma origem banta, área até hoje pouco investigada pelas pesquisas? Ou, simplesmente, porque a invenção das tradições, como bem mostraram Hobsbawm e Ranger (1997), apenas se compraz em utilizar fórmulas consagradas, sem se preocupar com verossimilhanças ou simples adequação?

Em outras palavras, o que interessa aos devotos não é a eventualidade de uma possível comprovação factual capaz de legitimar a sua crença, mas sim a função que tal crença desempenha. "Os devotos convocam Anastácia para que impeça algo, que muitas vezes é próprio do cotidiano, como doenças, assaltos, acidentes" (VON DER WEID, 2004: 20). O fato de ter sido escrava, e até mesmo, talvez, o de ter sido rejeitada pelas autoridades católicas, pode ter facilitado uma espécie de identificação, tal como observamos na devoção às almas do purgatório (AUGRAS, 2005). No caso das almas, apontamos a comunidade de sofrimento como poderoso cimento de aliança entre almas e devotos. No de Anastácia, a fantasia que transformou a imagem de um escravo castigado em princesa de radiante beleza como que propõe uma síntese das contradições vivenciadas pelas camadas mais sofridas da população brasileira. Tal como nos mitos do nascimento do herói, analisados por Otto Rank, quando a criança, tomada por sentimentos ambíguos frente aos pais, ao mesmo tempo tão poderosos e tão desprovidos de *glamour*, inventa para si uma filiação principesca e um exílio no mundo real, os devotos, ao criarem a personagem mítica da bela princesa virgem e mãe, mártir e heroína, negra e santa, desenham um modelo de identificação destinado a compensar as agruras cotidianas. E a melhor expressão de todo esse complexo mítico parece ser resumida pela prece recolhida no fim dos anos 90 por Marcos Alvito, perto de um altar então dedicado à Escrava, pintada em uma parede da favela de Acari:

> REZA
>
> PRINCESA QUE SE FEZ DEUSA, QUE FIZERAM ESCRAVA, ESCRAVA QUE ERA PRINCESA, DAI-NOS A BELEZA DO TEU CORPO E A SERENIDADE DE TUA ALMA, AMÉM.
>
> ESCRAVA QUE FIZERAM DEUSA QUE NASCEU PRINCESA QUE NASCEU LIVRE, DAI-NOS A MELANCOLIA DO TEU OLHAR E A ALTIVEZ DO TEU PORTE E LIVRAI-NOS DA MORDAÇA QUE AINDA HOJE NOS AMEAÇA, AMÉM.
>
> DEUSA-MÁRTIR, ESCRAVA-DEUSA, PRINCESA-LENDA, DAI-NOS TEU AMOR E TUA CORAGEM, AMÉM.

> DEUSA DO POVO, ESCRAVA DE UM POVO, PRINCESA
> DO TEU POVO, DAI-NOS A FÉ DO POVO, A FORÇA
> DO POVO, AMOR DO POVO, PARA QUE POSSAMOS
> SER MULHERES E HOMENS DIGNOS DO POVO, AMÉM.
>
> MULHER-ESCRAVA, DEUSA-MULHER-PRINCESA,
> DAI-NOS TUA FORÇA, PARA LUTARMOS E NUNCA SERMOS
> ESCRAVOS.
>
> PORQUE SOMOS TÃO REBELDES COMO TU.
>
> ASSIM SEJA, AMÉM.

Assim como nas orações reproduzidas acima, foi aqui respeitada a forma pela qual Alvito (2001: 32) a transcreveu. Chama a atenção a qualidade poética do texto que mais tarde foi apagado. Havia, na época daquela pesquisa de campo (1995-1998), outros altares e outras "rezas", dirigidos a Jesus Cristo, Ogum/ São Jorge e São Jerônimo/ Xangô, todos com função de "Guerreiros" ou de proteção: N.S. do Desterro, o Altíssimo, e SS. Cosme e Damião. Mas nenhuma das inscrições alcança a riqueza do jogo de palavras repetidas e ritmadas que, a propósito de Anastácia, combinam Beleza, Realeza, Lenda e Rebeldia.

Ao denunciar a permanência velada do antigo cativeiro em meio à sociedade brasileira, o poeta desconhecido deixa de lado a tradicional associação cristã entre sofrimento e salvação. Feita deusa, Anastácia não mais precisa ser chamada de santa...

Os devotos

A pesquisa de campo realizada por Rosângela Silva em 1985 registrou os depoimentos de alguns devotos. Vários haviam tomado conhecimento da Escrava ao ouvir programas de rádio mantidos ou inspirados pelos fundadores do Mopran, mas parece que a divulgação se fez, sobretudo, boca a boca. Alguém contava os milagres conseguidos junto a Anastácia, passava-se adiante, e na hora de algum problema sério, recorria aos seus poderes:

[Soube] "através de uma massagista, que só vivia fazendo missa em Ação de Graças para Anastácia, de tantos milagres, de tantos favores, de tantos milagres conseguidos. Eu fiquei entusiasmada, fui à igreja e verifiquei, e graças a Deus também obtive uma graça muito grande" (SILVA, 1985: 77). É da Igreja do Rosário que se trata, o único santuário na época, como indica outro depoimento: "Eu fui à casa de um sobrinho e vi a imagem, aí perguntei quem era, ele me disse que ela estava fazendo muitos milagres. Eu estava precisando de ajuda, fui lá (no Museu do Negro), pedi com fé e recebi a graça" (p. 77).

"*Vi a imagem e perguntei quem era*": nesse relato, temos o exato testemunho do poder da imagem. Estranha, chama a atenção e, de imediato, é designada como poderosa, fazedora de muitos milagres. Ou, nas palavras de Nilton da Silva, também entrevistado naquela pesquisa: "A maioria das pessoas que são devotas já conseguiram provas do poder de Anastácia, de uma maneira ou de outra, é por isso que está aí, essa romaria, essa devoção, esse fervor em torno de Anastácia" (p. 79).

O poder de Anastácia revela-se em situações nas quais santos homologados talvez não fossem de grande ajuda: o sobrinho da informante citada acima

> reagiu a um assalto e terminou por ferir o assaltante. Seu pedido a Anastácia ateve-se à preocupação de que aquele indivíduo não mais importunasse seu sobrinho, não tencionasse em revidá-lo, "que fosse dado sumiço nele". Passados alguns dias, o assaltante foi encontrado morto. Ela percebeu esse fato como uma graça (ou milagre) alcançada (p. 80).

Aqui estamos um tanto longe daquilo que geralmente se entende por "graça". Anastácia é peça do jogo que, diariamente, opõe bandidos e cidadãos. É poder contra poder.

A reação da Igreja aos propósitos do Mopran fez com que a mídia se interessasse pelo assunto, como já mostramos, e os anos seguintes à pesquisa de campo de Rosângela Silva (1985) viram a multiplicação dos programas de rádio sobre Anastácia[33], sem falar na minissérie da TV Manchete que, em 1990, foi assistida por todos[34]. Hoje, escreve Burdick, "inúmeros devotos dizem que esse programa foi o ponto de partida de sua devoção" (1998: 76). Assinala, inclusive, a criação de vários empreendimentos comerciais com o nome de Anastácia, entre os quais, salões de beleza. Pudemos localizar um deles, *Ilê da Anastácia*, que conta com duas sucursais, além da matriz, situadas respectivamente em Inhaúma, Nilópolis e Duque de Caxias.

Uma de nossas pesquisadoras conseguiu entrevistar J., proprietária e fundadora desses salões[35]. J. contou que já sabia de Anastácia, mas a sua fé na Escrava só se concretizou em 1976, quando aconteceu algo grave com o seu marido. Ele era motorista de um carro forte, trabalhando com três seguranças. Um deles resolveu assaltar o próprio carro, matou um colega, e obrigou o motorista a levá-lo até Imbariê, em Caxias, onde o liberou, junto com o outro colega, fugindo com o dinheiro. Quando foram dar queixa à polícia, os dois sobreviventes foram detidos como suspeitos de envolvimento no assalto. O nome do marido de J. ficou exposto nos meios de

---

[33] Burdick (1998: 72-73) assinala a realização, na Rádio Nacional, de uma série sobre a vida da Escrava, em 1986, dirigida por Milton Gonçalves.

[34] Nela, tratava-se de uma princesa nagô, não mais banta, filha do orixá Oxum, seguindo nisso a voga de revalorização estetizante do Candomblé, e representada por uma belíssima atriz negra com lentes azuis.

[35] Entrevista em 24/10/03, no salão de Duque de Caxias. J. declarou já ter sido informante de Burdick.

comunicação como sendo um criminoso. Uma vizinha, vendo o desespero dela, "disse que se apegasse com a Escrava Anastácia e que lhe pedisse com firmeza e devoção para livrá-la daquela situação". Na mesma noite, ao rezar, J. prometeu que, se o caso tivesse logo uma solução, levaria um *buquê de rosas vermelhas* para a Escrava. No dia seguinte, o assaltante foi preso e confirmou a inocência dos dois. "Tudo foi muito rápido" e, em consequência, J. nunca mais abandonou a sua fé em Anastácia. Tudo que tem, deve a ela. Trabalhava em um banco estadual, que faliu, e se juntou a uma tia para montar um salão de beleza voltado para pessoas negras, ao qual deu o nome de "Salão Negra Santa". Mas a sociedade não deu certo, e ela resolveu abrir sozinha outro salão, com o nome de "Ilê da Anastácia", que significa "Casa da Anastácia".

O primeiro empreendimento talvez tenha fracassado por não ter sido explicitamente ligado ao nome da Escrava... Negra Santa poderia ser Santa Ifigênia! Somente dá certo e, ao que parece, dá muito certo, a partir do momento em que é colocado sob a invocação de Anastácia. O nome *ilê* é iorubá, refletindo talvez a influência da minissérie da Manchete, em que todos os "africanos" haviam passado de bantos a nagôs, refletindo a moda já lançada em 1983 por Cacá Diegues no filme *Quilombo*. A história de Anastácia, tal como referida pela informante, retoma a versão corriqueira: "era uma negra muito faladeira, lhe colocaram uma mordaça para que não desafiasse os seus senhores; depois de algum tempo, acabou tendo uma gangrena e morreu". Quando a nossa pesquisadora, delicadamente, lhe pergunta se ouviu falar da imagem original do castigo de escravo, J., que tem nível universitário, recusa com firmeza e desagrado essa versão. Costuma frequentar os diversos santuários, tendo adquirido um quadro da Escrava, oferecido pelo padre da igreja de Olaria.

Vários pontos desse depoimento chamam a atenção. Em primeiro lugar, a data do acontecimento que desencadeou a devoção, no ano de 1976, ou seja, menos de dez anos depois da criação do Museu do Negro. O conhecimento passado oralmente pela vizinha é bem anterior à expansão assinalada pelos pesquisadores. Em segundo lugar, diz respeito à atuação da Escrava em caso de crime. Assaltos e bandidagem não são fenômenos recentes no Estado do Rio de Janeiro! Nesse caso preciso, Anastácia propiciou a detenção do verdadeiro culpado e, sem dúvida, incitou-o a fazer uma confissão que isentasse de culpa o marido de J. Nada mais coerente com os princípios da justiça e da moral. Mas a prece recolhida por Alvito (2001) em Acari, bem como a morte desejada do assaltante do sobrinho, relatada acima, estabelecem um nexo não tão satisfatório para a moral vigente.

Santa de contrabando, que recebe rosas vermelhas em pagamento, como as entidades femininas da Umbanda-quimbanda, protetora dos desvalidos e dos justiceiros, o reino de Anastácia engloba perigosamente um território situado às margens da lei. Nesse ponto, é plenamente justificada a devoção popular, que nela procura uma defensora à altura para se contrapor aos poderosos da Terra. E, como bem mostrou Mary Douglas (1976), é nas margens que circula o verdadeiro poder. Mas, pelo simples fato de não reconhecer limites, é também, forçosamente, um espaço de perigo. Perigos mortais, que espíritos limítrofes regem, mas não controlam. Ou, melhor dizendo, os despossuídos que a eles recorrem não têm como controlar.

Em seu belíssimo estudo sobre práticas da Umbanda-quimbanda, Brumana e Martínez (1991: 379-380) ressaltam a sua função organizadora, em meio à anomia reinante:

> O contrário do sentido não é outro sentido, mas a sua ausência. A Umbanda é a forma mais imediata pela qual os setores subalternos chegam a esse sentido, a maneira mais direta pela qual podem haver-se com o mundo e conviver entre eles, o instrumento mais elementar com que podem operar na realidade. A Umbanda é o sentido subalterno da realidade social brasileira.

Ao descrevermos o santuário de Vicente de Carvalho, julgamos que o mesmo se apresenta com um grande *congá*, onde coexistem santos católicos e entidades da Umbanda, articulados entre si pela presença de Anastácia. A análise desses autores reforça e justifica a nossa interpretação, no tocante ao papel desempenhado pela Escrava junto aos seus devotos. "Assumir o código valorativo da sociedade e não assumi-lo, *participar do 'centro' e estar na margem*, isto é o que está em jogo na relação dos seguidores do culto umbandista [...]. A lei é arbitrária, a lei deve ser obedecida, parecem então ser as duas proposições contraditórias que se harmonizam miticamente" (p. 380 – grifos meus).

A função do mito é precisamente falar de coisas contraditórias. No nível da vida cotidiana, no entanto, essas tensões não são tão fáceis de resolver. E pode acontecer que o poder das margens se espraie perigosamente. Foi isso que ocorreu no episódio que chamaremos "o crime de Anastácia".

Quem levou o caso ao nosso conhecimento foi o Professor Francisco Ramos de Farias, da Famath, que pôs generosamente os seus arquivos à nossa disposição[36]. No ano de 1996, estava realizando uma pesquisa, apoiada pelo CNPq, junto a detentos da Penitenciária Milton Dias Moreira, quando entrou em contato

---

[36] Entrando na minha sala na PUC-Rio, na oportunidade de uma banca de doutoramento para a qual havia sido convidado, deparou-se com o busto de Anastácia, em meio a todos os *souvenirs* de nossas pesquisas, e contou o caso do preso que havia entrevistado.

com um interno que atribuía o crime pelo qual fora condenado à autoria da Escrava.

> No material que resultou na condenação, testemunhas relataram que ouviram gritos e que, quando chegaram na casa onde moravam o pai e a filha mortos (eram caseiros de um sítio), os dois já se encontravam com a face toda ensanguentada: o criminoso matou-os com uma pedra batendo na boca. Quando as pessoas arrombaram a porta, não correu e não fez nenhuma resistência em ser preso pelas mesmas. Olhava para a moça e dizia: *agora você não fala mais que não sou de nada. Foi a escrava Anastácia que mandou eles tapar sua boca. Também você não vai mais sair atrás de homem. Teu pai te oferecia para os homens. Por isso a escrava Anastácia mandou matar ele também* (FARIAS, 2000: 10 – grifos do autor).

Ao longo do processo, A. negou a autoria do crime: "foi a escrava Anastácia, única expressão da qual fez uso quando condenado [...] *Eu não fiz aquilo. Tenho certeza. Pode acreditar em mim. Quem matou aqueles dois foi o poder da escrava Anastácia. Mas ela escolheu outros para fazer aquilo*" (p. 10 – grifos do autor).

No presídio, A. se dedicou a esculpir ou pintar imagens da Escrava. Fez inclusive uma tatuagem dela no braço esquerdo. "Dizia que, quando a escrava Anastácia mandava uma mensagem, ele não podia deixar de fazer o que ela pedia [...] *Afirmava constantemente que a sua alma era a escrava Anastácia*" (nota 11: 10 – grifos meus). A identificação se processava de tal forma, que A. passava a falar em tom agudo, contrastando com sua voz normalmente grave, quando ele se sentia como mulher, incorporando a Escrava. "*Ela tá na minha vida. Às vezes ela pensa por mim*" (p. 12). Em comunicação pessoal, Farias ainda acrescentou que, nas noites de insônia, A. "olhava para ela, e ela lhe dizia as coisas". No decorrer das entrevistas, A. lhe assegurou que "não ia [lhe] pedir nada, pois tinha quem olhasse por ele e que nunca o abandonaria. *Aquela que teve a boca amordaçada porque sabia de muitos segredos. Por isso foi morta e por ser inocente virou santa e tem poderes inclusive para tirá-lo dali".*

No cotidiano dos brasileiros, não são escassos os casos de crimes imputados a alguma entidade incorporada. Os jornais mais populares são recheados de relatos desse teor. Isso sem falar de uma categoria de acusação constantemente utilizada por seitas pentecostais, que atribuem aos seguidores das religiões afro-brasileiras a prática corriqueira de sacrifícios humanos. A literatura antropológica, no entanto, pouco se valeu até hoje desses episódios, a não ser o "caso da Pombagira" (CONTINS & GOLDMAN, 1985), elaborado a partir da análise de conteúdo dos artigos de jornais da época, e de parte dos autos do processo, incluindo o laudo de exame de sanidade mental da acusada. Como esclarece o subtítulo do artigo, o objetivo fora pôr em evidência as ambiguidades do jogo discursivo entre Umbanda e sociedade mais ampla. Nesse ponto, o próprio laudo psiquiátrico constitui um bom exemplo: a acusada que, conforme as fotografias publicadas, havia incorporado a Pombagira até na frente dos repórteres, é vista como "personalidade psicopática clássica, de feitio predominantemente histérico" (p. 122), o que sugere capacidade crítica reduzida, mas também aponta no sentido do histrionismo[37]. Nela, nada havia que lembrasse psicose, ao oposto de A., cujo crime foi definido como "duplo homicídio cometido numa crise delirante".

Farias, psicanalista de linha lacaniana, interpretou esse crime como tentativa de "materializar, através de um ato sacrificial, o encontro desse sujeito com a lei do pai" (p. 13), mas ressalta a importância da fala, do segredo, e do silêncio, e conclui com a pergunta: "por que a possibilidade de o sujeito poder falar é tão ameaçadora?"

---

[37] A acusada, que havia matado um homem a mando de Maria Padilha, foi enquadrada no artigo 121, junto com a esposa do falecido, e ambas condenadas a 18 anos de reclusão.

(p. 14). Questão de sentido que tampouco poderemos desvendar. A nossa perspectiva, aqui, ater-se-á ao campo da psicologia social e dos fenômenos atinentes ao imaginário social-histórico.

Por mais que a psicose constitua uma fratura, uma cisão do eu e, por conseguinte, se dê em nível estritamente individual, o delírio, em sua dimensão de expressão dessa ruptura e de tentativa de comunicação com as pessoas, utiliza forçosamente materiais simbólicos fornecidos pelo grupo cultural ao qual o psicótico pertence. Qualquer que fosse a causa interna da fratura que, para nós, permanece inalcançável, o modo como A. se valeu de conteúdos disponíveis no repertório do imaginário social pode abrir pistas para nossa maior compreensão dos significados presentes na imagem de Anastácia.

Em primeiro lugar, a temática da mordaça, divulgada pelos devotos que veem nela um símbolo de denúncia. Nas lendas mais populares de Anastácia, ela fora silenciada por reclamar dos maus-tratos aos escravos. Aqui, temática do silêncio, do segredo e do falatório se entremeiam: "Aí, doutor, *a escrava Anastácia tirou a mordaça dela e me disse que aquela moça falava demais e que o pai dela deixava. Me pediu para não deixar ela sair dizendo as coisas para todo mundo*" (FARIAS, 2000: 11). Diz a lenda que amordaçaram Anastácia em castigo por falar demais, ou, nas próprias palavras de A., "dizem que a mordaça era pra ela não caguetar" (notas de campo de FARIAS, 1996). Ou ainda, "teve a boca amordaçada porque sabia de muitos segredos". Para castigar aqueles que falavam demais, a Escrava tira a mordaça, e A. leva ao extremo a "missão" de calar a boca de suas vítimas a pedradas. Os detalhes horripilantes do laudo necropsial, reproduzidos por Farias, revelam a total destruição da região bucal e anexa. A pura e inocente Anastácia "mandou" que se fizesse com pai e filha aquilo que fizeram com ela. Mártir, virou algoz. Quão tênues são os limites entre supliciar e ser supliciado? Entre falar e calar? O devoto de Anastácia está convencido de que não foi ele o criminoso, mas uns "outros" – e nessa lógica de fusão entre sacrificador e sacrificados, é possível pensar que os culpados foram as próprias vítimas – e que "um dia ela iria falar quem matou eles dois". Mas "ela" deixou que ele fosse condenado.

O segundo aspecto, obviamente ligado ao precedente, é o da profunda identificação do criminoso com Anastácia. "Ela tá na minha vida. Às vezes ela pensa por mim". Até mesmo se manifesta nele e, quando seu tom de voz muda de grave para agudo, é ela quem está falando. Deixando de lado a provável temática homossexual, já evocada por Farias (2000), encontramos aqui um reforço para a nossa hipótese da identificação dos devotos com personagens de vida particularmente trágica. Já observamos isso em pesquisa precedente, em relação ao culto das almas do purgatório: *"fostes como eu, serei como vós"*, como diz uma das orações que recolhemos. Mais ainda: pareceu-nos que, quanto mais terríveis fossem as circunstâncias da morte, mais poderosas eram as almas, e mais solicitadas pelos seus devotos para a solução dos seus problemas (AUGRAS, 2005a). Talvez haja nisso uma subterrânea ligação entre poder e sofrimento ou, como mostrou Michel de Certeau (2002) em seu perturbador texto de 1977 sobre relação entre torturador e torturado, aquilo que se revela cruamente no delírio do psicótico seja o nexo permanente, mas quase sempre encoberto, entre poder e terror.

A esse respeito, é preciso acrescentar uma observação que, no decorrer do trabalho de campo, foi se impondo aos nossos pesquisadores. À medida que íamos visitando os diversos lugares de devoção à Escrava, foi tomando forma a percepção, cada vez mais clara, de que os santuários, capelas ou oratórios, eram todos situados em lugares objetivamente perigosos: a região de Olaria e da Penha, próximas do chamado "Complexo do Alemão"; o Oratório de Benfica, situado exatamente atrás da "Casa de Custódia", onde uma rebelião de presos resultara, em maio de 2004, na morte de mais de trinta internos, degolados por membros de uma facção rival; e até mesmo o Museu do Negro, ao lado do "Camelódromo", lugar de constantes conflitos entre camelôs e guardas; e ainda, em outubro de 2004, Vicente de Carvalho foi palco de violentos protestos iniciados por moradores do Morro do Juramento, provocando o fechamento da estação de metrô[38] que sempre fora o nosso meio de acesso mais fácil ao Santuário da Escrava...

Ou seja, aquilo que nos parecera, de início, constituir percalços "naturais" a qualquer investigação de campo, com o resultado de atrapalhar momentaneamente a pesquisa, passou a ser visto por nós como aspecto estrutural, intrinsecamente pertencente à devoção a Anastácia. Em outros termos: o perigo, a marginalidade, até mesmo o terror, não são elementos acidentais da devoção. Fazem parte do culto à Escrava. E, na situação em que vivemos, santos que oferecem alguma espécie de proteção são todos muito bem-vindos.

Em 1998, uma devota que seguia a procissão em prol da Escrava, em Olaria, concordou em ser entrevistada por uma de nossas estudantes. Disse que era do tempo da imagem em Madureira, e que lá conseguira "uma graça muito grande [...] em muita coisa que pedia, era muito ajudada pela Escrava Anastácia". Mas declara ser devota "de todos os santos".

Visto do lado dos devotos, nada parece distinguir o culto anastaciano de outros tantos. Os problemas que ela resolve, as "graças" que concede, dizem respeito a todas as dificuldades corriqueiras. Diversos devotos entrevistados depois da missa em Olaria, hoje cele-

---

[38] "Tumulto em Vicente de Carvalho – PM faz operação no Juramento e moradores interditam avenida com barricadas". *O Globo*, 10/10/04, p. 27.

brada em 12 de maio, não se limitam a solicitar o apoio da Escrava, mas se dirigem para a "Sala dos milagres" para saudar o Escravo Desconhecido[39] e a negra Maria do Rosário. De outra feita, em missa dedicada, disse o padre, às Almas Santas Benditas, a Cosme e Damião e à Escrava Anastácia, no mês de novembro, "mês em que se comemora o dia da medalha milagrosa de Nossa Senhora das Graças", outros testemunhos são solicitados, e um jovem casal se levanta para contar que estavam desempregados e que, depois de um pedido à Escrava Anastácia, ambos conseguiram emprego. "Palmas para Anastácia!" [sic].

Um dos meios mais usados para solicitar o apoio de Anastácia, como para as almas, benditas ou não (AUGRAS, 2005a), é a colocação de bilhetinhos junto às imagens. Isso foi observado em dia de festa na capela de Olaria[40], mas foi no museu que tivemos oportunidade de ler alguns, através da redoma de vidro:

> P. M. de O.
>
> ajudas a encontrar um emprego
>
> Anastácia
>
> Rainha dos pobres e dos desamparados (04/05/04)
>
> Minha Escrava Querida, olha por Ma., P., Mo., A. e J. (04/05/04)
>
> Querida Escrava Anastácia, vós que viraste santa, venho lhe pedir que me dê a graça de eu engravidar o mais rápido possível. Me dê essa alegria de que tanto quero. Que tenha sorte e saúde e seja forte e goze de plena saúde física e mental. Quero ter um casal de filhos, me ajude a ser

---

[39] Mostrando o escravo, Z. declara-se "muito confiante", por acreditar no poder de... Exu. A porosidade é total.

[40] Diz um dos nossos relatórios de campo, referente à festa de 12/05/2003: "As pessoas se dirigiam à estátua vestida, escreviam seus pedidos, oravam de cabeça baixa e depois a erguiam para fitar os olhos da Escrava com firmeza, colocavam os bilhetes dentro da redoma de vidro, e iam embora".

> mãe tranquila, minha cabeça, minha alma. Quero tanto ter meu sonho realizado. Me ajuda a realizá-lo [...] Sonho meu [...] amor também [...] homem honesto, só falta [...] de nosso amor. (12/05/04).

Vê-se que os pedidos não diferem daqueles que costumam ser dirigidos a santos de qualquer tipo. Na redoma, havia também duas orações impressas, uma para os Pretos Velhos e as Santas Almas Benditas, o que reforça a ligação que já encontramos no santuário de Vicente de Carvalho, e a outra, solicitando a proteção de "Zumbi, Rei dos Quilombos dos Palmares" para a "batalha final vitoriosa de nossa emancipação", visivelmente ligada ao Movimento Negro.

A zeladora do museu declara à nossa pesquisadora que "vêm muitas pessoas aqui, *oferecem de tudo a ele, joias, comidas, roupas*, principalmente na segunda-feira" (dia das almas). Mas jamais vimos restos de comidas junto à imagem, só ex-votos de cera. Muito solícita, a mesma informante mostra um caderno em que as pessoas costumam registrar suas impressões sobre o museu, e lá estava o testemunho de uma devota, que escreveu:

> Maravilhosa Anastácia
>
> Meus agradecimentos pela restauração de minha família e pela força espiritual que
>
> encontrei através do seu doce olhar (22/10/2001).

A zeladora reforça: "É impressionante o olhar dela, ela te olha assim". O interesse deslocou-se da mordaça para o olhar. A imagem se tornou viva, passa uma mensagem de espiritualidade. É como se a estranheza, o insólito, ao serem interpretados como sinais da presença do sagrado, fossem concretamente investidos na percepção de um poder, transmitido através do olhar.

O estranhamento frente à imagem passa a constituir o alicerce da hierofania e, não por acaso, o fascínio se exerce por meio do olhar de Anastácia, cuja "invenção" parece afinal expressar, mais do que outra coisa, o resultado de um fortíssimo processo de identificação. A percepção da estranheza remete à alteridade presente dentro de cada ser e, nessa perspectiva, o sagrado parece ser um elemento essencial para a constituição da subjetividade. Os deuses fazem parte de nós.

5
Imaginária França Antártica: a invenção do Bom Selvagem*

> *De que sonho ou de que engodo o meu escrito é a metáfora?"*
> Michel de Certeau (1982: 215).

"Teria sido melhor chegar ao Rio no século XVIII com Bougainville, ou no século XVI com Léry e Thevet"?, pergunta-se Lévi-Strauss ao iniciar a viagem pelos *Tristes trópicos* (1955: 44). Para o acadêmico europeu, a primeira chegada às Américas inescapavelmente desperta reminiscências das narrativas sobre o Descobrimento. É a fantasia do eterno verão, o sonho da terra sem mal, a fábula do Bom Selvagem, todo um discurso sobre o mundo novo, que parece descrever menos as singularidades objetivas do que o retrato, pintado com cores exóticas, dos desejos e dos temores do homem europeu.

Contam as crônicas que, em 1550, a cidade de Rouen, capital da província normanda, ofereceu uma *Fête Brésilienne* ao Rei Henrique II e à Rainha Catarina de Médici. Às margens do Sena foram construídas algumas aldeias indígenas, povoadas por uns trezentos índios. Nativos mesmo, só havia uns cinquenta. Os demais eram marinheiros normandos, frequentadores das costas brasileiras desde o descobrimento, e dos quais se esperava competência para representar adequadamente os habitantes do Novo Mundo. Desnudos, pintados, paramentados à moda tupinambá, encenavam os

---
* Publicado em *Estudos Históricos* – Viagem e narrativa, 7, 1991, p. 19-34.

afazeres da vida cotidiana. Cozinhavam, fumavam tabaco, deitavam em redes, caçavam e até mesmo travavam batalhas, com queima de povoados. O empenho em reconstituir o cenário brasileiro era tamanho que se chegou a "*pintar as árvores, para dar-lhes um ar tropical*" (HALE, 1972: 330 – grifos meus), além de recheá-las com papagaios e macacos de verdade. Mas a gravura que retrata essa festa (p. 330) apresenta alguns caçadores nus, de aparência helênica (como no caso das ilustrações dos livros de Thevet [1953], Staden [1977], e Léry [1967]), e as árvores são claramente de essências europeias. Nada há de brasileiro nessas representações. Nada exótico[1], tampouco.

A festa de Rouen é uma fantasia, no sentido de mascarada. Os índios são marinheiros franceses disfarçados. O outro só pode ser apreendido pelo viés do simulacro.

Pouco depois, a tentativa de implantação da França Antártica parece fruto do mesmo sonho. Opostas simetricamente em relação ao Equador, as margens do Rio Sena e do Rio de Janeiro como que se espelham mutuamente[2]. Normandos e tupinambás trocam de papel. A construção do forte Coligny responde à reconstituição das aldeias indígenas em terra europeia.

A França divide-se entre catolicismo e reforma. Villegagnon inicia o empreendimento com católicos, mas solicita de Calvino o envio de colonos protestantes. É acusado de duplicidade por ambos os lados, dando ensejo à ampla série de panfletos e publicações, entre as quais as narrativas do franciscano André Thevet e do calvinista Jean de Léry. A empresa fracassa, Villegagnon volta para a Europa,

---

[1] O conceito de exotismo é contemporâneo do Renascimento, já que, de acordo com Poirier (1968: 17), teria sido cunhado por Rabelais.

[2] É preciso lembrar que *Antártico* vem do grego *anti-árktos*, "oposto à Ursa". Trata-se, literalmente, do *outro lado* do mundo. Ao que parece, teria sido o próprio Villegagnon o inventor do termo "França Antártica".

os portugueses retomam a ilha, e o almirante de Coligny, patrono da implantação da França Antártica, será a mais ilustre das vítimas do massacre da Saint-Barthélémy.

Do império sonhado restam os escritos dos protagonistas. A França Antártica durou apenas cinco anos. Mas, além do empreendimento material e político, tornou-se suporte de um imenso investimento imaginário, que até hoje alimenta a *reflexão* dos antropólogos.

> A experiência dos antigos viajantes, e, por meio dela, esse momento crucial do pensamento moderno onde, mercê das grandes descobertas, uma humanidade que se acreditava completa e acabada recebeu, de repente, como que numa contrarrevelação, o anúncio de que não estava sozinha, que era parte de um conjunto mais amplo e que, para conhecer-se, devia antes contemplar a sua imagem irreconhecível neste espelho, do qual uma parcela, esquecida durante séculos, ia, só para mim, lançar o seu primeiro e último reflexo (LÉVI-STRAUSS, 1955: 375).

Ao embrenhar-se pelo Mato Grosso, Lévi-Strauss fantasia-se de descobridor. Revive as ambiguidades da revelação da alteridade, e faz de conta que terá o privilégio de mirar-se numa faceta ainda virgem do espelho americano. Não procura o outro, mas a si próprio. Imagem irreconhecível de sua própria estranheza, os tupi-kawahib ensinam-lhe a antropologia.

Na atual reavaliação dos propósitos e da epistemologia da antropologia moderna, os autores franceses estão concordes em considerar as primeiras narrativas de viagem ao Novo Mundo como o mito fundador de sua disciplina (LAPLANTINE, 1988). Ao dar conta da singularidade da descoberta, cada viajante tenta situá-la no elenco dos conhecimentos já disponíveis. Nesse percurso, a dialética entre o mesmo e o outro, a identidade e a alteridade, é costurada por um texto, não raro paradoxal, quase sempre ambíguo, no qual

Michel de Certeau detecta a presença das contradições inerentes ao discurso antropológico:

> Uma parte do mundo que aparecia inteiramente *outro*, é reduzida ao *mesmo* pelo efeito de decalagem que desloca a estranheza para dela fazer uma *exterioridade* através da qual é possível reconhecer uma *interioridade*, a única definição do homem. Esta operação será repetida, centenas de vezes, pelos trabalhos de etnologia (1982: 221 – grifos do autor).

A dificuldade em aceitar a estranheza do totalmente outro se apoia também numa clara relação de poder. A simples ideia de "Descobrimento" implica a negação da realidade do outro. É como se lugares e seres exóticos estivessem vivendo num limbo, numa ausência de sentido, até que, "descobertos", pudessem aceder ao reino do significado. Poder das armas e poder da escrita conjugam-se para assegurar o domínio dos europeus.

Este mundo, que não constava dos mapas – a não ser como lugar vazio preenchido por vagas alusões míticas –, toma consistência ao ser inventariado, classificado, "novo mundo" frente ao antigo mundo já conhecido, o seu oposto e talvez o seu complemento. Como falar do novo sem aludir ao velho? Como descrever o diferente sem remeter ao semelhante? Como articular esse paradoxo? A costura entre conhecido e desconhecido far-se-á pela mediação do imaginário. "O relato será necessariamente uma narrativa que ultrapassará a simples descrição do real, por meio de um discurso utilizando ingredientes imaginários, remetendo a algo situado atrás do real e *fazendo, do invisível, o único meio de tornar o real visível*" (AFFERGAN, 1987: 105 – grifos meus). Nas narrativas de viagem não assistimos à descoberta, mas sim à *invenção* da América.

Os cronistas que tomaram parte na aventura da França Antártica proporcionam rico material para análise desse processo. A objetividade e a fantasia, a precisão e as mais desabridas metáforas mesclam-se nos relatos de Thevet e de Léry. Ao dar conta das novidades, das coisas jamais vistas nem ouvidas, desenham um mundo ao mesmo tempo absurdo e sedutor que terá grande êxito no palco do pensamento ocidental, com a criação do mito do Bom Selvagem. Nesse sentido, a par de fornecerem preciosas informações etnográficas, esses autores situam-se claramente como iniciadores de ampla vertente do pensamento antropológico. A análise do conteúdo de suas narrativas, além do prazer da leitura, permite pôr em evidência o quanto de sonhado, de faz de conta e de simulacro jaz no âmago das representações ocidentais, quando tentam dar conta de uma realidade "outra".

Admirável mundo novo

Não existe percepção objetiva. Todo registro perceptivo supõe uma seleção de elementos significativos para o sujeito, a partir da estruturação da interação entre o organismo e seu meio. Nesse processo, intervêm aspectos tanto culturais quanto psicofisiológicos. Aos viajantes, era impossível olhar a nova paisagem da costa brasileira sem recorrer a um esquema perceptivo/interpretativo já estabelecido. Desejos e expectativas filtravam a sua visão. Em sua bagagem, misturavam-se informações eruditas e populares, tradições cristãs e lendas antigas, alguns versos de Ovídio e páginas de escritores contemporâneos.

Para o homem do século XVI, conhecer o mundo é decifrar a obra de Deus. Essa nova natureza que se oferece à contemplação dificulta o entendimento. Será preciso isolar elementos que, interpretados em função de sua relativa semelhança com coisas já conhecidas, se transformarão em signos (FOUCAULT, 1966). A paisagem enigmática acabará sendo lida como se fosse uma mensagem.

No que diz respeito a mundos novos e estranhos, a grande referência ainda é o mito do paraíso. Em obra clássica, Sérgio Buarque de Holanda (1985) mostrou o quanto os relatos dos navegadores eram tributários das representações medievais. Os mapas antigos – desenhados para ilustrar a estrutura simbólica do universo cristão, não para nortear a exploração concreta deste mundo – incluíam geralmente a localização do paraíso, como centro ordenador do cosmo. Ainda que os viajantes fossem homens do Renascimento, o imaginário que os formara e informara era medieval em sua maior parte. Cristóvão Colombo é a própria personificação do homem situado na exata dobradiça das duas eras. A sua busca por novas terras obedece às exigências da Idade Moderna, mas a sua expectativa fundamenta-se na "crença inabalável na realidade física e atual do Éden" (HOLANDA, 1985: 144).

No mito cristão, contudo, o paraíso é tão inacessível como real. Por causa do pecado original, Deus expulsou o casal primordial e, desde então, jamais um homem vivo poderá transpor os seus umbrais. O sacrifício de Cristo, ao redimir o pecado, permitiu a volta dos homens ao paraíso, mas só depois da morte.

A procura do jardim do Éden pelos navegantes é, portanto, paradoxal. Sonham em encontrá-lo, mas sabem que o acesso é impossível, a não ser no modo, impensável, da transgressão:

> Já disse aquilo que achava deste hemisfério e da sua feitura, e creio, se passasse por debaixo da linha equinocial que, aqui chegando, neste lugar mais alto, acharia maior temperança e diversidade nas estrelas e nas águas, não porque se acredite que onde se acha a altura extrema seja possível navegar-se ou seja possível subir até lá, pois creio que *lá está o Paraíso Terrestre, onde ninguém pode chegar, salvo por vontade divina* (COLOMBO, apud HOLANDA, 1985: 153 – grifos meus).

Do lado de baixo do Equador, acaso o clima seja mais ameno, talvez não exista pecado e – quem sabe? – a vontade divina talvez se possa inclinar a abrir as portas para aquele que carrega o Cristo nos ombros, *Christo ferens*, Cristóvão, o bem-nomeado...

De tais desvarios, o franciscano Thevet parece isento. Mais de meio século após a chegada de Colombo às Américas, ele preocupa-se em escrever um relatório sobre o estabelecimento colonial francês. Entre outros temas, faz questão de defender a atuação de Villegagnon e, ao longo de sua vida, publicará vários relatos – ou, melhor dizendo, o mesmo relato cada vez mais enriquecido por digressões várias – de modo a incluir o projeto da França Antártica na descrição de uma "cosmografia universal". Assim é que redige sucessivamente *Les singularitez de la France Antarctique* (1557), *La cosmographie universelle d'André Thevet, Cosmographe du Roy* (1575), *L'histoire d'André Thevet Angoumoisin, Cosmographe du Roy, de deux voyages par lui faits aux Indes Australes et Occidentales [...] avec une réponse aux libelles d'injures, publiées contre le Chevalier de Villegagnon* (s.d., apud LUSSAGNET, 1953). Mas, ainda que Thevet se empenhasse em legitimar suas descrições pela força do testemunho pessoal – "por mim, eu sei e afirmo com segurança, por ter visto isso, deste modo" (THEVET, 1983: 58) –, sabemos hoje que ele ficou, ao todo, doze semanas no Brasil e, mesmo assim, passou esse tempo doente e acamado. Pisou pela primeira vez no solo brasileiro em 10 de novembro de 1555, numa escala em Cabo Frio, depois seguiu para o Rio de Janeiro, onde adoeceu, embarcando de volta no dia 31 de janeiro de 1556. O que publica em 1557 sob o título de "As singularidades da França Antártica" é fruto de "um levantamento coletivo e anônimo no qual, por causa da doença prolongada, quase não tomou parte" (LESTRINGANT, 1983: 19). Esse aspecto não oblitera a validade da descrição. Tudo deixa supor que Thevet recebeu o essencial de suas informações dos marinheiros normandos já nossos conhecidos que, convivendo com os índios bem antes do estabelecimento de Villegagnon, tinham muito que contar. Seria possível dar a Thevet o crédito da redação final da narrativa, se um processo judicial, posterior à publicação, não tivesse posto em evidência a atuação de mais uma personagem, Mathurin Héret, que se apresentou como verdadeiro redator das *Singularitez*. Mesmo admitindo que a contribuição deste último tenha sido mais no nível do copidesque do que real criação e organização do texto, no fim das contas, sobra muito pouco para a autoria de Thevet. O primeiro retrato da França Antártica é uma narrativa sem sujeito. O peso da alteridade insinua-se no próprio discurso. A subjetividade, que faz o valor do testemunho, esvai-se na multiplicação dos autores possíveis. "*Eu vi*", assegura Thevet, que provavelmente não viu e – quem sabe? – sequer escreveu. O simulacro permanece.

Por isso mesmo, talvez, é que a descrição da terra e das gentes, longe de evocar o inacessível jardim do Éden, prende-se a comparações concretas, aludindo a coisas sobejamente conhecidas pelos leitores. A Baía de Angra é descrita como se fosse um grande rio "tão celebrado por lá quanto Charente, Loire ou Seine por cá" (1983: 127). Evocar o pequeno Charente é curioso: marca a identidade do nosso escritor-fantasma, já que é o rio de sua infância, mas ao mesmo tempo alça um humilde rio francês às gigantescas dimensões dos rios americanos. Tal como o ator se irrealiza em sua personagem (SARTRE, 1949), a natureza brasileira é uma província francesa transfigurada, para melhor. Em Cabo Frio, "veem-se inúmeras árvores grandes e pequenas, verdejantes o ano todo [...] há uma planície coberta de árvores outras que não as nossas, da Europa, ainda mais rica em belos rios, com águas maravilhosamente claras e cheias de peixes" (p. 42).

A Ilha de Villegagnon "é mui prazenteira, por recoberta de uma grande quantidade de palmeiras, cedros, árvores de pau-brasil, arvorezinhas aromáticas, verdejantes o ano todo" (p. 45). Se não for o paraíso, é no mínimo o *País da Cocanha*: "é fertilíssimo em árvores carregadas de excelentes frutas, mas *sem trabalho nem semeadura*" (p. 49 – grifos meus). O abacaxi é "assombrosamente excelente, tanto pela suavidade como pelo sabor, tão doce como fino açúcar e até mais" (p. 107). Perto de Araruama, "vimos um selvagem que pegou mais de mil peixes em um instante, jogando a tarrafa numa só vez" (p. 41). Os relatos dos marinheiros são autênticas histórias de pescadores.

Thevet e seus informantes custam a encontrar palavras para dizer a riqueza das cores: a cor da tinta do jenipapo "é quase *indizível*, entre negro e azulado" (p. 62 – grifo meu); "*é impossível encontrar um amarelo mais excelente*" do que o do peito do tucano (p. 109); as cores das araras vão de "ouro fino" a "azul fino" ou "fino escarlate". Tudo é fino e brilhante, já que remete, nas entrelinhas, ao tema do ouro.

Desde a conquista do Peru, todos os exploradores esperam descobrir a terra do Eldorado que, em termos bem materialistas, se veio sobrepor aos mitos edênicos. A procura do ouro alimenta nova temática imaginária. Em sua *Cosmografia*, Thevet assinala a presença de ouro no Brasil, ao transcrever o depoimento de um preso, conforme o qual "a abundância de ouro é tamanha, que os habitantes do país acham ouro nos riachos que descem das montanhas, em pedras que trocam entre si, e das quais fazem colares para as crianças" (1953: 260). Por qualquer ninharia, consegue-se o ouro dos índios. Desenha-se o tema do índio inocente, ignorante das riquezas que possui, que será uma das facetas da imagem do Bom Selvagem.

Mas, como se sabe, o sonho da França Antártica prontamente acabou, não houve tempo para a exploração do *hinterland,* e, por conseguinte, os narradores franceses não tiveram acesso ao ouro brasileiro. Bem mais tarde, contudo, o fascínio pelo ouro e pelas pedras preciosas vai curiosamente reaparecer, junto com o tema edênico, sob a pena de Lévi-Strauss:

> esses pássaros não fugiam de nós: vivas pedrarias vagando pelos cipós molhados e pelas torrentes de folhagem contribuíram para reconstituir, ante os meus olhos surpreendidos, aqueles quadros do ateliê dos Brueghel onde o Paraíso, ilustrado pela terna intimidade entre plantas, bichos e homens, nos leva de volta aos tempos em que o universo dos seres ainda não havia efetuado a sua cisão (1955: 381).

Ao longo de *Tristes tropiques,* o autor compara a sua viagem pelo Brasil Central com os relatos de Thevet e Léry. Mas, como se vê, ele faz muito mais: incorpora os sonhos dos homens do Renascimento e, na mata brasileira, ressuscita as visões da Idade de Ouro. Por mais que o mundo se transforme, o imaginário do homem ocidental continua povoado pela projeção de arcaicos desejos.

Nessa perspectiva, Jean de Léry situa-se como um narrador menos comprometido com as antigas fantasias. É claro que não escapa do deslumbramento. Maravilha-se com "as florestas, árvores e ervas desse país, tão verdes como as da nossa França nos meses de maio e junho, o que sucede em todo ano em todas as estações nesta terra do Brasil" (1889: 42), mas nem por isso julga ter alcançado algum paraíso perdido. Como bom calvinista, encontra nas belezas naturais a confirmação do poder divino e, para saudar o Novo Mundo, entoa o Sl 104, que exalta a variedade das obras do Senhor, criador das riquezas da terra e do mar. Como bem sublinhou Michel de Certeau (1982), o texto bíblico é utilizado por Léry como mediador para articular novo e velho mundo.

O propósito da *Histoire d'un voyage fait en la terre du Brésil*, publicada em 1578, é antes de mais nada apologético. Trata-se de responder às acusações veiculadas pela *Cosmographie* de Thevet, de 1575, que atribui o fracasso do empreendimento de Villegagnon às dissensões fomentadas pelos calvinistas. Para Léry, a culpa é do próprio Villegagnon. Por mais conflitantes que sejam as versões, contudo, os relatos de um e outro viajante completam-se mais do que se opõem. No intuito de desmoralizar o adversário, Léry insiste na duração de sua estada no Brasil: dez meses, contra as doze semanas de Thevet[3]. Não se limitou à ilha, mas percorreu aldeias do litoral. Fala por ter presenciado, não por ter ouvido dizer. No que diz respeito à descrição do Brasil, no entanto, ainda que legitimada pela maior permanência e pelo testemunho direto, a narrativa de Léry não oferece subsídios diferentes da de Thevet. Distingue-se, mas é pelo estilo ou, melhor dizendo, pelo *tom*. Redigida vinte anos depois da viagem, a *Histoire* de Léry tem sabor de saudade.

Enquanto as *Singularitez* constituem o relatório final de um levantamento coletivo, o texto de Léry é marcado pela subjetividade, a tal ponto que pode ser considerado como o relato de um "percurso iniciático" (LESTRINGANT, 1983), em que a descoberta do outro desperta a própria estranheza. Nesse sentido, ainda que descreva as belezas da natureza, o que mais realça, em sua narrativa, é um misto de encanto e perplexidade frente a essa nova humanidade.

Não é que Thevet tenha deixado de relatar os costumes indígenas em todos os seus pormenores. Os leitores do século XVI estavam sedentos de informações acerca dos selvagens. Do mesmo modo que a percepção dos primeiros navegantes fora norteada pelas imagens edênicas preexistentes, a expectativa em relação aos habitantes da

---

[3] Léry chegou em março de 1557 e deixou o Brasil no início de janeiro de 1558.

América – "os Américos", diz Thevet – era de seres animalescos, quiçá monstruosos. A elaboração de uma representação, que atenda ao mesmo tempo aos requisitos da objetividade moderna – afinal são humanos como nós – e à necessária justificativa da dominação – afinal são muito diferentes de nós –, propiciará a criação de um novo mito, que até hoje permeia o discurso antropológico, o do Bom Selvagem – afinal eles são melhores do que nós.

Os Bons Selvagens e os outros

"São gente maravilhosamente estranha e selvagem, sem fé, sem lei, sem religião, sem civilidade alguma, vivendo como bichos irracionais, tais como a natureza os produziu, comendo raízes, permanecendo nus, tanto homens como mulheres": em sua apresentação dos índios brasileiros, Thevet (1983: 49) escolheu o modo da diferença ou, melhor dizendo, da privação. Os selvagens são definidos pelo que eles *não* são, em oposição aos cristãos que terão por tarefa "levá-los a despirem essa brutalidade, para vestir modos mais civis e humanos". De imediato, coloca-se a oposição entre natureza e cultura. Os índios são vistos como pertencentes à ordem da natureza, enquanto os cristãos representam a cultura.

À medida que os pensadores europeus se vão desencantando com sua própria sociedade, o suposto "estado de natureza" passa a ser valorizado. É esta a posição de Montaigne que, ouvindo o relato de um daqueles marinheiros que se fixara "por 10 ou 12 anos no lugar onde Villegagnon se assentou, e que apelidou de França Antártica", chega à conclusão de que "nada há que seja bárbaro ou selvagem nessa nação, a não ser que cada qual chame de bárbaro aquilo que não faz parte dos seus costumes" (1950: 243). Desgostoso com as atrocidades perpetradas por católicos e protestantes no decorrer das Guerras de Religião na França, Montaigne sonha com homens vivendo em estado de inocência original. Como bem observou Todorov (1989), na verdade Montaigne está menos interessado nas reais condições de vida dos tupinambás do que na denúncia das inadequações de sua própria sociedade. O outro é, mais uma vez, o espelho sonhado. Para condenar a absurda crueldade da sociedade francesa, é preciso contrastá-la com o comportamento dos índios. Mas a oposição é mantida. O europeu permanece o ser da cultura, ainda que pervertido, e o indígena não foge à condição de ser da natureza, ainda que valorizado. "O outro jamais é percebido nem conhecido. Aquilo que Montaigne elogia não são os 'canibais', mas sim os seus próprios valores" (TODOROV, 1989: 60).

Lussagnet (1953: VII) adverte que tanto o informante de Montaigne quanto os colaboradores de Thevet eram pessoas "simples e grosseiras" [Montaigne] que, vivendo muito tempo entre os índios, haviam aderido em grande parte aos seus costumes. Todos haviam constituído família com mulheres indígenas e suspeita-se que alguns tivessem "se tornado nativos" a ponto de praticarem o canibalismo. Não lhes convinha passar, para os viajantes, imagens por demais negativas que pudessem reverter na condenação de suas próprias vidas. O selvagem tinha de ser bom para que os marinheiros não fossem maus. Não será esta a última vez que informantes determinarão o rumo dos estudos antropológicos.

Thevet e Léry pretendem fornecer aos leitores um quadro exaustivo da vida dos índios e dos seus costumes. Os tupinambás não são apenas diferentes dos europeus. Eles tampouco se enquadram nas expectativas medievais que representavam a humanidade dos confins do mundo como monstruosa ou próxima da animalidade. Não são cobertos de pelos, não têm pés maiores do que o corpo nem feições de lobos. "Saem do ventre de sua mãe tão belos e bonitos quanto as crianças de nossa Europa" (THEVET, 1983: 55).

> Não são maiores, mais grossos ou mais pequenos de estrutura do que somos na Europa; não têm corpo monstruoso nem desmedido em comparação conosco; são porém mais fortes, mais robustos, mais fornidos, mais bem dispostos e menos sujeitos a moléstias, e quase não têm coxos, tortos, aleijados nem doentios (LÉRY, 1889: 180).

A comparação faz-se a favor do índio que, no que diz respeito ao corpo, é melhor em tudo.

No levantamento das diferenças, o índio é descrito em sua dimensão corporal, pois o que distingue o tupinambá, o que faz dele, inapelavelmente, o ser da natureza, é que esse corpo se revela em toda a evidência de sua nudez.

"Isso não é tolerável", Thevet fulmina (1983: 52). "Não lhes basta ficarem nus e pintarem o corpo de várias cores" (p. 66), ainda arrancam os pelos e furam o beiço. Colam penas no corpo, fazem enfeites de orelha com papo de tucano, e o efeito, diz Léry, é "deslumbrante" (1889: 185). Enquanto Thevet vitupera a falta de vergonha dos índios, Léry, não menos puritano, visto que calvinista, empenha-se constantemente em separar a nudez – estado por assim dizer objetivo dos índios – de suas possíveis implicações eróticas. Faz questão de responder "aos que pensam que a assistência entre os selvagens nus e principalmente entre as mulheres incita à lascívia e impudicícia [...] que essa nudez grosseira da mulher é muito menos atraente do que se pensa, como então geralmente observamos" (p. 193). Embora as mulheres selvagens, "em relação às feições, nada devam às outras damas em formosura" (p. 193), são menos perigosas, em "sua nudez usual", do que as francesas.

Apesar disso, reina a repressão sexual na França Antártica. Villegagnon, cioso de manter a separação entre selvagens e civilizados, "proibiu, sob pena de morte, que ninguém, que tivesse o título de cristão, habitasse com as mulheres dos selvagens" (LÉRY,

1889: 163). Como todo tabu, essa interdição, ao mesmo tempo em que discrimina, aponta para a possível junção, pois não é necessário proibir aquilo que não se deseja. Põe também em evidência a natureza ideológica da distinção: é o título de cristão que produz o corte. Em nível concreto, a nudez é o *marcador* dessa diferença. Remete ao próprio instante do pecado original e à revelação da consciência da culpa[4]. Por mais que se insista, os índios recusam as roupas. Usam-nas como enfeites quaisquer em suas farras: é claro que nada significam para eles (THEVET, 1983: 53). As escravas indígenas do forte Coligny, vestidas à força, castigadas com chicote, tiram a roupa assim mesmo, logo que podem (LÉRY, 1889: 190). O apego à nudez como que assinala a impossibilidade de situar o índio nas categorias disponíveis de humanidade. É, por assim dizer, um puro significante. Mostra um corpo em nada diferente do dos europeus. Mas o fato de exibi-lo, em sua simplicidade, evidencia o paradoxo: os índios são homens como nós, mas mostram isso de um modo que revela que não são como nós. O único meio que se oferece aos europeus para superar essa contradição é transformá-lo em objeto de estudo. Nasce a antropologia.

O referencial interpretativo, nesse início da Idade Moderna, ainda é fornecido pela religião. A descrição dos costumes indígenas será articulada por categorias oriundas da teologia. "Este trabalho", escreve Michel de Certeau (1982: 222),

> é, de fato, *uma hermenêutica do outro*. Transporta para o novo mundo o aparelho exegético cristão que, nascido de uma relação necessária com a alteridade judaica, foi aplicado, alternadamente, à tradição bíblica, à antiguidade grega ou latina, ou a muitas outras totalidades ainda estrangeiras [...]. A etnologia irá tornar-se uma forma de

---

[4] "Abriram-se, então, os olhos de ambos; e, percebendo que estavam nus, coseram folhas de figueira, e fizeram cintas para si" (Gn 3,7).

exegese que não deixou de fornecer ao Ocidente moderno com o que articular sua identidade numa relação com o passado ou o futuro, com o estranho ou com a natureza.

Situar os indígenas em relação ao plano do Gênesis constitui um desafio. Thevet afirma que eles não têm religião, mas têm crenças. Acreditam na imortalidade da alma, reverenciam um deus chamado Tupã e são perseguidos por uma espécie de diabo. Na multiplicidade de ritos e mitos, Thevet e seus informantes selecionam os elementos que poderão servir de ganchos para alguma catequese, "tão espiritual é aquela pobre gente" (1983: 78). Léry, por sua vez, julga que "na terra não existe nação alguma, que mais afastada vive de qualquer ideia religiosa" (1889: 274), mas assinala a crença na alma imortal e relata com detalhes os procedimentos mágicos dos pajés. Aproveita para jogar farpas em direção dos papistas que, nesse particular, não lhe parecem muito diferentes dos selvagens, inaugurando assim uma tradição que florescerá entre os viajantes ingleses dos séculos XVIII e XIX.

Mas o que realmente preocupa Léry é inserir os índios na ordem bíblica do mundo. "Parece que a opinião mais provável acerca de sua origem é que descendem de Cam, e eis a meu ver a conjetura mais verossímil que podemos formar" (p. 291). Os indígenas americanos estão colocados na mesma categoria que os negros africanos. O Terceiro Mundo já se está esboçando.

Se os amaldiçoados netos de Noé[5] estão fora da cristandade, a culpa é deles. Analisando os mitos indígenas referentes a antigos profetas, Léry passa em revista diversas hipóteses, até concluir que os índios já tiveram a oportunidade de serem evangelizados pelo após-

---

[5] "Despertando Noé do seu vinho, soube o que lhe fizera o filho mais moço, e disse: maldito seja Canaã (filho de Cam), seja servo a seus irmãos" (Gn 9,24-25). Como se vê, a simples referência a Cam já garantia a legitimidade da escravidão.

tolo dos gentios em pessoa. "Considero muito melhor fundamentada a passagem de São Paulo, constante do Sl 19, a saber: 'a sua voz percorreu toda a terra e suas palavras chegaram às extremidades do mundo' [...] e pergunto que incongruência haveria em crer que um ou muitos tenham estado em terras desses bárbaros?" (p. 287).

A exegese cristã, do mesmo modo que permite legitimar a pregação de São Paulo através do Antigo Testamento, oferece subsídios para que os mitos dos tupinambás sejam interpretados como sobrevivências degredadas da mensagem cristã. Observa-se que, nesse processo, os índios deixam de ser chamados de selvagens para serem classificados como *bárbaros*. A partir do momento em que é enquadrado no referencial cristão, o Bom Selvagem desaparece: "passa a ser reconhecido como um ser degredado, corrompido e decaído, que precisa do Ocidente para a sua salvação" (HURBON, 1988: 33). A *inversão* no espelho imaginário da França Antártica dá lugar à exigência da *conversão*.

Entre os colonizadores portugueses, Holanda (1985: 104-125) desmonta mecanismo semelhante. Os índios teriam sido evangelizados por São Tomé, vindo da Índia, mas esqueceram os seus ensinamentos. Tornaram-se *apóstatas*. No horizonte do Novo Mundo, perfilam-se os tribunais da Santa Inquisição. Impossibilitado de reconhecer a realidade do outro em sua singularidade, o Ocidente aniquila-a.

Mas o mito do Bom Selvagem conserva a sua utilidade. Na linha inaugurada por Montaigne, os pensadores europeus necessitam legitimar a crítica de sua própria sociedade pela comparação com as supostas virtudes das sociedades selvagens, e sabe-se o quanto o Iluminismo contribuiu para a manutenção do mito e até mesmo a sua expansão. O enfoque teológico será substituído pelo filosófico e, por fim, a *Société des Observateurs de l'Homme*, fundada em 1799, assumirá de vez a perspectiva do cientificismo.

Por serem religiosos[6], Thevet e Léry reduzem a estranheza à herança da apostasia ou da maldição. Por serem modernos, contudo, mantêm o interesse pelas singularidades dessa humanidade desconhecida. Sob esse aspecto, ambas as narrativas expressam uma constante negociação entre a exigência teológica da condenação e o deslumbramento da descoberta. Uma das ilustrações mais curiosas dessa ambivalência é fornecida pelo tratamento dado ao problema do canibalismo.

Aceita por muito tempo como realidade factual, a antropofagia foi recentemente objeto de acirrado debate. Vários autores mostraram que, na maioria das vezes, os relatos referentes à prática do canibalismo fundamentavam-se em depoimentos de informantes que descreviam o que tinham ouvido contar a respeito dos costumes repugnantes de sociedades inimigas ou afastadas. Tal como a feitiçaria, o canibalismo hoje tomou feições de categoria de acusação e, sem chegar ao extremo de negar terminantemente a sua ocorrência, podemos supor que foi muito menos praticado do que se afirmava antigamente.

No caso dos tupinambás, não há por que duvidar dos relatos de Thevet e Léry. Se os informantes do primeiro não puderam silenciar a respeito, é porque, provavelmente, o fato era por demais reconhecido por todos. Nem Thevet nem Léry, contudo, parecem ter presenciado essa situação, ao contrário de Hans Staden (1974), que praticamente só fala nisso. Com os nossos viajantes, o tema recebe um tratamento assaz peculiar. Thevet, sobretudo, entrega-se a interessante exemplo de rearrumação dos dados: é verdade que os

---

[6] Enquanto Thevet já era franciscano na época de sua viagem ao Brasil e, na volta, seguiria brilhante carreira, sendo nomeado capelão da Rainha Catarina de Médici em 1558, Léry, simples sapateiro em 1557, seria nomeado ministro da religião reformada em 1560. Era, portanto, religioso quando redigiu o seu relato, por volta de 1575.

tupinambás costumam comer os seus inimigos. Mas será que vale a pena chamá-los de canibais por esse simples motivo?

Canibais, ensina doutamente Thevet, são aqueles que "*só vivem de carne humana*" (1983: 134 – grifos meus). É o caso dos Goitacás, "comedores de carne humana como cães e lobos, e possuidores de linguagem não entendida pelos vizinhos" (p. 146). A crueldade se acompanha de incompreensibilidade. Na verdade, Thevet adverte que o problema essencial está na significação. Língua ou costumes, tudo é código.

Todos os grupos indígenas que moram do cabo Santo Agostinho para cima fazem parte da mesma categoria subumana. "Esta canalha come regularmente carne humana, como nós comemos carneiros, e disso eles tiram o maior prazer. E vocês podem ter certeza que é muito difícil arrancar-lhes um homem das mãos, pela vontade que eles têm de comê-lo, como se fossem leões vorazes" (p. 156). São tão ferozes que nenhuma nação consegue deles se aproximar. No entanto, detalhe que lá tem a sua importância, espanhóis e portugueses os costumam frequentar. "Só Deus sabe qual o tratamento que eles recebem, pois eles *jantam juntos*", acrescenta Thevet (p. 157 – grifos meus), com boa dose de perversidade.

"*Qui se ressemble s'assemble*", diz um provérbio francês presente nas entrelinhas da insinuação de Thevet. Para frequentarem os canibais tão de perto, e até compartilhar as suas refeições, espanhóis e portugueses boa gente não são. É claro que os nossos tupinambás, com quem os franceses convivem tão bem – e particularmente os normandos –, "estão longe da ferocidade daquela canalha" (p. 157). Logo, canibais são os outros.

O cosmógrafo do rei desenha uma geografia própria. Para Thevet, a América compõe-se basicamente de três regiões: o Peru, o país dos canibais – que começa pelos lados do Rio Paraíba e se estende ao norte, até incluir o Caribe – e, é óbvio, a França Antártica. À medida que o conhecimento se faz mais objetivo, recuam as fronteiras do imaginário. O país dos canibais é cheio de ouro e pedras preciosas. Lugar de todas as fantasias, nele se misturam riqueza e terror.

Ainda que os tupinambás sejam "maravilhosamente vingativos" e cruéis com os inimigos, demonstram possuir qualidades morais. São leais com os amigos, hospitaleiros, prezam as pessoas generosas e são até capazes de "caridade natural" (LÉRY, 1889: 310). No cômputo geral, apesar de todas as reduções, ganha o Bom Selvagem.

Sentido e paixão: as metamorfoses de Jean de Léry

A descrição dos selvagens, como já observamos, toma feições diferentes em Léry e Thevet. O relato deste último apresenta-se bem mais distanciado – objetivo em seu relativo anonimato – do que o de Léry que, frequentemente, se confessa seduzido. Só como exemplo, basta comparar o que um e outro dizem a respeito da música indígena. Thevet assinala que "cantam à sua moda, o que é muito bom de ouvir" (1983: 85), enquanto Léry se põe em cena: "pela cadência e pelo refrão da balada [...] fiquei inteiramente encantado; quando disso me recordo, palpita-me o coração, e parece-me ainda estar ouvindo tudo" (1889: 282). A narrativa de Léry tem especial sabor: não retrata apenas a vida dos tupinambás; fala também dos sentimentos do observador. Em nível teológico, o esforço para enquadrar os índios nas categorias bíblicas termina por degradá-los em bárbaros. Mas os encantos da convivência levam a um esboço de fraternidade. A preocupação moderna de observação científica oferece outro nível de resgate. A escrita de Léry

> transforma discretamente as categorias cristãs que lhe servem de linguagem. A eleição eclesial se transforma num privilégio ocidental; a revelação original, numa

preocupação científica de contar a verdade das coisas; a evangelização, num empreendimento de expansão e de retorno a si (CERTEAU, 1982: 218).

Na tensão entre objetividade e encantamento, Léry já vivencia as ambiguidades da situação do observador participante de campo, e produz um texto poético em que as metáforas tentam costurar o hiato entre identidade e estranheza.

"A metáfora", escrevia Giambattista Vico (1979: 89), "tanto mais louvada se faz quanto às coisas insensatas ela dá sentido e paixão". No esforço de recuperar a significação das coisas estranhas que presencia – e dos sentimentos não menos ambíguos que experimenta –, Léry não só contribui para a elaboração da fábula do Bom Selvagem, como, ele próprio, acaba aderindo ao processo de metamorfose que a América lhe oferece.

Ao longo de suas páginas, desenha-se um mundo absurdo e familiar, cotidiano e impensável, que não se limita às curiosidades da França Antártica, mas, pelo empenho do autor em tornar o real visível pela mediação do imaginário, remete mais uma vez às fantasias presentes no inconsciente europeu. A esse propósito, poder-se-ia perguntar com Foucault (1966: 7): "O que é impossível de ser pensado, e de que impossibilidade se trata?" Onde está o absurdo, a não ser no pensamento do homem ocidental, dedicado a tudo encaixar em categorias lógicas, à moda de Aristóteles, e que, à multiplicidade das imagens, opõe o império da razão unificadora? A França Antártica, mundo às avessas, propõe um espelho multifacetado. Na tentativa de reconstituir uma imagem unitária, Léry faz de sua narrativa um verdadeiro tratado de zoologia fantástica, *viagem* no fim da qual acaba sucumbindo à vertigem da metamorfose.

Bom exemplo da impossibilidade de aplicar padrões racionais para descrever o indescritível é fornecido pelo que poderíamos chamar de "retrato falado" do tapir ou anta: animal "mais comum" dessa terra do Brasil,

> tem o pelo avermelhado e assaz comprido; tem quase a dimensão, grossura e formato de uma vaca, todavia não tem chifres; tem o pescoço mais curto, as orelhas são mais longas e pendentes, as pernas mais finas e delgadas, e o pé inteiriço com a forma do casco de um asno; e pode-se dizer que, participando de uma e outra alimária, é semivaca, semiasno. Todavia, difere ainda inteiramente de ambos, quer na cauda, que é mui curta (e notai aqui que na América acham-se muitas alimárias absolutamente descaudatas), quer nos dentes, que são muito mais cortantes e agudos; entretanto não é animal perigoso, por isso que só tem resistência na fuga (1889: 206).

Ao utilizar padrões comuns de comparação para descrever algo incomum, Léry cria um bicho altamente improvável. Partira, no entanto, de um animal bem comum, a vaca. A anta tem *quase* o mesmo volume, a mesma grossura e forma. *Todavia*, essa quase vaca não tem chifres, seu pescoço é mais curto, suas orelhas são mais longas, suas pernas, mais finas, e seu pé, então, nada tem a ver com a vaca. Mantém-se uma "ideia" de vaca, mas sem um dos seus atributos essenciais, os chifres, e com diferenças constantes, sempre para mais. Para caracterizar-lhe os cascos, Léry introduz o asno também. A anta é uma quase vaca com pés de asno.

Mas o viajante preocupa-se com a precisão da descrição. A solução "semivaca, semiasno" não pode ser tomada como definitiva, já que a anta, ao contrário do asno e da vaca, não tem rabo, seguindo nisso o padrão americano. Em compensação, possui dentes afiados e pontudos, o que não é o caso da vaca nem do asno. A descrição por acréscimo e exclusão prossegue.

O último retoque no retrato aumenta a estranheza do leitor. Apesar dos dentes "cortantes e agudos", a anta é bicho manso, não ataca, e sua única defesa está na fuga. Donde se conclui que, para Léry e seus leitores, dentes afiados são feitos para agredir.

Esse retrato, construído a partir de afirmações seguidas de negações, que imagem terá evocado nas mentes dos contemporâneos de Léry? Aos nossos olhos, o bicho assim descrito seguramente *não é* uma anta.

Ora, diz Léry, vaca não é e burro menos ainda. Ele próprio não parece satisfeito com sua descrição, por demais precária, mas, logo adiante, cansado talvez de tantas idas e voltas, resolve assumir de vez: "o asno-vaca, de que acabamos de falar..." (p. 208).

Foi-lhe impossível encaixar a anta numa das categorias disponíveis nas taxionomias europeias. Mas esse exercício de põe-e-tira acaba diluindo a própria realidade do objeto. Essa semivaca sem chifres, que difere em quase tudo da vaca, além de ter pés de asno mas nada mais de asno, lembra por demais a célebre definição de Lichtemberg que tanto encantou os surrealistas franceses: *"un couteau sans lame auquel manque le manche"* ("uma faca sem lâmina e da qual falta o cabo", André Breton, 1972: 55).

É a subversão surrealista do objeto, o significante vazio, a estrutura ausente. No afã de inserir a anta no esquema de significações de sua própria cultura, Jean de Léry a transforma em "coisa insensata". Esse processo de aniquilação consagra a falência da língua. A cada tentativa de explicação, o mundo se torna cada vez mais incompreensível. A alteridade reina absoluta.

O procedimento utilizado por Léry fundamenta-se na retaliação do objeto. Partes do animal desconhecido são isoladas e substituídas por partes de animais conhecidos que, em seguida, são justapostas, de qualquer maneira. "Para descrever um animal incomum, é preciso desmontá-lo, peça por peça, e relacionar cada uma dessas peças com um ser já conhecido. Para o leitor, tal método produz necessariamente um monstro compósito" (LASCAULT, 1973: 220). É o excesso de razão que gera os monstros.

A nosso ver, o desmembramento necessário à conceituação de animais incomuns remete ao tema, não tão metafórico, do canibalismo. As gravuras que ilustram os relatos dos nossos viajantes multiplicam as cenas de esquartejamento. No espelho do Outro, o Ocidente só vê monstros. Será que não recria o Novo Mundo à sua imagem e semelhança? A aniquilação das populações indígenas parece depor a favor dessa hipótese.

O que Léry vê no espelho, porém, o atrai e seduz. Longe de afirmar a hegemonia do pensamento classificatório e linear, entrega-se à metáfora. Não lhe bastou transformar o pacato tapir em bicho fantástico. No jogo de reinterpretação do mundo, torna-se, ele próprio, sujeito/objeto de metamorfose.

Informado de que os índios queriam saber o seu nome e convicto de que eles não teriam como pronunciá-lo, resolve aderir ao costume da terra: "Era preciso sujeitar-me a nomear alguma coisa, que eles conhecessem, e vindo a propósito que meu sobrenome *Leri* significasse ostra na língua dos selvagens, [...] eu lhes disse que chamava-me *Leri ussu*, isto é, ostra grande" (1889: 304).

O ciclo está fechado. A dupla tradução completou-se. Não é mais o viajante francês que tenta explicar a língua e as peculiaridades da terra do Brasil para o leitor europeu. É o europeu que, por assim dizer, traduz-se na língua do outro, por um trocadilho que não deixa de atender aos costumes da terra, pois Thevet já havia assinalado que os tupinambás costumavam "tomar seus apelidos de feras, pássaros, peixes e plantas" (1953: 54).

Os índios souberam apreciar a iniciativa de Léry: "Com isto se mostraram muito satisfeitos e [...] começaram a rir, e diziam: – Na verdade eis um bonito nome, e ainda não tínhamos visto *Mair*, isto é, Francês, que assim se chamasse" (1889: 304). Assumindo a metamorfose, Léry consegue operar a impossível síntese: junta Novo e Velho Mundo, a Modernidade com a Antiguidade grega, o francês com o tupi, a estranheza dos índios com a sua própria.

Circe transformava os homens em porcos para escravizá-los. Ao virar "ostra grande", Léry liberta-se do estereótipo de francês e, se isso não for levar muito longe a análise da metáfora, seria possível dizer que alcança um grau de comestibilidade que o situa muito acima do canibalismo ordinário. Isso não parece ter escapado aos índios, cuja inclinação "galhofeira" já havia sido assinalada pelo nosso autor. Ao lado do mito e da metáfora, o humor também permite lidar com paradoxos. A brincadeira transfere a transformação do real impossível para o registro do faz de conta, ao mesmo tempo em que assegura que tudo isso não passa de um jogo. Atende, deste modo, a ambas as exigências, da razão e da desrazão, da realidade e do imaginário.

A linguagem assim recupera a sua função simbólica. A aproximação da cultura alheia dá-se pela mediação dialógica. Ao assumir a denominação tupi de *Leri ussu*, Jean de Léry torna-se um ser tão fantástico quanto aqueles que povoam a América. A compreensão do outro não passa pelo encaixe forçado em categorias *a priori*, mas sim pelo reconhecimento da infinita riqueza dos mundos possíveis. A metáfora da ostra grande não aniquila o *mair* Léry; acrescenta-lhe uma dimensão lúdica que abre o caminho da comunicação. Não por acaso, o nosso autor é o primeiro viajante que se preocupa em acrescentar ao seu relato um pequeno dicionário da língua dos tupinambás, com uma amostra relativamente extensa de diálogo.

Enquanto os primeiros viajantes insistiam em dar uma descrição dos indígenas fundamentada na *diferença* em relação ao homem europeu, diferença essa que geralmente era interpretada em termos de privação e cuja representação gráfica expressava-se no modo do simulacro, Jean de Léry, ao introduzir a dimensão da subjetividade no seu relato, parece inaugurar o tema da *alteridade*. Quando passa a nomear-se à moda dos tupinambás, oferece-se à interpretação *pelos* indígenas. Assume que ele é tão estranho para o índio quanto o índio o é para ele. Deste modo, estabelece uma simetria, que funciona como condição de produção de um discurso não reducionista.

É o mesmo Léry, porém, que se apoia no referencial bíblico para rebaixar o índio de selvagem a bárbaro. Entre sentido e paixão, a ambivalência que o domina reflete-se no desdobramento da imagem do indígena: objeto do discurso erudito, mas também sujeito implícito de uma enunciação. Vinte anos depois da viagem, a sedução desfez-se em saudade, e a metamorfose de *Leri ussu* é um caso engraçado, que seguramente divertirá os leitores mais indulgentes. A fábula, contudo, fornecerá os alicerces de novas investigações. "O selvagem se torna a palavra insensata que encanta o discurso ocidental, mas que, por causa *disto* mesmo, faz escrever indefinidamente a ciência produtora de sentido e de objetos. O *lugar do outro* que ele representa é, pois, duplamente 'fábula': a título de um corte metafórico e a título de um objeto a compreender" (CERTEAU, 1982: 235 – grifos do autor). A antropologia se construirá como a ciência nascida desta fábula.

Mas viajantes e pesquisadores, por muito tempo ainda, continuarão buscando, nessa terra imaginária, o seu reflexo perdido no espelho do Outro...

6
Samba e encantamento: a apoteose de Pierre Verger*

Estamos no Rio de Janeiro, na noite de 23 a 24 de fevereiro de 1998. Encerra-se o desfile das escolas de samba do Grupo Especial. O Grêmio Recreativo Escola de Samba União da Ilha do Governador vai apresentar o enredo *Fatumbi, Ilha de Todos os Santos*. Para os estudiosos das religiões afro-brasileiras, esse título é bem explícito. "Fatumbi" só pode designar o fotógrafo e etnógrafo Pierre Verger que, ao concluir o processo ritual que dele fizera um sacerdote de Ifá, orixá do oráculo, no Benin, recebera esse nome, que significa "renascido em Ifá". A partir da publicação, no Brasil, de *Orixás, Deuses da África e do Novo Mundo*, Verger (1981) assumiu oficialmente o seu nome-de-santo, e passou a assinar seus textos referentes à religião dos orixás como 'Pierre Fatumbi Verger'.

Mas o título do enredo apresentado pela União da Ilha, além de nos levar do Brasil para a África, desliza sutilmente da carioca Ilha do Governador para a Bahia de Todos os Santos onde, como todos sabem, os orixás trazidos na diáspora encontraram um pouso privilegiado. Trata-se, portanto, de pôr em cena a história das relações entre um antropólogo francês, falecido em 1996, e os deuses cujos mitos e ritos ele havia fixado nos seus escritos e nas suas fotografias.

---

* Tradução do artigo "L'apothéose de Pierre Verger, ou como Pierre Fatumbi Ojú Obá entra au paradis d'Oxalá par la grâce d'une école de samba". *Bastidiana*, 25-26, jan.-jun./1999, p. 207-217.

É antiga a tradição de buscar, na vida de figuras ilustres, fonte de inspiração para o desfile das escolas de samba. Em 1938, a Azul e Branco do Morro do Salgueiro desfila com um samba-enredo de Antenor Gargalhada, intitulado *Asas para o Brasil*, que exalta, de modo bastante lacônico, os feitos de Santos Dumont:

> Tenho orgulho desta terra
>
> Berço de Santos Dumont.
>
> Nasceu e criou,
>
> Viveu e morreu,
>
> Santos Dumont,
>
> Pai da Aviação

À medida que as escolas de samba se desenvolvem, que o desfile se torna parte das comemorações oficiais do carnaval carioca e que, por conseguinte, os poderes públicos tomam as rédeas, criam concursos e nomeiam jurados para premiar os melhores, os sambas ficam bem mais compridos, as apresentações ganham maior luxo, e os enredos buscam referências que garantirão o entusiasmo do público e a adesão dos jurados. Esse processo começa com o primeiro concurso, organizado em 1932 pelo jornal *O Mundo Sportivo* e, até hoje, permite chegar à conclusão que, longe de ser uma manifestação espontânea dos moradores dos morros e dos subúrbios, a realização do desfile obedece a regras ditadas pelos poderes públicos – que alocam verbas hoje milionárias para a festa –, pelas elites intelectuais oriundas da classe média – que fornecem os jurados e, por conseguinte, influenciam a estética dos desfiles, já que os prêmios que atribuem reforçam ou condenam o estilo de cada apresentação –, e as comunidades – que procuram agradar aos diversos donos do poder (inclusive, o paralelo) ao mesmo tempo em que querem salvaguardar o seu próprio modo de expressão e, também, a sua sobrevivência.

É claro que as transformações do desfile acompanham a evolução da sociedade brasileira como um todo. Contemporâneas do Estado Novo, as primeiras escolas de samba escolhiam como temas episódios celebrados pela história oficial ou a vida de pessoas ilustres[1]. Mas a vertente patriótica ainda se exacerbou no fim da década de 1940, quando a prefeitura do então Distrito Federal, alinhada com o governo Dutra que acabara de decretar a ilegalidade do Partido Comunista, assim formulou o artigo 6 do regulamento do desfile: "Há inteira conveniência na maior divulgação dos enredos, ficando os concorrentes com inteira liberdade para distribuição aos jornais e ainda apresentação dos mesmos, *cujo motivo é obrigatório obedeça a finalidade nacionalista*" (SILVA & OLIVEIRA FILHO, 1981: 73 – grifo meu). Durante a sua breve existência legal (1945-1947), o Partido Comunista havia ganhado forte adesão entre as escolas de samba, culminando no famoso desfile de 15 de novembro de 1946, em que praticamente todos os compositores haviam escolhido como tema a exaltação ao "Cavaleiro da Esperança". Decerto se tornara urgente, para os poderes constituídos do Distrito Federal, retomar em suas mãos a "domesticação da massa urbana", conforme a feliz fórmula de Maria Isaura Pereira de Queiroz (1984). E a exigência do enredo nacionalista foi obedecida sem falhas, até o início dos anos 70.

Vive-se, então, sob novo regime ditatorial, o do movimento de 1964. Curiosamente, porém, como a análise do conteúdo dos sambas das escolas vencedoras naqueles anos revelou[2], os temas patrióticos

---

[1] Ainda que, ao contrário do que muitas vezes se afirma, a exigência de temas nacionais *não fosse* determinada pela ditadura getulista, mas sim expressasse o nacionalismo ambiente (cf. AUGRAS, 1998).

[2] O projeto de pesquisa intitulado *Medalhas e brasões*, que desenvolvi no CPDOC da Fundação Getúlio Vargas em 1991-1992, com a colaboração da então acadêmica de história Juliana Beatriz Almeida de Souza, consistiu no levantamento do regulamento do desfile oficial de 1932 até 1975, e na análise do conteúdo dos sambas-enredo das escolas vencedoras, de 1948 a 1975 (cf. AUGRAS, 1998).

vão paulatinamente desaparecendo durante esse período, sendo substituídos por uma nova tendência, em consequência talvez do império da censura, que se poderia chamar de *fuga no imaginário*. Só se fala em sonhos, delírios, seres fantásticos de toda espécie. Essa fantasmagoria acompanha-se de um esbanjamento barroco de efeitos visuais. Um luxo inaudito toma conta do desfile, com o aparecimento do genial Joãosinho Trinta.

Nos dias de hoje, o carnavalesco se tornou personagem de maior importância. É ele quem escolhe o tema, redige a sinopse, desenha as fantasias, delineia o esboço dos carros alegóricos e, muitas vezes, tem forte influência na escolha do samba-enredo, a tal ponto que há quem denuncie a "ditadura do carnavalesco" (RODRIGUES, 1984). Essa importância tem o seu revés: se a escola perder, a culpa será dele. Se ela ganhar, uma escola rival fará de tudo para contratá-lo. E a chamada "roda dos carnavalescos" prossegue...

A presença do carnavalesco põe em evidência o peso da classe média intelectualizada na feitura do "maior espetáculo da terra". Haroldo Costa, em seu livro sobre o Salgueiro, relata como o pessoal do morro reagiu frente à estética proposta por Fernando Pamplona, cenógrafo do Teatro Municipal, interessado em desenvolver "temas marginais da história do Brasil" e, particularmente, enredos ligados à cultura negra. Em 1960, o enredo focalizava o *Quilombo dos Palmares*, e a equipe de Pamplona se esmerou em elaborar os trajes das principais nações africanas. Mas, "ninguém queria sair de 'negro'. Se não tivesse chapéu emplumado, capa de cetim com bordado de arminho, roupa de dama antiga com peruca de Maria Antonieta, camisa de seda pura, terno de panamá ou linho S-120, ou sapato de verniz, não servia. Pé no chão e túnica de algodãozinho pintada com desenhos africanos, nem pensar" (COSTA, 1984: 93). Bastava ser vestido de pobre o ano todo! O carnaval era a única oportunidade de se transfigurar por meio de fantasias luxuosas. "Bom gosto" e fidelidade histórica eram o que menos interessava. Mas, aos poucos, as referências eruditas foram ganhando espaço e, talvez, o grande sucesso de Joãosinho Trinta tenha sido a capacidade de combinar tais referências – que granjeavam o apoio dos jurados – com a exigência de luxo desvairado e brilhos mil. E até hoje esse modelo permanece hegemônico.

Frente às críticas que pontuam a valorização do espetáculo visual, em detrimento, talvez, da dança propriamente dita – afinal, samba se diz no pé –, Maria Laura Cavalcanti (1994), que dedicou sua tese de doutoramento em antropologia à pesquisa junto à Mocidade Independente de Padre Miguel, pondera que existe todo um sistema de tensões entre dança e espetáculo, entre representações eruditas e populares, dentro do qual o desfile, e até a escola de samba, se estruturam e se transformam. A classe média, de onde provêm jurados[3] e carnavalescos, fornece os temas e os critérios estéticos. Cabe ao pessoal do samba tirar parte disso e transformar as imposições em criações originais.

O predomínio do carnavalesco permite entender como Pierre Verger, desconhecido da parte da população que não frequenta os terreiros nagôs nem os institutos de antropologia, pôde ser o tema do desfile de uma das escolas do Grupo Especial, na cidade do Rio de Janeiro, onde ele mesmo, aliás, raras vezes pôs os pés. Até onde é possível saber, parece ser a primeira vez que um antropólogo estrangeiro recebeu esse tipo de homenagem.

---

[3] Basta observar que, há muito tempo, o corpo de jurados recebe aulas sobre o significado dos quesitos que deverão julgar, fato que, por si, já denuncia que eles não fazem parte do mundo do samba. Na ocasião da abertura dos envelopes com as avaliações, o comentarista costuma fornecer um breve *curriculum vitae* de cada um. Em fevereiro de 1998, eram *45* ao todo, com formação universitária em sua grande maioria. Geralmente, o fato de não pertencer ao mundo do samba é apresentado como garantia de neutralidade. Em compensação, permite que avaliações "inaceitáveis" sejam atribuídas à incompetência, categoria de acusação frequentemente utilizada.

Fatumbi, Ilha de Todos os Santos

O desfile na "passarela do samba" obedece, como se sabe, a regras precisas, que não interessa aqui detalhar. Basta lembrar que, alguns dias antes, o carnavalesco distribui para a mídia um resumo do tema escolhido e do modo como vai ser encenado pela escola. Sem dúvida, a leitura desse resumo é bem útil para entender do que se trata, pois quando a escola entra na avenida surge um turbilhão de cores e de ritmos, cujo impacto torna impossível qualquer percepção analítica. Só se pode sentir a emoção daquele espetáculo inesquecível.

É no resumo distribuído pelo carnavalesco Milton Cunha que vou agora me apoiar para esboçar uma análise da homenagem a Pierre Verger[4]. Assim como na letra do samba-enredo.

A comissão de frente veste branco, cor de Oxalá, e alude a Ifá, deus do oráculo, em nome de quem Verger foi iniciado. O enredo remete imediatamente ao campo das religiões afro[5].

O primeiro carro alegórico visa representar um navio negreiro. Mas não há nele nada que seja trágico. De fato, tem o formato de uma nau. Encarapitados nele, os destaques ostentam plumas coloridas, e sugerem presenças encantadas de uma África mítica. A figura principal é um conhecido ator e autor, louro e musculoso, que "representa o fotógrafo Pierre Verger". Desde o início do desfile, entramos no registro do imaginário. Não parece tratar-se da pessoa real, mas sim de um personagem legendário.

---

[4] Material publicado no *Jornal do Brasil*, "Revista de Domingo", 22/02/98, p. 22.
[5] Embora se acredite geralmente que os mitos africanos e afro-brasileiros sempre constituíram um aspecto tradicional dos sambas-enredo, a nossa pesquisa mostrou que somente se impuseram no decorrer dos anos 70, a partir da apresentação, pelo inevitável Joãosinho Trinta, de um desfile inspirado na leitura do livro de Juana Elbein dos Santos (1976): *Os nàgô e a morte*.

Logo atrás, vêm as baianas, formação indispensável da escola de samba, que agrupa as senhoras mais antigas, guardiãs da tradição. Suas fantasias "representam os oráculos negros". A Grande África imaginária comanda o desfile. E, nesse ponto, o enredo se mostra fiel ao legado de Verger que, em toda a sua obra, afirmou a presença da África no Brasil. O navio negreiro – referência implícita à sua tese sobre *Fluxo e refluxo do tráfico de escravos entre o Golfo do Benin e a Bahia de Todos os Santos* (VERGER, 1987) – está na origem da chegada dos cultos africanos no Brasil. Remete ao simbolismo da *passagem*, necessário em um enredo que fala das viagens de Verger, mas, sobretudo, como veremos adiante, desenvolve a temática da *iniciação*.

O grande feito de Verger não parece ter sido apenas a sua obra fotográfica e etnográfica. Importa mais a sua *conversão*, agora apresentada como realização de um destino estipulado pelos deuses:

> Vem brilhar, um dom divino
>
> Na regência de Ifá, nasce o filho do destino
>
> O navio é negreiro ôôô
>
> E na vinda vêm os orixás
>
> Pra surgir nossos terreiros
>
> (samba de Márcio André, Almir da Ilha e Maurício "100").

A segunda etapa do desfile é intitulada *Da França para a África* e "representa a origem de Pierre Verger, nascido em Paris e que, aos 30 anos, saiu pelo mundo. Conheceu a África e lá se tornou o babalaô Fatumbi". O carro alegórico, povoado por bailarinos da Companhia de Deborah Colker, apresenta um busto colossal de Verger.

A sua obra é simbolizada por uma ponte – tão alta que custou a passar debaixo dos fios elétricos – mostrando "a união que Verger percebeu entre a África e o Brasil, através dos ritos do Candomblé".

É, diz Milton Cunha, "a Ponte Fatumbi sobre o Atlântico". Volta o tema da passagem, estreitamente ligado aos ritos iniciáticos.

Verger sempre foi muito reservado a respeito de sua vida religiosa, mas, em sua correspondência com Alfred Métraux, grande especialista do vodu haitiano e amigo de longa data, revela que sua iniciação como babalaô assumiu uma profunda significação existencial:

> Entrei na floresta dos meus mestres como o babalaô Pierre Verger, e de lá saí com o nome de Fatumbi (Ifá me fez renascer).
>
> Cordialmente,
>
> Fatumbi (o *finado* Pierre Verger) (MÉTRAUX & VERGER, 1994: 179 – grifo meu).

O rito de passagem da iniciação toma claramente a dimensão de morte simbólica. Desde "a manhã do dia 28 de março de 1953, por volta das 10 horas" (p. 177), Verger tornou-se outro. Doravante será o zelador do deus do destino.

> Na cultura ioruba nagô ô ô
>
> Se entrega por inteiro
>
> E se sagrou babalaô
>
> Homem branco feiticeiro

A letra do samba sublinha o paradoxo: enquanto se costuma falar em feiticeiro negro, aqui se trata de um homem branco que, pela total rendição à vontade dos deuses, se transforma numa ponte entre presente, passado e futuro – função do oráculo – que une também as duas margens do Atlântico, e opera uma síntese entre duas culturas, aliás, três: a francesa, a iorubá e a brasileira.

Interessante é observar que a ordem cronológica seguida pelo desfile não corresponde à sequência histórica, já que deixa supor que Verger primeiro descobriu a África, e aportou no Brasil em seguida, para reencontrar os ritos nagôs. Ora, como sabemos, o seu itinerário foi exatamente inverso.

Em suas notas autobiográficas, Verger relata que chegou ao Brasil em abril de 1946, depois de percorrer o México, o Peru e a Bolívia.

> Passei o dia em São Paulo onde encontrei Roger Bastide. Falou-me com bastante calor de sua recente viagem à Bahia e deu-me alguns nomes de pessoas para saudar de sua parte. Foi ele o primeiro a assinalar-me a importância da influência africana na Bahia, da qual eu havia entretanto tido algumas noções ao ler uma tradução francesa do romance *Jubiabá*, de Jorge Amado (VERGER, 1982: 239).

Ainda levou dois anos para ir à África, graças a uma bolsa de pesquisa alocada pelo Instituto Francês de África Negra (Ifan). Já era assíduo frequentador dos terreiros da Bahia e do Recife, e acabara de se tornar filho de santo de Mãe Senhora, que iniciara Roger Bastide, Jorge Amado, Carybé, e tantos outros intelectuais.

> Algumas semanas antes desta partida [...] fomos recebidos afavelmente por Maria Bibiana do Espírito Santo, a mãe de santo mais conhecida pelo nome de Senhora. Ela mostrou-se interessada quando lhe disse que iria partir para passar um ano na África, fazendo peregrinação nas fontes da religião que ela praticava. Ela bondosamente se propôs a colocar-me sob a proteção dos orixás que eu ia visitar proximamente. Quatro dias mais tarde, iria passar a noite no terreiro do Opô Afonjá, onde ela consagrou minha cabeça a um Xangô, deus do trovão, e entregou-me um colar de contas vermelhas e brancas, suas cores simbólicas. Através daquela cerimônia, eu me tinha tornado um dos filhos espirituais daquela grande mãe de santo. Ela marcava minha inclusão no mundo do Candomblé; dele fazia parte daquele dia em diante e poderia falar na África em seu nome" (p. 241).

Milton Cunha leu atentamente essa autobiografia:

> E com Jubiabá na memória
> Muda sua trajetória – vem-se embora
> E da Bahia faz seu canto
> Se torna filho de santo de mãe Senhora
> E sua obra no Candomblé
> Mostra a força do nosso axé

Logo, ele sabe muito bem que Verger foi da Bahia para a África. Por que a inversão? Mais uma vez, o poder do mito parece modificar o sentido da história. Atribuir a descoberta do Candomblé ao conhecimento prévio da África reforça, por assim dizer, a ideia de que lá estão a *fons et origo* dos cultos brasileiros. Na perspectiva mítica, pouco importa que Verger tenha ido da Bahia para o Daomé, ou o contrário. Importa a ponte que ele construiu quando se submeteu aos ritos iniciáticos, cá e lá. E a ponte Fatumbi obviamente permite a passagem em ambas as direções...

De fato, Verger desempenhou um papel constante de mensageiro entre os reis das cidades iorubás do Benin e da Nigéria, e mãe Senhora. Intermediou a concessão de dignidades sacras, nos dois lados do Atlântico. Mestre Didi, filho e herdeiro de Bibiana, relata vários episódios dessa natureza.

> Em agosto de 1952, chegou da África Pierre Verger, trazendo um xeré (chocalho do culto de Xangô) e um Edun Ará Xangô (pedra de raio), que lhe foram confiados na Nigéria por Onã Mogbá (ministro), por ordem do Obá (rei) Adeniran Ayademi, Alafin Oió (governante da cidade de Oió), para serem entregues a Maria Bibiana do Espírito Santo, Senhora, acompanhados de uma carta dando a ela o título de Iyanassô (encarregada do culto de Xangô) (SANTOS, 1988: 18).

No terreiro, a proclamação desse título foi ocasião de grandes festejos e, um pouco mais tarde, Verger iria receber, das mãos de mãe Senhora, um título que faria dele a "testemunha de Xangô", isto é, "Ojú Obá" (os olhos do rei). Como bem lembra o samba da União da Ilha:

> Vem vê, vem vê a bateria arrepiar
>
> Xirê, Sapucaí vai tremer
>
> Pra Fatumbi Ojuobá

A evolução do desfile, como vemos, prossegue no sentido da celebração dos aspectos religiosos, com termos cada vez mais próximos da linguagem litúrgica, em que se acumulam palavras iorubanas: xirê (festa), Fatumbi, Ojuobá... aqui se trata de evocar a vida de um ilustre dignitário dos candomblés da Bahia, ilustrada por um carro alegórico inspirado nas imagens de orixás esculpidas por Carybé. As pesquisas etnográficas são deixadas de lado, ao contrário dos trabalhos fotográficos:

> Negro chora, negro ri
>
> Amor, amor
>
> Negro é raça, negro é grito
>
> Negro é tão bonito
>
> Fatumbi fotografou

A paixão pela fotografia pode muito bem corresponder à missão recebida junto com o cargo de Ojú Obá: tudo olhar, registrar tudo, de tudo dar testemunho. O carro alegórico intitulado *A obra fotográfica* "chama a atenção para o legado de Verger: mais de 60 mil negativos e mais de 40 livros publicados". Esses números, bastante inflacionados, servem para sublinhar a dimensão fabulosa da obra de Verger.

O último carro, *Luz de Oxalá*, "representa o reconhecimento das pesquisas feitas por Verger, que lhe renderam o título de doutor pela Sorbonne. Mas também comemora a sua morte, já que, na tradição africana, a morte é motivo de festa. Fatumbi, como um sábio iluminado, encontra Oxalá". Esse carro, todo em prata azulada, cor dos paramentos de Oxalá, pai da criação, símbolo de totalidade, é encimado por um novo busto de Verger. Fecha o desfile, junto com os componentes do afoxé filhos de Gandhi, vestidos de azul e branco. Deste modo, encerra-se a homenagem a Pierre Verger,

> Iluminado pela paz de Oxalá
>
> É luz que brilha com seu encanto
>
> É ilha de todos os santos

Em sua apresentação do último livro de Verger (1995), Jorge Amado comentava: "Ainda há poucos dias alguém me perguntou, muito a sério, se Pierre Verger realmente existia ou se era mais uma invenção baiana. Quem sabe?" e acrescentava que isso talvez fosse uma "tentativa de explicar o sincretismo de nossa cultura, de repente representado não mais por uma divindade e, sim, por um ser humano" (AMADO, 1995: 5). Parece que o desfile da União da Ilha expressa exatamente tal sincretismo, que não ocorre apenas no nível do amálgama de deuses e santos de diversas origens, mas que, por um notável processo de síntese, faz do pesquisador a própria representação do seu campo. "Na Bahia", diz ainda Jorge Amado, "se completou o sincretismo do conhecimento e da vida" (p. 6). Roger Bastide, outro ilustre pesquisador francês do Candomblé, bem dizia que não se pode adentrar nos terreiros sem sofrer uma profunda transformação...

7
Mitos e desvarios: a questão da interpretação

> *Essa teoria foi sustentada por cientistas seriíssimos, daqueles que, quando se enganam,*
>
> *não se enganam pouco. Sem dúvida, é preciso ter boa cabeça para, cientificamente, edificar tolices.*
>
> Anatole France (1885-1990: 208).

Não é de hoje que a magia do imaginário desafia a quantos pretendem interpretá-la. O enorme acervo de mitos, contos e lendas recolhidos por viajantes europeus a favor da exploração dos povos exóticos como que exigia o deciframento por parte dos pensadores imbuídos do espírito do Iluminismo. Era um amontoado de costumes estranhos, selvagens, bárbaros, de relatos povoados por deuses e demônios, que pareciam ofuscar a razão ocidental, mas também despertavam ecos de temas parecidos, encontrados nos autores da Antiguidade Clássica. A Sociedade dos Observadores do Homem fecha o século XVIII com a pretensão de encontrar explicações que deem conta da variedade dos grupos humanos e da unidade da espécie.

Ao longo do século XIX, a Europa sofre um profundo remanejamento de suas estruturas políticas. Estados se organizam ou se desfazem. Nacionalidades se constroem e se opõem. Em meio ao caos das guerras e das revoluções, questões identitárias tomam forma, e a busca legitimadora das origens leva a constituir acervos de tradições, lendas antigas e representações que se revelam bem pouco diferentes dos mitos e costumes encontrados em países distantes. Os contos recolhidos pelos irmãos Grimm a favor do levantamento das formas antigas da língua alemã se mostram curiosamente parecidos com lendas coletadas em ilhas do Pacífico. Para explicar tais semelhanças, surge a hipótese evolucionista: a humanidade passou por etapas sucessivas até alcançar o grau que chamamos de civilização, ou seja, a cultura ocidental. O selvagem de hoje é um sobrevivente daqueles tempos primitivos. E os grupos europeus, cujas crenças apresentam alguma parecença com as dos "primitivos", denotam um atraso lastimável.

É, portanto, legítimo confrontar o folclore (a palavra foi inventada em 1846) com os mitos "primitivos" porque, no fundo, contam a mesma história, a dos esforços da humanidade em sua infância para expressar as tensões da existência. E se contam a mesma história, não se poderia considerá-los como procedentes do mesmo idioma? A paixão pela filologia, que é uma das constantes do século XIX, com o extraordinário empreendimento de deciframento das escritas antigas, fornece o modelo. Friedrich Max Müller assegurava que "os contos são o dialeto moderno da mitologia, e o seu estudo científico exige que cada conto moderno seja analisado como derivado de uma lenda mais antiga, e cada lenda como proveniente de um mito primitivo" (apud FRANCE, 1990: 198).

A antropologia pós-vitoriana condenará esse amálgama de materiais oriundos de épocas e culturas diversas, clamando pelo respeito à peculiaridade de cada situação e à especificidade de cada sistema simbólico. O próprio Max Müller acabou sendo escarnecido pelos contemporâneos, não tanto pela referência ao modelo da filologia, mas por ter encorajado o deciframento dos "mitos primitivos" baseado no chamado "paradigma mitológico-natural" (USARSKI, 2006: 23).

Tal paradigma já circulava entre os pensadores do fim do século XVIII e, principalmente, entre os franceses imbuídos dos ideais republicanos e desejosos, como então se dizia, "de enforcar o último rei com as tripas do último padre"[1], ou seja, de impor o reino da Razão a ferro e fogo. Mais sereno, o Conde de Volney (1757-1820), em seu livro *Les Ruines, ou méditation sur les Révolutions des Empires*, de 1791, imaginava que, em uma longínqua idade de ouro, os homens adoravam o sol, a lua, as forças da natureza, produzindo uma "religião natural" que se abandonou, para cair em idolatrias e fábulas condenáveis. Analisar e denunciar as fontes dessas ilusões seria um meio de se chegar ao progresso. Extremistas, como Charles-François Dupuis (1720-1809), publicavam tratados nos quais os conhecimentos de astronomia permitiam explicar a origem de *todas* as formas religiosas. O seu alentado *Mémoire sur l'origine des constellations et sur l'explication de la fable par le moyen de l'astronomie*, de 1781, e o livro que lhe seguiu, em 1795, sobre a *Origine de tous les cultes, ou religion universelle*, eram motivados não apenas pelo desejo de apresentar explicações unificadoras, mas sobretudo pela vontade de reduzir o Cristianismo a pó, mostrando que nada havia, nas tradições cristãs, que fosse diferente das fábulas antigas. Todas contavam a mesma história, a da luta entre dia e noite, sol e trevas, e os deuses de todas as religiões eram meras personificações de fenômenos meteorológicos.

Tudo deixa supor que tais elucubrações obtiveram um considerável sucesso, na França revolucionária. Os quatro tomos da *Origem de todos os cultos* foram logo desdobrados em doze pequenos volumes que, em 1798, acabaram compactados em um resumo, o *Abrégé* que, de acordo com os comentários de eruditos contempo-

---

[1] Frase de autoria de Jean Meslier (1662-1729).

râneos, foi constantemente reeditado[2]. Dentro do contexto, obras cheias de referências de toda ordem que ofereciam uma classificação unificadora das crenças do ser humano e forneciam armas contra o Cristianismo e seus sacerdotes tinham tudo para cair nas graças do público.

Anatole France, em seu encantador "Diálogo sobre os contos de fadas", publicado inicialmente no jornal *Le Temps*, em 1879, dá seu testemunho:

> O meu falecido avô, grande leitor de Dupuis, de Volney e de Dulaure[3], via no zodíaco a origem de todos os cultos. O bom homem dizia, escandalizando minha mãe, coitada, que Jesus Cristo era o sol, e os doze apóstolos, os meses do ano. Você sabe como um homem espirituoso acabou com Dupuis, Volney, Dulaure e meu avô? Ele aplicou a teoria deles à história de Napoleão e demonstrou, por esse meio, que Napoleão jamais existiu, e que a sua história era um mito (FRANCE, 1990: 195).

Esse *homme d'esprit* se chamava Jean-Baptiste Pérès, e chefiava a biblioteca da cidade de Agen, no sul da França, quando publicou, em 1835, o seu pequeno (23 páginas) e intrigante panfleto "Como Napoleão jamais existiu", ou, mais exatamente, *Comme quoi Napoléon n'a jamais existé, ou grand erratum, suivi d'um nombre infini d'errata, à noter dans l'histoire du XIXe siècle*. O título, bem ao gosto dos tratados que pretende desqualificar, é, por si só, um puro pasticho.

---

[2] Por incrível que pareça, achei um fac-símile desse livro na internet. Tenho de concordar com Jacques-Charles Brunet, autor, em 1861, de um "Manual do livreiro", que o tal resumo é "um longo texto sem graça" (BRUNET, 1990: 902). Devo a Brunet a descrição dos livros e os detalhes sobre as edições sucessivas.

[3] François Antoine Dulaure (1735-1825), a par de uma "História física, civil e moral de Paris, etc.", fruto de uma extensa pesquisa, dizia ainda Brunet (1990: 874), mas inspirado "no ódio contra padres, reis e nobres", também publicou uma "História abreviada dos cultos que precederam e produziram a idolatria ou adoração das figuras humanas", em 1805, bem como um tratado "Sobre as divindades da procriação ou o culto do falo nos antigos e modernos, etc.", que, infeliz ou felizmente, não encontrei em parte alguma.

Fascinada por mitos e lendas desde criança, eu ficara deliciada quando, adolescente ainda, li o "diálogo" de France sobre os contos de fada em que, de fato, um dos interlocutores interpreta os contos franceses tradicionais em termos "mitológico-naturais": Pele de Asno é a aurora, assim como Chapeuzinho Vermelho, devorada pelo lobo/sol; o sapatinho de cristal de Cinderela revela que se trata de uma divindade do dia; a Bela Adormecida é a natureza, que dorme durante o inverno e revive na primavera; Barba Azul é um avatar de Indra, deus védico, e por aí vai. Mais estimulante, no entanto, foi a citação de J.-B. Pérès, como crítico dos sistemas unificadores e reducionistas de interpretação.

Não sosseguei até conseguir ler o seu texto, cuja quarta edição, de 1838, encontrei na Biblioteca Nacional, em Paris, sob forma microfilmada[4]. De fato, a leitura é perturbadora. Nem parece que o livreto foi escrito em uma época em que muitas pessoas haviam sido contemporâneas do imperador, a começar pelo autor. Jean-Baptiste Pérès nasceu em 1752, dezessete anos antes de Napoleão (1769-1821) e, quando publicou o seu panfleto, menos de quinze anos haviam decorrido depois da morte deste. O tom sisudo e implacavelmente demonstrativo do texto reforça o absurdo da argumentação. Como é possível afirmar que Napoleão jamais existiu, se os franceses foram seus súditos? O próprio editor sentiu a necessidade de explicar, no fim do texto, que "o autor quis criticar a obra eminentemente paradoxal que se intitula 'Origem de todos os cultos' [...] Só quis utilizar meios parecidos com os daquela tenebrosa produção" (RISLER, apud PÉRÈS, 1838: 22).

Esses meios são de natureza predominantemente filológica, como aqueles que Dupuis e Dulaure haviam utilizado, e a escola

---

[4] Cota 22856 (8° Lb 51 / 4838).
Na verdade, já havia lido uma tradução, em esperanto, achada entre os guardados do meu avô materno, mas o texto era incompleto, e foi extraviado durante uma mudança.

de Max Müller ainda haveria de ilustrar. Formado em Direito e erudito bibliófilo, decerto não faltavam recursos a Pérès para apoiar a sua demonstração: "Napoleão Bonaparte, sobre quem se disse e escreveu tanto, sequer existiu. É apenas uma personagem alegórica, a personificação do sol; e provaremos essa asserção, mostrando que tudo aquilo que se publica sobre Napoleão o Grande é tomado emprestado do astro-rei" (PÉRÈS, 1838: 5). E começa: "Apolo é a mesma palavra que Apoleão. Ambas as formas derivam de *Appolyô*, ou *Apoleô*, dois verbos gregos que significam a mesma coisa[5]: perder, matar, exterminar", e Napoleão "é descrito como o maior exterminador de homens da história" (p. 8). Poder-se-á objetar que há uma consoante a mais no seu nome, mas isso não desestimula o nosso autor, já que, na coluna da Praça Vendôme, erguida em Paris para homenagear as vitórias do imperador, o seu nome vem grafado como 'Neapoleão'. Em grego, "*nè* ou *nai* corresponde a uma afirmação: poderíamos traduzi-la como *verdadeiramente*[6]. De onde se deduz que Napoleão significa verdadeiro exterminador, verdadeiro Apolo. Logo, é verdadeiramente o sol" (p. 8)

O sobrenome *Bonaparte* "significa 'boa parte', e sugere que se trata aqui de algo com duas partes, uma parte boa, outra ruim, o que tem a ver com o sol, em consequência de sua revolução diurna, que produz o dia e a noite, a luz e as trevas" (p. 9). E o autor desanda a citar as crenças dos antigos persas...

Esse tipo de interpretação que, para explicitar a articulação de mitos entre si, põe em jogo pares de opostos, não lembra desvarios mais recentes, produzidos entre nós pela moda estruturalista? O meu sentimento é que, com um bom sistema nas mãos, pode-se explicar qualquer coisa, e, até mesmo, "provar".

---

[5] A rigor, há várias etimologias possíveis. Sobre os mitos de Apolo, ver Brandão (1993).
[6] De fato, *nai* significa "sim, com certeza", inclusive em grego moderno.

Em todo caso, é este o empreendimento de Pérès, que prossegue: já que Apolo nasceu na ilha de Delos, "foi por isso que Napoleão havia de nascer em uma ilha do Mediterrâneo, e escolheram a Córsega que, em relação à França, está em uma situação parecida com a de Delos em relação à Grécia" (p. 10). O jogo de deslocamentos e permutas se repete.

É importante ressaltar que a análise do autor se situa constantemente no plano da *narrativa*. Trata-se de relatos: "disseram, contaram, escolheram..." A história factual desaparece em proveito do modo como a história é contada. Autores antigos e clássicos são chamados para reforçar essa dimensão. Segundo Pausânias, os egípcios adoravam Apolo. Ora, "*disseram* que os egípcios atribuíam um poder sobrenatural a Napoleão, que seria amigo de Maomé, e lhe rendiam homenagens próximas da adoração" (p. 11 – grifo meu).

A constelação[7] familiar é devidamente interpretada em termos "mitológico-naturais". O nome da mãe do imperador, Letízia, seria uma forma italianizada de Leto, mãe de Apolo. Ele tinha três irmãs: são as três Graças. Seus quatro irmãos são as estações do ano. Três deles foram reis, e correspondem respectivamente à Primavera (*Printemps*, em francês, é masculino), Verão e Outono. O seu poder, expresso nas flores, nas ceifas e nas frutas, provém do sol. O único irmão que não reinou só pode ser o inverno. Era "Príncipe de *Canino*, palavra que vem de *cani*, cabelos encanecidos, velhice, e evoca o inverno" (p. 13). Os doze marechais, é claro, são os signos do zodíaco.

Das duas esposas sucessivas de Napoleão, a primeira ficou estéril, é a lua. A segunda – a terra –, fecunda, lhe deu um filho: "é o pequeno Horus, filho de Osíris e Ísis, Sol e Terra" (p. 15). Para assentar

---

[7] Se Pérès tivesse nascido depois da psicanálise, as implicações astrais dessa metáfora não haviam de lhe escapar!

melhor a interpretação, Pérès sublinha que "situaram o nascimento do seu pretenso filho em 20 de março, dia do equinócio" (p. 15). Os autores anticlericais que lhe inspiraram o panfleto não haviam deixado escapar o fato de que a Igreja cuidou de situar o Natal na data em que os romanos celebravam o *Sol Invicto*.

Tal como Apolo matou a serpente Píton, "Napoleão sufocou a 'hidra' da Revolução Francesa, história tão fantástica quanto o resto, pois vemos claramente que *revolução* vem do latim *revolutus*, que designa uma serpente enrolada sobre si própria. É Píton, e nada mais" (p. 16). Por fim, dois argumentos de peso fecham a demonstração. Foi o frio, o gelo da Rússia, que derrotou o imperador. "Veio do oriente (o Egito) para reinar sobre a França, e desapareceu nos mares ocidentais [Ilha de Santa Helena, no Atlântico Sul], depois de um reino de 12 anos, que nada mais são, senão as 12 horas do dia" (p. 19).

A conclusão do autor – "se eu quisesse", diz ele, "poderia acrescentar mais dados ainda!" – é óbvia: "Napoleão, sobre quem se disse e escreveu tantas coisas, sequer existiu, e o erro em que tanta gente incorreu foi o de ter confundido a mitologia do século XIX com a história" (p. 20).

É preciso reconhecer que Pérès multiplicou tantas "provas", de modo tão convincente, que, no mínimo, deixa o leitor desnorteado e, doravante, desconfiado de tantos sistemas interpretativos recentes que, assim como Dupuis ou Dulaure, caíram no gosto de tantas "boas cabeças"... Os comentários do editor, em sua acuidade, nos deixam perplexos: "Se este texto tivesse sido publicado alguns séculos mais tarde, teria provocado nos leitores as mais sérias dúvidas a respeito da veracidade da história do século XIX em relação a Napoleão; e, mesmo hoje, só podemos nos defender da dúvida, lembrando que o vimos" (p. 23).

E, hoje em dia, aqui estão os "assassinos da memória" (VIDAL-NAQUET, 1988), negando a realidade factual dos maiores massacres europeus, menos de trinta anos depois do fim da Segunda Guerra Mundial!

Podemos afirmar que a história se deixa facilmente ultrapassar pela reconstrução imaginária do passado? Talvez seja melhor considerar que a história, como todas as demais narrativas, se fundamenta, ao mesmo tempo, em fatos reais e reinvenções fantasiosas. Todo fato há de ser compreendido em relação ao seu contexto, e toda interpretação é igualmente tributária da época em que é formulada. Ou, como lembra Michel de Certeau (1982: 32), "enquanto [os discursos historiográficos] falam *da* história, estão sempre situados *na* história". E quando pretendem reconstituir um passado que se esvai, estão procurando responder a questões colocadas pelo presente.

Essas questões não costumam ser inocentes, geradas que são em meio a debates de natureza ideológica ou política. Nessa perspectiva, o estudo do imaginário talvez nos forneça um apoio paradoxalmente seguro para desvendar tais interferências. Ao refutar pelo absurdo as elucubrações de Dupuis e Dulaure, Jean-Baptiste Pérès nos oferece mais do que uma demonstração da precariedade de tantas interpretações pretensamente científicas. Mostra também que mitologia e história caminham *pari passu* e que, por conseguinte, podem se esclarecer uma pela outra.

8
Psicanálise e magia: notas de leitura

As presentes observações[1] situam-se no quadro de um projeto de pesquisa sobre os cultos populares brasileiros e, mais especificamente, sobre o significado conferido aos procedimentos chamados de "mágicos". Levadas adiante em uma perspectiva transdisciplinar, nossas pesquisas tentam estabelecer conexões entre diversos discursos: a denominação de magia ou feitiçaria atribuída pelo senso comum a determinadas práticas; aquilo que dizem os próprios praticantes; e o discurso acadêmico referente ao assunto.

As primeiras dificuldades com as quais se defronta quem quiser estudar o campo da magia[2] dizem respeito ao predomínio de um discurso cientificista que, por assim dizer, extermina o seu objeto no mesmo instante em que dele trata. Para o seguidor das religiões populares – e não apenas no Brasil – a magia corresponde a um conjunto de ações concretas, de real efetividade. Coisas acontecem, poderes circulam. No entanto, o estudo científico desses fenômenos

---

[1] Tradução do artigo "Psychanalyse et sorcellerie: notes de lecture", publicado no *Journal des Anthropologues*, 64-65, 1996, p. 143-153. O projeto "Sobre uma teoria da magia" foi levado adiante com o apoio do CNPq, que concedeu bolsa de iniciação científica ao então aluno da PUC-Rio, Carlos Eduardo Alves de Brito (1993-1994).

[2] Aqui não pretendo discutir a distinção entre magia e feitiçaria, ou bruxaria, que, no campo acadêmico brasileiro, vem, em linha direta, dos autores anglo-saxônicos, a partir dos termos de *witchcraft* e *sorcery*, enquanto os autores franceses pouco parecem se preocupar com a questão, e usam, mais geralmente, a palavra *sorcellerie*, como um termo genérico, que recobre o conjunto dessas práticas. Como bem observou Jeanne Favret-Saada (1977: 27) "para os nossos camponeses, a diferença entre *witchcraft* e *sorcery* é a mesma que entre seis e meia-dúzia".

dificilmente consegue libertar-se da premissa conforme a qual a magia não existe. Há somente pessoas, que nela acreditam.

Por esse deslocamento, que culminou entre os autores evolucionistas do século XIX, o fato antropológico é quase esvaziado, e abre o caminho à psicologização que Freud levará adiante. Esse processo de substituição do social pelo psicológico, do questionamento etnológico pela interpretação clínica, aparece claramente desde *Totem e tabu*, publicado em 1913.

É verdade que Freud parte da literatura antropológica da época vitoriana, isto é, da obra de Frazer e dos autores que este compilou[3], e cujas noções de "pensamento mágico" e de "filosofia primitiva" são retomadas e reforçadas pelas suas observações clínicas:

> uma comparação entre a psicologia dos povos primitivos, como é vista pela antropologia social, e a psicologia dos neuróticos, como foi revelada pela psicanálise, está destinada a mostrar numerosos pontos de concordância, e lançará nova luz sobre fatos familiares às duas ciências (FREUD, 1913: 12).

Antes de Freud, outros psicólogos haviam externado a sua crença na equação "primitivo = neurótico", Wundt e Jung entre eles. E foi precisamente para marcar as suas diferenças tanto em relação ao discípulo rebelde quanto ao "pai" da psicologia científica que Freud publica o seu livro. Cita-os para, imediatamente, afirmar que eles estão equivocados. Muitos autores, imbuídos da perspectiva evolucionista, já haviam tentado explicar as patologias modernas pela sobrevivência de esquisitices herdadas de antepassados primitivos. Mas Freud segue um percurso inverso. O totemismo não permite que entendamos as neuroses. Muito pelo contrário, é a fobia de um

---

[3] Sobre a utilização desses autores por Freud, e sua rejeição de contemporâneos como Hubert e Mauss, ver "As fontes explícitas da obra antropológica de Freud" (In: AUGRAS, 1995: 27-46).

menininho austríaco de cinco anos de idade que torna possível a compreensão dos cultos totêmicos. Desejo e angústia de castração são os motores da divinização do Grande Antepassado. Os sintomas neuróticos só reproduzem antigos exorcismos. Neurose e magia nasceram da mesma raiz.

Freud tem noção da ousadia dessa reversão, pela qual casos clínicos fornecem modelos de explicação antropológica. Mas, frente ao caos de interpretações opostas que ele encontrou nos escritos dos antropólogos, só pôde recorrer às ferramentas que ele próprio forjou: "nesta escuridão, a experiência psicanalítica projeta um único raio de luz", que dissipará as trevas. Cabe à psicanálise a função unificadora de que, até então, a interpretação etnológica se encontrava desprovida. Mas a contribuição de Freud não para por aí. Ele também reforça a invenção do "homem primitivo", ao criar a fábula do parricida primevo que, ao longo de sua obra, será consolidada até ser considerada como a base da sociedade humana.

Na ótica freudiana, as instituições são dispositivos elaborados para proteger os homens dos desejos. Mas as fantasias permanecem. Aquilo que as antigas religiões acolhiam só pode se expressar, doravante, no modo da neurose individual.

> Os estados de possessão correspondem às nossas neuroses, para cuja explicação mais uma vez recorremos aos poderes psíquicos. Aos nossos olhos, os demônios são desejos maus e repreensíveis, derivados de impulsos instintuais que foram repudiados e reprimidos. Nós simplesmente eliminamos a projeção dessas entidades mentais para o mundo externo, projeção essa que a Idade Média fazia; em vez disso, encaramo-las como tendo surgido na vida interna do paciente, onde têm sua morada (FREUD, 1923: 91).

Essas linhas, publicadas no texto sobre "uma neurose demoníaca do século XVII", põem em cena o processo de interiorização decorrente da hegemonia da explicação clínica, esboçada em *Totem e tabu*, dez anos antes.

A fobia do pequeno Hans abre a compreensão do totemismo, porque a psicanálise reconhece, nos deuses primitivos, os mesmos demônios com os quais as neuroses contemporâneas tentam negociar. Aquilo que, outrora, fora vivenciado como realidade externa está agora situado dentro do psiquismo.

A teoria freudiana alcançou novo patamar. Numa primeira etapa, a de *Totem e tabu*, a valorização, pelos autores vitorianos, das noções de *pensamento* primitivo e pré-lógico, oferecia o apoio necessário à proposta de interpretação dos dados culturais e coletivos fundamentada na observação de casos individuais. Ao colocar no mesmo nível o primitivismo do pensamento e o arcaísmo dos desejos, Freud projetava a dinâmica dos conflitos psíquicos sobre a história da humanidade. Neste segundo momento, ocorre um novo deslizamento: os fenômenos socioculturais que haviam sido explicados por meio do referencial psicopatológico são agora recolocados *dentro* do sujeito.

Essa evolução carreia importantes consequências, já que nos faz permanecer no nível dos conflitos internos e das crenças. A efetividade concreta das práticas mágicas está escamoteada. Firme seguidor do positivismo cientificista, Freud dificilmente poderia sequer considerar a hipótese de que a magia, em vez do reino da ilusão, pertenceria ao campo das *técnicas* materiais[4]. Para Freud, a estranheza estaria ligada à

> onipotência de pensamentos, à pronta realização de desejos, a maléficos poderes secretos e ao retorno dos mortos

---

[4] Certa vez, deixei claro, para um dos meus informantes, candomblecista e filho de catimbozeira, o quanto me era difícil acreditar na materialidade das práticas mágicas, e este retrucou: "Não tenho fé, só tenho técnicas".

> [...]. Nós – ou os nossos primitivos antepassados – acreditamos um dia que essas possibilidades eram realidades. Hoje em dia, não mais acreditamos nelas, "superamos" esses modos de pensamento (1919: 308).

O ponto de vista evolucionista é claramente assumido, e a questão da magia é fechada pelo ferrolho da crença.

Que um psicólogo favoreça a perspectiva intraindividual é perfeitamente compreensível. Mas podemos perguntar se a antropologia, apesar de criticar severamente as tentativas freudianas, como fez Lévi-Strauss em *Totemismo hoje* (1962/1975), não se utilizou dessa psicologização para jogar a magia no campo das "ideias" ou, pelo menos, das opiniões e dos sentimentos. Poderíamos assim entender como foi que um campo dominado por práticas concretas acabou sendo interpretado, ao longo da história da etnologia, em termos de *pensamento*, quer seja "pré-lógico" ou "selvagem". Nesse ponto, nota-se que autores cujas reflexões se originaram em uma longa prática de observação participante apresentam uma atitude no mínimo ambígua em relação à magia. É este o caso de Evans-Pritchard, destacado comentarista de Lévy-Bruhl, que, apesar de pôr em evidência a racionalidade presente na feitiçaria/bruxaria dos Azande, não consegue se livrar do problema da crença. Tampouco o escamoteia e, nos seus comentários sobre o trabalho de campo, chega a confessar que, na África, acreditava na magia, mas, em Londres, desacreditava. De modo bem criativo, aliás, acaba por fazer desse paradoxo o próprio fundamento da experiência etnográfica (EVANS-PRITCHARD, 1978: 303).

As suas observações forneceram a Lévi-Strauss um importante ponto de partida para a demonstração da natureza lógica do pensamento "selvagem", que consagra aquilo que se poderia chamar de processo de intelectualização da magia. Mas foi também Lévi-Strauss quem, trinta anos depois de *Totem e tabu*, estabelecem um novo tipo de conexão entre psicanálise e magia. Dando o devido troco à ousadia de Freud, ele propõe uma explicação antropológica que, em retorno, pretende "iluminar" a prática psicanalítica: xamã e psicanalista estão situados agora no mesmo nível, o da *eficácia* do símbolo (LÉVI-STRAUSS, 1958).

Durante algum tempo, a reversão operada por Lévi-Strauss foi considerada como uma espécie de desforra, demolidora ainda que justificada. Mas a aplicação do modelo xamânico ao trabalho psicanalítico foi recuperada em sua positividade por Devereux, antropólogo e também psicanalista. Longe de nela ver um "afronte à psicanálise", pensava que, pelo contrário, oferecia "uma notável contribuição à compreensão do processo terapêutico" (DEVEREUX, 1980: 181).

Com Devereux, a experiência do campo etnográfico e a prática do divã psicanalítico juntam-se para produzir uma reflexão particularmente original. Deixando de lado a comparação entre perspectivas teóricas diversas, o confronto entre psicanálise e antropologia agora está situado no nível do método. Devereux introduz a ideia de que a pesquisa de campo reproduz toda a dinâmica daquilo que constitui um dos pilares do trabalho analítico: a transferência.

A transferência é classicamente definida como "processo pelo qual os desejos inconscientes atualizam-se sobre determinados objetos [...] e, particularmente, na relação analítica" (LAPLANCHE & PONTALIS, 1971: 459). Essa "falsa conexão" supõe, no âmago da situação analítica, a presença fantasmática de um terceiro para quem é dirigida a exigência de amor e cuja falta constitui a própria base da análise. A dissolução da transferência, ou seja, o reconhecimento da impossibilidade de preencher esse vácuo, marca o fim do processo analítico. Isso implica que o próprio analista já tenha conseguido elaborar o luto "daquele nada que a busca do desejo ignora" (SAPHOUAN, 1988: 231) e, por conseguinte, libertou-se da tentação da contratransferência – dirigida em sentido inverso, isto é, do psicanalista para o paciente. O analista, ao negar-se a atender a demanda de amor do analisando, afirma a inelutável ausência daquele terceiro, etapa necessária para a conclusão da análise.

Ora, é preciso reconhecer que Devereux usa os conceitos de transferência e contratransferência de modo pouco rigoroso. Aponta para a atribuição mútua, entre "o etnógrafo e a tribo", de traços desejados e temidos. Do ponto de vista da teoria psicanalítica, esse duplo movimento diz respeito a fenômenos de projeção e identificação, que ocorrem em todo relacionamento, mas que não se podem confundir com transferência[5]. Além disso, em seu livro *De l'angoisse à la méthode*, Devereux sempre atribui a transferência ao informante, e a contratransferência ao pesquisador. Para ele, o etnógrafo ocuparia o lugar do analista, e a "tribo", o do analisando. Mas, no campo, a situação é exatamente inversa, pois a *demanda* se exerce em sentido oposto ao do tratamento psicanalítico. É o pesquisador quem vai à procura da tribo. E suas motivações, sem dúvida, incluem desejos inconscientes, além do óbvio interesse científico. Essa postura é contrária à do analista, que atende à procura do cliente. Se quisermos manter a metáfora de Devereux, a rigor, deveríamos atribuir a transferência ao pesquisador, e a contratransferência ao informante.

Mesmo assim, Devereux põe em evidência um aspecto que, até então, pouco chamara a atenção: o da importância dos desejos do pesquisador na escolha do campo e na elaboração dos seus achados. Por uma nova inversão, trata-se menos de aplicar a psicanálise à explicação dos costumes primitivos e das crenças arcaicas, e mais de entender o que motiva os próprios antropólogos.

---

[5] O *Dicionário* de Laplanche e Pontalis (1971) estabelece bem claramente a distinção.

O movimento de interiorização dos deuses e demônios, iniciado por Freud, alcança novo patamar com Devereux. O enfoque psicanalítico, além de aplicado à crítica do método etnográfico, fornecerá ferramentas para repensar a posição do pesquisador que se descobrirá como sendo, ele próprio, o "primeiro objeto da pesquisa" (BARUS-MICHEL, 1980).

Essa extrema subjetivação exprime-se na moda, que se acentuou nas duas últimas décadas do século XX, da publicação dos diários de campo, onde o pesquisador se expõe com todas as suas dúvidas e contradições. A realização da pesquisa toma feições de um verdadeiro percurso iniciático, e o trabalho de campo acaba se tornando um rito de passagem (DA MATTA, 1981: 150-173). Tais metáforas se mostram utilíssimas para re-situar os possíveis descaminhos subjetivos do pesquisador, às voltas com sua própria alteridade, dentro do quadro das categorias etnológicas. O uso do referencial psicanalítico vem finalmente dar na recuperação da subjetividade, em prol da legitimidade antropológica...

Sobre o tema que me preocupa, ou seja, o da magia/feitiçaria, o diário de campo publicado por Jeanne Favret-Saada traz importantes contribuições (FAVRET-SAADA & CONTRERAS, 1981). A pesquisadora assume claramente a recusa em situar-se no plano da crença, ao mesmo tempo em que revela total domínio dos conceitos psicanalíticos. A experiência analítica lhe permite apontar, tanto nela própria quanto nos seus informantes, o jogo de desejos inconscientes, mas jamais submete vivências a interpretações reducionistas. Descreve o campo da feitiçaria sob forma de uma rede de inter-relações, em que circulam afetos, desejos de morte e de poder, e que prende os enfeitiçados em suas malhas. "Presa" também, a antropóloga interpreta a situação em termos de relações de poder, extremamente instáveis, pelas quais se pode, de repente, passar de enfeitiçado a feiticeiro, de vítima a bruxa. Por conseguinte, é no nível de um jogo de papéis, de lugares, de posições relativas – em vez do nível intrapsíquico evocado pela psicanálise – que o drama tem sua origem, se arma e se desenvolve, até a conclusão por vezes letal.

Eis aqui um dos aspectos mais fundamentais e, paradoxalmente, mais negligenciados, do estudo da feitiçaria. O predomínio do enfoque sobre a crença e a onipotência das ideias por muito tempo impediu que os autores percebessem não apenas o poder que se pode atribuir a alguém, ou que uma pessoa pode ter sobre outra, mas sim o agenciamento das forças que circulam dentro dos grupos, e que só pode ser descrito a partir da estrutura do grupo e da dinâmica do seu funcionamento.

Vale dizer: importa descrever a magia/feitiçaria em termos de *campo*[6]. Aquilo que ocorre no psiquismo das pessoas implicadas nele é sem dúvida relevante, no nível das motivações e dos desejos. Nada disso, porém, basta para dar conta da especificidade desse campo, nem sequer das estratégias e táticas que o animam. E, no fim desta breve revisão, acredito que a palavra deva ser dada à sociologia.

---

[6] É claro que estou me referindo à definição de Bourdieu (1992: 72-73): "um campo pode ser definido como rede, ou configuração de relações objetivas entre posições. Tais posições são definidas objetivamente em sua existência e nas determinações que impõem aos seus ocupantes, agentes ou instituições, pela sua situação (*situs*) atual e potencial na estrutura da distribuição das diversas formas de poder (ou de capital) cuja posse determina o acesso aos ganhos específicos em jogo naquele campo e, ao mesmo tempo, pelas suas relações objetivas com as outras posições".

9
"Mil janelas": teóricos do imaginário

> *Vu des mille fenêtres de l'imaginaire,*
> *le monde est changeant.*
>
> Gaston Bachelard

O imaginário está na moda. Na imprensa escrita pululam as alusões ao "imaginário" de um autor, seja no campo das artes plásticas ou do cinema, seja no campo literário. Não raro, comparece também o "imaginário social". Quando surgiu, entre nós, a temática do imaginário, pesquisadores que vinham se dedicando a áreas situadas nos confins das artes, da religião e do folclore – como era o meu caso – acolheram com satisfação uma denominação que, ao abarcar campos variados, surgia como poderosa via de legitimação acadêmica de seus trabalhos. Passado o primeiro momento, no entanto, foi fácil verificar a polissemia do termo "imaginário", adjetivo substantivado, tão englobante que parecia se prestar a usos variados.

O objetivo do presente texto[1] é tentar esclarecer os diversos enfoques teóricos que sustentam a utilização da palavra "imaginário". Dirige-se principalmente aos estudantes que se iniciam nesse campo de reflexão. No entanto, mais do que um levantamento exaustivo e friamente sistemático, é preciso reconhecer que essa revisão teórica é também fruto do meu percurso pessoal, à procura de uma defi-

---
[1] Publicado inicialmente na revista *Psicologia Clínica*, 12 (1), 2000, p. 107-131.

nição conceitual que ofereça alguma solidez para o embasamento das pesquisas que venho realizando, há trinta anos, no "campo do imaginário". Nessa perspectiva, tenho de assumir que certamente acabarei por privilegiar o enfoque que melhor respondeu, até a data em que escrevo, às minhas preocupações.

Não pretendo, com isso, afirmar que exista uma só definição possível do que venha a ser o imaginário, mas, ao contrário, relativizar a abrangência deste texto. Teorias podem ser comparadas com cercados que delimitam um cantinho do mundo, na hipótese de que as coisas ocorram, dentro do cercado, como os autores da teoria disseram que deveriam ocorrer. Uma boa teoria é uma teoria fecunda, cujo cercado permite apreender a riqueza de "coisas" que contém, e a dinâmica das relações que entre elas se estabelecem. Mas o êxito dos construtores de um cercado não os autoriza – ou, digamos assim, não os deveria autorizar – a confundir o âmbito do "cantinho" teórico com o âmbito do mundo. Além disso, a procura de um modelo de cercado que melhor atenda àquilo que o pesquisador espera é determinada por uma série de fatores: características do campo investigado, história pessoal do pesquisador e natureza de suas inclinações e motivações – conscientes ou não – e até mesmo o elenco de teorias disponíveis no momento. Tanto a procura como a escolha de determinada teoria para embasar as pesquisas não se realiza fora de um ambiente científico e de um momento histórico e, por conseguinte, aquilo que surgira como grande solução para as nossas indagações pode, ao longo do tempo, perder os seus encantos e ser substituído por um novo enfoque, agora julgado como mais satisfatório. Assim sendo, o presente texto deve ser lido como testemunho de um momento dentro de uma trajetória, mas sem que possa ser considerado como definitivamente conclusivo.

Jean-Paul Sartre e o imaginário como negatividade

Como já foi assinalado acima, a palavra "imaginário" é primeiro um adjetivo que, conforme os dicionários, conota algo "que só existe na imaginação; ilusório; fantástico". Pertence ao reino do mito, da fábula, da ficção. Em outras palavras, situa-se em outro campo que não o da realidade. Na cultura ocidental que, até hoje, assumiu forte compromisso com o racionalismo, o imaginário será, por conseguinte, o lado oposto ao da razão, pura expressão da imaginação, que os franceses – não fossem eles filhos de Descartes – chamam *la folle du logis*, isto é, "a louca da casa". E, de fato, os primeiros autores a falarem do imaginário situam-no claramente na vertente da ilusão e da irracionalidade.

É este o caso de Jean-Paul Sartre que, em 1940, publica um livro intitulado *L'Imaginaire* (SARTRE, 1986). Começa por afirmar que a imagem "é um modo pelo qual a consciência se dá um objeto" (1986: 21), representação por assim dizer *a priori*, já que prescinde da presença do objeto e, por conseguinte, se opõe à percepção que, construída a partir da presença concreta de um objeto, assegura a realidade deste. Imagem e percepção, por irredutíveis, "mutuamente se excluem" (p. 231).

Esse diálogo entre presença e ausência do objeto é desenvolvido por Sartre ao longo do seu livro, que paulatinamente vai deixando claro o *status* inferior que atribui à imagem. A postura racionalista é claramente assumida pelo autor: "essas presenças ausentes ofendem [*répugnent*] a minha razão" (p. 173). A imagem sequer chega a propor uma representação do objeto. Constrói apenas um *análogon* deste, para uma finalidade à qual, curiosamente, Sartre atribui um caráter de *possessão*, ilusória, é claro, mas nem por isso menos ameaçadoramente mágica: "o pensamento toma a forma de imagens quando quer ser intuitivo, quando quer fundamentar as suas afirmativas na *visão* de um objeto. Nesse caso, tenta trazer o objeto à sua presença, para *vê-lo*, ou melhor dizendo, para *possuí-lo*" (p. 235 – grifos do autor). Possessão à qual Gilbert Durand atribuirá mais tarde um caráter "quase demoníaco" quando, de modo algo impiedoso, comentará o reducionismo racionalista de Sartre[2] que, de fato, situa o ato de imaginar no campo da magia: "o ato de imaginação, como acabamos de ver, é um *ato mágico*" [*un acte magique*] (p. 239 – grifo meu). E como tal, é também um fracasso. Pois o desejo de apropriação mágica esbarra na dimensão irreal em que se move o *análogon*. Longe de possuir o objeto imaginado, é o próprio imaginante que acaba sendo possuído, já que o ato de imaginar o transporta para o campo da irrealidade: "para atuar sobre esses objetos irreais, é preciso que eu me desdobre, que me irrealize eu próprio" (p. 240). Levando a oposição entre real e imaginário até as últimas consequências, Sartre faz deste o reino da negatividade. "No objeto irreal, somente há um poder, e ele é negativo" (p. 260). De onde se conclui que "o real e o imaginário, por essência, não podem coexistir" (p. 281). É curioso o deslizamento de sentido operado pelo autor. Partindo da análise fenomenológica – que, como bem observou Durand (1969), ele largou no meio do caminho –, afirmou, de início, que a consciência podia se dirigir ora para a construção de um mundo de objetos irreais, tais como a criação artística os produz, ora para a percepção de objetos concretos. Tratava-se de mundos constituídos pelos mesmos objetos, diferenciados apenas pela "atitude" da consciência. Agora, o mundo imaginário é definido como *antimundo*, que, ao *possuir* o sujeito, traga-o para o reino

---

[2] "Além disso, a função da imagem na vida psíquica é reduzida à de uma possessão quase demoníaca, já que o nada ganha uma espécie de consistência 'mágica' por causa do caráter 'imperioso e infantil' (SARTRE, 1940: 161) da imagem que, teimosamente, se opõe ao pensamento" (DURAND, 1969: 18).

da irrealidade, e o seu campo de manifestação deixa a legitimação estética, para reduzir-se ao terreno da psicose.

Sartre cita nominalmente a esquizofrenia, as alucinações, as obsessões, como exemplos daquilo que acontece quando se opta pelo imaginário. Aqui, é patente a sinonímia entre irreal e imaginário. O grande problema é que em nenhum momento o livro torna explícito o que o seu autor entende por "realidade". Quando, ao tratar da "vida imaginária", começa o seu périplo rumo à negatividade do "objeto em imagem", passa a usar indiferentemente os adjetivos *irréel* e *imaginaire* como equivalentes. Sartre escreve que "o objeto em imagem é um irreal. Não o posso tocar, nem o deslocar" (p. 240). Esse pequeno trecho parece ter função de dobradiça dentro do texto, ao articular irreal com imaginário – doravante usados como equivalentes – e, de modo pouco satisfatório, ao sugerir que o critério da realidade seja a possibilidade de *tocar* um objeto concreto. Daí por diante, as belas páginas que descreviam a fenomenologia da consciência em sua vertente imaginativa são deixadas ao esquecimento, para se retomar, ainda que por meio de uma linguagem sofisticada, o discurso do senso comum, para quem imaginário significa apenas ilusório, fictício, não real.

"O objeto em imagem é *falta*", escreve ainda Sartre, antecipando o discurso lacaniano, para o qual o imaginário será uma etapa a ser superada na constituição do sujeito.

Jacques Lacan e o imaginário como alienação

É na descrição da descoberta que o pequeno *infans* faz de sua imagem refletida no espelho que Lacan, no congresso de Zurique, em 1949, lança os alicerces de sua teoria do imaginário. Já havia falado do "estádio do espelho" em 1936, no congresso de Marienbad, na esteira, ao que parece, das ideias do psicólogo Henri Wallon, que fazia dessa etapa um importante momento do desenvolvimento da criança. Em 1949, embora mantendo a designação de "estádio" (*stade*), Lacan deixa de lado o enfoque genético, e remaneja totalmente a sua conceituação para fazer da imagem especular a matriz fundadora da identificação.

Quando se olha no espelho, a criança depara-se ao mesmo tempo com a noção de totalidade do próprio corpo e a irrealidade dessa apresentação. Manifestação exemplar, diz Lacan, da matriz simbólica na qual se precipita o Eu em sua forma primordial. "Mas o ponto importante é que *esta forma coloca a instância do Eu*, antes mesmo de sua determinação social, *em uma linha de ficção*, para sempre irredutível" (LACAN, 1966: 91 – grifos meus). No reflexo, a criança se vivencia como si mesma e outra, ingressando desse modo em um mundo ambíguo, instável fronteira entre mundo interno e entorno – "ruptura do círculo do *Innenwelt* ao *Umwelt*", dirá ainda o autor, que inaugura a série das impossíveis suturas necessárias à constituição do sujeito.

Logo mais, Lacan fará da experiência especular uma das fontes da própria situação analítica, em que o analisando, ao retratar-se frente ao analista,

> acaba reconhecendo que esse ser não é senão a sua obra no imaginário, e que esta obra nele frustra toda certeza. Pois, neste trabalho de reconstrução *para um outro*, ele reencontra a alienação fundamental que a fez construir *como outra*, e que, desde sempre, fora destinada a lhe ser arrebatada *por um outro* (p. 125 – grifos do autor).

Esse trecho, extraído do famoso "Discurso de Roma", de 1953, inaugura o uso do substantivo "imaginário", que alude explicitamente ao registro da fantasia[3]. Mas é no Seminário IV, ministrado

---

[3] "Função do imaginário, direi, ou mais exatamente, dos fantasmas" (LACAN, 1966: 117).

de novembro 1956 a junho 1957, e tratando de *La relation d'objet et les structures freudiennes*, que Lacan vai explicitar o que entende mesmo por "imaginário", e desenvolver a sua teoria da trilogia Real/Simbólico/Imaginário.

Afirmando a prevalência da noção de *objeto* na teoria freudiana, Lacan apoia-se principalmente em dois textos de Freud: o capítulo dos *Três ensaios* intitulado "A descoberta do objeto", e o estudo clínico do caso do *Pequeno Hans*. Em ambos os textos, o objeto é definido em termos de falta (*manque*). A primeira questão colocada por Lacan – mais empenhado do que Sartre em definir claramente os seus parâmetros – é o *status* relativo do objeto e do real: "O objeto é o real, ou não? Aquilo que se achou no real, será o objeto?" (LACAN, 1957: 427).

Na leitura lacaniana, a cada vez que Freud fala de "objeto", é para dizer que está faltando. Lacan encontra na teoria freudiana três modalidades de relação de objeto, e todas se originam da relação do *infans* com a mãe e, por conseguinte, são todas três marcadas pela falta (*manque*): castração – que remete a um objeto imaginário, o falus; frustração – que expressa a percepção da ausência na mãe de um objeto real, o pênis; e privação – que sintetiza a presença-ausência do objeto no plano simbólico[4]. O caso do pequeno Hans fornece a Lacan a melhor das ilustrações para a articulação dessas três modalidades que, oriundas da relação primordial com a mãe, necessitam da intervenção do pai ou, melhor dizendo, da Lei paterna. Pois a atuação paterna situa-se no plano da interdição, e, assim sendo, delimita o campo do possível permitindo que o menino supere a fase edipiana e chegue ao campo do real: "Com suas interdições, o pai institui uma ordem, o reino de uma lei que, mais tarde, após

---

[4] "Um objeto só faz falta se ele deveria estar ali" (LACAN, 1957: 428).

o declínio do Édipo, passará para o real [...]. No seio desta ordem, o menino poderá esperar pela evolução dos elementos" (p. 852).

Trata-se, e isso é constantemente sublinhado por Lacan, de um "pai simbólico", encarnado de modo imperfeito pelo pai real[5] – ainda que, no texto freudiano, o pai do pequeno Hans pareça encarnar tanto o pai real como o simbólico, mediante o recurso à lei de outro pai (imaginário?) expressa na voz de Freud, naquela curiosa modalidade analítica de leva e traz que faz do tratamento do menino fóbico um caso muito singular... De qualquer maneira, no nível do menino, é mesmo o próprio pai quem enuncia a castração, permitindo ao filho o acesso à dimensão simbólica. Esse processo, diz belamente Lacan – que logo mais vai se apoiar em Lévi-Strauss para afirmar que, nos mitos, importante é o seu modo de combinação e permutação, e não a sua eventual significação, assim prenunciando o ulterior primórdio do significante –, propiciaria "a progressão do imaginário para o simbólico, a organização do imaginário em mito, que permitiria que Hans transpusesse essa passagem" (p. 853).

O imaginário é, portanto, uma etapa a ser ultrapassada. Quer se trate da percepção de si no espelho como "outro", quer se situe no plano das relações objetais nos termos de uma adequação fantasiosa ao desejo do outro, carrega em si uma dimensão alienante e ilusória. A conceituação lacaniana em nada se afasta, portanto, do senso comum, como bem sublinharam Laplanche e Pontalis: "o uso específico que Lacan faz da palavra *imaginário* não deixa de manter relação com o sentido usual desse termo, já que toda conduta, toda relação imaginária está, segundo Lacan, essencialmente dedicada ao engano" (1971: 198). Engano este que deve despertar a vigilância do analista, pois o mecanismo da transferência se fundamenta precisamente na

---

[5] "O pai simbólico [...] não poderia encarnar-se no pai real, senão de modo imperfeito. Ele não está em parte alguma" (LACAN, 1957: 851).

reativação dessa relação dual imaginária, própria da fase pré-edipiana. "O perigo [para o analista] não reside numa reação negativa do [analisando], mas, antes, de sua captura numa objetivação, não menos imaginária que dantes, de sua estática, talvez de sua estátua, em um *status* renovado de sua alienação" (1966: 127). Estática estátua do simulacro, o sujeito do imaginário só poderá ultrapassar essa repetição alienante na medida em que o analista, pelo uso da palavra – que em si mesma remete à função simbólica – lhe faça aceder ao nível do simbólico, etapa no caminho do real.

Mas, se o imaginário é o modo da alienação, o real, por sua vez, ocupa um lugar ambíguo na teoria lacaniana. Como pudemos ver, no Seminário IV, ministrado em 1956-1957, o real parece ainda corresponder à noção do senso comum. Assim é que o "pai simbólico" – aquele que faz advir a castração – é explicitamente distinto do "pai real" – no caso, o do pequeno Hans. Mas logo no início do mesmo Seminário, Lacan adverte que

> o analista tem de ser muitíssimo cauteloso ao falar de real, pois o real sempre se situa no limite de sua experiência, em vez de estar nela incluído. [...] Aquele que parte, em vão, à procura de uma energia potencial, de uma "realidade" última, *além* da realidade estruturada, conflitada, simbolizada, que constitui o seu domínio, desconhece radicalmente a experiência analítica (1957: 427 – grifo do autor).

Na análise, não se trata, portanto, de levar o analisando para o campo da realidade, mas sim de fazê-lo aceder ao nível do simbólico. No "Discurso de Roma" – que, embora datado de 1953, foi amplamente reescrito por Lacan para a publicação dos *Écrits I*[6], em 1966 – o tom é mais peremptório: a relação analítica, "por suas

---

[6] Conforme esclarecimento do próprio autor, em notas ao longo do texto.

próprias regras, exclui qualquer contato real" (1966: 129). O *status* do real, no entanto, vai evoluir juntamente com a teoria lacaniana, para tomar feições não mais de algo simplesmente situado fora do âmbito psicanalítico, mas de algo para sempre inalcançável. No esforço de evacuar a substantificação, Lacan acaba por distanciar-se de qualquer referência ao real concreto, doravante descrito como puro campo fantasmático. "Apenas a matematização alcança algum real, real este que nada tem a ver com aquilo que o conhecimento tradicional vinha sustentando, que não é o que ele pensa como sendo a realidade, mas sim uma fantasia" (*Le Séminaire* XX, apud DOSSE, 1992, II: 232). É somente o real abstrato da matemática que faz sentido, e o real concreto é remetido ao campo da fantasia (*Phantasie*), jogado ao encontro do imaginário, em um discurso sedutor e paradoxal, em que a hegemonia do significante acaba por esvaziar qualquer pretensão de se chegar a alguma espécie de significado.

Não cabe proceder aqui a uma análise das ambiguidades lacanianas. No que diz respeito ao imaginário, verifica-se que, ao longo da evolução de sua teoria, Lacan não alterou significativamente o seu primeiro enfoque, que, na esteira do senso comum, relacionava imaginário e ilusão. Fonte de engano e de logro, na teoria lacaniana o imaginário, tal como para Sartre, assume características negativas.

Bachelard e a sedução do imaginário

O filósofo Gaston Bachelard ocupa uma posição singular entre os teóricos do imaginário. Partindo de uma reflexão epistemológica sobre a formação do pensamento científico, em que a ciência, "estética da inteligência", é vista como um processo constante de depuração, de "aproximação racional do real" (BACHELARD,

1927/1970: 103), ele vai desenvolver paralelamente uma produção que valoriza a criação poética.

A sua tese de doutoramento, defendida em 1927, tratava do trabalho de conceitualização operado no processo da construção do conhecimento científico. Já insistia no postulado conforme o qual o conhecimento é sempre inacabado, fonte de uma postura relativizante que se recusava a tomar por verdades as criações da ciência, sublinhando o hiato – além de insuperável, necessário ao progresso do conhecimento – entre pensamento e realidade[7]. O objetivo da conceitualização, por conseguinte, seria o constante refino das medidas e das aproximações, mantendo sempre presente a ideia subjacente de que a realidade existe, mas permanece inalcançável, e que isso é bom, por obrigar o cientista a constantes reformulações.

O conhecido ensaio sobre o "novo espírito científico", que sucede à tese, descreve o processo de depuração e retificação das noções científicas ao longo da história do pensamento ocidental. Nele, Bachelard retoma as considerações já esboçadas antes, conforme as quais a objetividade da ciência sofre um constante trabalho de superação das noções primitivas e subjetivas sobre o real, e que essa "modificação progressiva do pensamento" traz "o benefício da obliteração das características aberrantes e ocasionais do pensamento" (p. 300). É precisamente desta outra vertente, a das "características aberrantes do pensamento", que se ocupa o livro publicado logo depois do ensaio dedicado à formação do espírito científico, e que Bachelard intitulou La psychanalyse du feu, em 1938.

Ainda que, mais tarde, ele vá se distanciar claramente da psicanálise, então acusada de "explicar a flor pelo estrume" (BA-

---

[7] "Qualquer coincidência entre pensamento e realidade é um verdadeiro monstro epistemológico" (1970: 43).

CHELARD, 1957/1974: 12), é preciso reconhecer que, nessa primeira utilização de conceitos psicanalíticos, Bachelard se revela bastante fiel ao cientificismo de Freud. Ambos compartilham pressupostos racionalistas: as percepções intuitivas, os devaneios iluminados pelo fogo, "são um amontoado de brilhos parasitários que perturbam as legítimas luzes que o espírito deve acumular em um esforço discursivo" (1938/1949: 17). Arrolar esses brilhos parasitários, que durante tanto tempo atrapalharam a elaboração das explicações científicas, eis o primeiro objetivo da "psicanálise do fogo." As lendas primevas ofuscam o *Aufklärung*. O maravilhoso espetáculo do fogo encanta igualmente "contadores de histórias ou médicos, físicos ou sonhadores" e, "por conseguinte, os *engana*" ("*il les trompe*", p. 192 – grifo meu). O empreendimento de Bachelard é, portanto, nesse primeiro momento, uma tarefa de *desencantamento*.

Mas acontece que, nesse processo de depuração cientificista "das imagens que nos encantam", Bachelard acaba por descobrir que as imagens resistem. Não se trata de simples escórias que a abstração científica haveria de varrer para nos levar ao nível do esclarecimento. A imaginação constitui um reino autônomo, irredutível a outros modos de conhecimento. Mais ainda: ao abrir a via imaginal de percepção do mundo e de nós mesmos, *o reino das imagens nos cria*[8]. E ele conclui o livro clamando pela necessidade de se estudar as manifestações poéticas, reveladoras da atuação dessa função criadora.

A investigação das imagens enganadoras acaba desaguando no contrário daquilo que Bachelard inicialmente se propunha. A denúncia analítica vem dar no reencantamento do mundo.

---

[8] "A imaginação [...] constitui um reino autônomo, autógeno [...] no plano psíquico, somos criados pela nossa fantasia" (BACHELARD, 1938/1949: 215).

Doravante, e até o fim de sua vida, Bachelard dedicar-se-á a uma dupla jornada: o aprofundamento epistemológico, que se mantém fiel ao racionalismo – *Le rationalisme appliqué*, 1949; *L'activité rationaliste de la physique contemporaine*, 1951; *Le matérialisme rationnel*, 1953 –, e a hermenêutica da criação poética, que mergulha no mundo das imagens elementares – *L'eau et les rêves*, 1942; *L'air et les songes*, 1943; *La terre et les rêveries de la volonté*, 1948; *La terre et les rêveries du repos*, 1948; *La poétique de l'espace*, 1957. Vê-se que ele jamais abdicou de discorrer sobre as duas vertentes da criação do mundo pelo homem, que a função simbólica fundamenta e propicia, como bem mostrou Ernst Cassirer (1972) em sua filosofia das formas simbólicas: no início era a linguagem, que foi se desenvolvendo em duas direções, a mítica e a científica, duas modalidades de se apoderar do mundo, de transformá-lo em um lugar onde possamos viver.

Assim sendo, Bachelard consegue falar, em sua obra, tanto da negatividade como da positividade do imaginário. Na verdade, ele reserva o vocábulo para a vertente poética, definindo-o em *L'air et les songes*: "*O vocábulo fundamental que corresponde à imaginação não é imagem, é imaginário. O valor de uma imagem se mede pela extensão de sua auréola imaginária. Graças ao imaginário, a imaginação é essencialmente aberta, evasiva*" (apud ROCHA PITTA, 1987: 574 – grifos meus). O imaginário é visto como uma força, positiva, caracterizada pelo seu dinamismo, que põe em ação os recursos presentes no sujeito para atualizar as imagens internas e externas que, em consequência, tomam feições, como escreve Jean-Jacques Wunenburger (1997: 72), de "veículos de exploração de significações potenciais, que nos permitem descobrir a riqueza do cosmos e do Ser." O imaginário remete a uma dimensão ontológica.

Mas Bachelard, por mais seduzido e reencantado que se revela ao se oferecer às ressonâncias que as imagens lhe despertam, jamais deixa de afirmar a antinomia entre o fazer poético e o fazer científico. No texto que talvez seja o último dos seus grandes escritos, *La poétique de l'espace* (1957), ele reafirma o obstáculo: "O filósofo que seguiu, com a maior nitidez possível, o eixo do racionalismo ativo [...] deve esquecer o seu saber, romper com todos os seus métodos habituais de pesquisa filosófica, se quiser estudar os problemas colocados pela imaginação poética" (BACHELARD, 1957/1974: 1). Em outros termos, o *saber* ficaria do lado racionalista, enquanto a fenomenologia da imagem poética remeteria ao *sabor*. Mesmo assim, Bachelard vai se esforçar em legitimar o método poético, advogando uma dupla função no seio da imagem: "O poema tece o real com o irreal, ao dinamizar a linguagem pela dupla atividade da significação e da poesia" (p. 17). Ele já havia, desde *L'eau et les rêves*, hipotetizado a presença de uma "função do irreal", em oposição àquilo que a psicologia francesa, com Pierre Janet, apelidara de *fonction du réel*, instância destinada a assegurar a correta adequação do sujeito ao mundo real. E afirmara então que alguém desprovido da "função do irreal" seria tão doente quanto alguém privado da outra função[9].

Desta vez, apoia-se em Jung, cujas referências vão se multiplicando ao longo de sua obra, para afirmar a positividade da "função do irreal": "À *função do real*, instruída pelo passado, tal como foi delineada pela psicologia clássica, é preciso acrescentar *uma função do irreal* tão positiva quanto aquela" (p. 16, grifos do autor). Vê-se

---

[9] Hipótese esta gostosamente retomada e desenvolvida pelo psiquiatra Eugène Minkowski (1966), cujo diálogo parece ter sido constante com Bachelard, que lhe tomou de empréstimo a noção de *retentissement* (ressonância). A "função do real", que hoje nos soa um tanto ultrapassada, inspirou, no entanto, a criação do teste de Rorschach, que lhe faz explícita referência (RORSCHACH, 1921/1953).

que tal função assume, por assim dizer, uma dimensão prospectiva, já que complementa a informação oriunda das experiências passadas e propiciada pela função do real, e, na esteira de Jung, pode ser vista como reveladora de algo que está por vir: "Uma simples imagem, se for nova, abre um mundo" (p. 129). Os poetas criam "documentos de psicologia requintada" (*psychologie raffinée*), quando, em vez de utilizar meras metáforas – vistas por Bachelard como essencialmente reprodutivas – se abrem à autonomia do imaginário, que se expressa na pura criação.

Com razão, Gilbert Durand (1984: 76) vê, na obra de Bachelard, a antítese de Sartre, opondo a "prospecção fenomenológica dos símbolos poéticos" do primeiro à "fenomenologia estática e niilista" do segundo. Do mesmo modo, verifica-se claramente que, partindo de uma profunda desconfiança em relação às representações poéticas – em certa medida próxima da dimensão ilusória enfatizada por Lacan –, Bachelard acaba por elaborar uma proposta antagônica à do psicanalista. Não somente abandona Freud por Jung, mas ainda faz do imaginário, em vez de um modo de alienação, o lugar onde se elaboram os meios mais requintados de se abrir ao mundo.

Gilbert Durand: o imaginário como capital antropológico

"Depois de Bachelard, só restava 'generalizar' a antropologia restrita do autor de *La poétique de la rêverie*", declara o seu discípulo Gilbert Durand (1984: 85), ao sintetizar as fontes da sua própria teoria do imaginário. O que pretende, desde o seu livro fundador, *Les structures anthropologiques de l'imaginaire*, de 1960, é fazer da temática do imaginário uma confluência unificadora de todas as ciências humanas e sociais:

> O imaginário – isto é, o conjunto das imagens e das relações entre imagens que constitui o capital pensado

do *homo sapiens* – [...] é a encruzilhada antropológica que permite esclarecer determinado procedimento de uma das ciências humanas, por determinado procedimento de outra dessas mesmas ciências (DURAND, 1960/1969: 12).

A definição do imaginário como capital antropológico possibilita estabelecer o diálogo entre as diversas ciências do homem. Não há mais antagonismo entre razão e imaginação, que são, ambas, ferramentas na construção do mundo. Construção no modo simbólico, é claro, que, aos olhos de um cassireriano convicto como Durand, torna-se sinônimo da própria criação do homem e do mundo. *Homo animal symbolicum*, esta sentença de Giambattista Vico (1725/1979) que fundamenta a argumentação de Cassirer, é totalmente assumida por Durand que, tal como o pensador italiano, propõe levar até as últimas consequências o projeto de uma "ciência nova" baseada na "sabedoria poética".

Assim sendo, critica as hermenêuticas que julga serem redutoras, a psicanálise freudiana ou o estruturalismo levi-straussiano, cuja tentativa de elucidação intelectualista, diz ele, "se esforça para reduzir o símbolo ao signo" (DURAND, 1984: 62). Opõe-lhes as hermenêuticas *instauradoras*, de Bachelard, Cassirer ou Jung, que rejeitam a explicação em prol do alargamento do sentido a partir do símbolo. Não se trata de interpretar o símbolo, mas sim de aprofundar aquilo que revela do humano. Em outros termos, somente uma imagem pode esclarecer outra imagem – afirmação que Durand toma emprestada de Bachelard – e os diversos níveis de sentido manifestados pelos símbolos só podem ser apreendidos mediante o confronto entre os mesmos.

Tal propósito implica um conhecimento exaustivo das imagens presentes nesse acervo antropológico, vasto programa de pesquisa e levantamento que, diz o autor, possibilitaria a elaboração de uma arquetipologia geral. Foi este o objetivo do seu grande livro sobre as estruturas antropológicas do imaginário. Pesado, denso, esse tratado oferece, ao lado de um esboço teórico detalhado em suas definições, uma extensa tipologia arquetipal, que acabou dando origem à criação de um teste, o AT-9, elaborado pelo psicólogo Yves Durand (1988), com a finalidade de facilitar a identificação das imagens arquetípicas presentes em diversos grupos culturais. Deixando de lado essa arquetipologia aplicada[10], serão aqui analisadas as implicações epistemológicas presentes na contribuição teórica de Gilbert Durand.

Importante conceito é o de *trajeto antropológico*, que situa a produção de imagens em um percurso que vai desde o biológico até o sociocultural, de tal modo que o imaginário pode ser estudado em qualquer ponto dessa trajetória, sem que isso implique hierarquia (graus de verdade ou de ilusão, como em Sartre ou Lacan) ou ruptura (oposição entre imaginário e racionalidade, como em Bachelard). Em nível sensório-motor, três dominantes – inspiradas na reflexologia de Bechterew – "desenham", como escreve Wunenburger (1997: 72), "a infraestrutura da sintaxe das imagens". Considerando que o corpo toma parte, por inteiro, na constituição das imagens, Durand apoia a sua tipologia na distinção entre reflexos posturais – que dizem respeito à verticalidade do corpo no espaço –, "digestivos" – que regem as relações entre o "dentro" e o "fora" – e rítmicos – ligados ao ciclo vital do organismo. Na outra ponta do trajeto antropológico, a semântica simbólica é produzida pelo imaginário cultural, e oferece ao sujeito um repertório de imagens, organizadas em grandes sistemas míticos. É na confluência desses dois referenciais, corporal e cultural, que o sujeito vai construir a sua própria produção. Desse modo, Durand apresenta uma visão

---

[10] Uma boa ilustração dessa vertente pode ser encontrada na tese de doutoramento de Danielle Perin Rocha Pitta (1979), orientada por Gilbert Durand.

sintética e integrativa dos diversos elementos que estariam atuando na produção de imagens em nível individual, e todas as definições que propõe devem ser lidas em função do lugar que ocupam no trajeto antropológico.

Os *esquemas* (*schèmes*), cujo fundamento é corporal, são os modos pelos quais as imagens se agrupam concretamente, para formarem temas que, por sua vez, se articulam com os *arquétipos*, conjuntos elaborados pelas diversas culturas e expressos através de *símbolos*. Finalmente, os *mitos* são grandes sistemas dinâmicos que põem em relação símbolos, arquétipos e esquemas. Tendo uma origem essencialmente narrativa – é este o significado da palavra grega *múthos*, "fala", ou ainda "relato" –, o mito permite apreender, conforme afirma Durand (1960/1969: 64), o jogo mútuo da racionalidade (presente na articulação do discurso) e da imaginação simbólica. A "arquetipologia geral" acaba desembocando numa exaltação da retórica, "último termo desse trajeto antropológico, no seio do qual se desdobra o domínio do imaginário" (p. 499).

Nesse ponto, Durand parece sustentar-se em um fio de navalha particularmente exíguo. Em seu esforço de síntese, que pretende estabelecer, de uma vez por todas, a legitimidade do imaginário, ele lança mão de recursos vários, desde a reflexologia que dá um tom quase que biologizante a algumas páginas, até o uso, quase frazeriano, do método comparativo, para, no fim do livro, proclamar a necessidade de se criar uma *fantástica transcendental* que, pelo menos nesse texto, carreia um forte cheiro de irracionalismo.

O autor, aliás, não se furtará a enfrentar essa acusação em obras ulteriores. O mergulho sistemático nas narrativas míticas ou nas produções poéticas, longe de ser sinônimo de algum extravio em caminhos fantásticos, pode, muito pelo contrário, ser garantia de equilíbrio. Assumindo nesse aspecto uma posição claramente junguiana, Durand declara que o racionalismo cego é quem provoca, ao longo da história, a irrupção descontrolada do irracionalismo, como o advento do nazismo, colocado por Jung sob o signo de "Wotan, o selvagem deus das estepes": "Os verdadeiros culpados [...] foram as avestruzes racionalistas que acreditaram ter exorcizado o mito pela sua negação" (DURAND, 1989: 156). O mito jamais pode ser ignorado, e o poder do imaginário constitui um forte aliado na luta contra as forças tenebrosas. *Toda sociedade é mitomórfica sob pena de morte*" (p. 156 – grifo meu).

Não se trata, portanto, de fuga irracionalista, mas sim da assunção necessária dos aspectos antagônicos do homem. O mito põe em evidência essa dimensão paradoxal e, ao fazê-lo, aponta para modalidades de vivificação. A arte, à qual Durand atribui a mesma capacidade de síntese criadora – que se situa na vertente das produções individuais, enquanto o mito é produto coletivo –, permite igualmente ultrapassar "os terrores da história" e, por conseguinte, transmuta o sofrimento e a morte em obra. Em resposta ao Bachelard do *Nouvel esprit scientifique*, Durand (1996a) agora afirma a necessidade de um *Nouvel esprit anthropologique*, fundamentado na "necessidade epistemológica de restaurar as ciências do mito".

Face ao método científico – fruto do positivismo desencantado –, o autor propõe, com o desassombro que lhe é peculiar, o uso do *método* que, diz ele, "substitui a indução clássica (mera 'dedução' invertida) por uma indução por assim dizer 'constelante', trocando a análise mecanicista por 'análises multirreferenciais'" (1996b: 50). Reafirmando que o mito só se pode entender pelo mito, e a imagem, pela imagem, justifica novamente o princípio de uma "leitura cumulativa" de imagens e símbolos. Durand chama de transversalidade (*transversalité*) o método que consiste em confrontar mitos – descritos ainda como encenação (*mise-en-scène*) do símbolo, enquanto o símbolo seria o emblema da "lição mítica" – entre si, e pôr para dialogar produções coletivas e individuais. Esse procedimento alude ainda àquilo que Jung chamava de *Darstellung*, evidenciação do poder do símbolo pela amplificação de suas ressonâncias.

O ponto frágil da argumentação de Durand, por mais sedutor que seja o seu discurso, é que a prática da "mitodologia" implica um conhecimento enciclopédico de mitos e símbolos e, na ausência desse conhecimento, corre o risco de descambar para um exercício de pura efervescência retórica, ao qual é permitido preferir análises mais tradicionalmente rigorosas.

Por outro lado, não se pode deixar de considerar a relevância de sua proposta, na medida em que faz do imaginário a característica propriamente humana de *Sapiens* e, por conseguinte, aponta para a necessidade de se fundamentar todo empreendimento antropológico nas produções da imaginação simbólica: "*não há sociedades sem poetas, sem artistas, sem valores*" (DURAND, 1984: 112 – grifo meu). São esses conteúdos que fornecem o ponto de partida para se entender os mecanismos próprios a cada sociedade. Proposta essa que inverte o procedimento tradicional, e que Cornélius Castoriadis vai igualmente desenvolver, a partir de outras bases, e em direção a outras implicações.

Cornélius Castoriadis: o imaginário como raiz

Para Castoriadis, é igualmente nas produções poéticas que se devem buscar os paradigmas que possibilitarão entender o que advém no mundo com o surgimento do homem[11]. Mas ele estende a ideia de criação para o campo das instituições, que vê como sendo

---

[11] Cf. a sua comunicação no Simpósio Internacional de Stanford, em 1981, reproduzida em Castoriadis (1986b: 219-237).

também criações próprias de *Sapiens*, do mesmo modo que o fazer poético ou mítico. Em sua concepção, sociedade e história são, por humanas, formas que expressam a construção simbólica do mundo e, por conseguinte, revelam a atuação fundante do imaginário.

Filósofo de formação, como, aliás, todos os teóricos aqui analisados, salvo o médico Lacan, é em Aristóteles que Castoriadis se apoia para afirmar a primazia do imaginário. Para Aristóteles, haveria, por debaixo da imaginação tal como o senso comum a representa, fonte das fábulas e das fantasias, uma imaginação "primeva", criadora. O fundamento da atividade imaginativa em sua atuação realmente criadora, a "função" que a torna possível, é aquilo que Castoriadis chama de "imaginário".

Essa característica, que numa perspectiva cassireriana podemos entender como outro nome para a dimensão simbólica, tem a sua origem na realidade mortal do homem, que o torna sempre enigmático para si próprio e desejoso de encontrar alguma significação no caos de sua existência. Mas não há sentido pré-formado, à disposição do homem. É preciso que ele o invente: "O homem é um ser que procura o sentido. E para satisfazer esta necessidade de sentido, *cria* o sentido" (CASTORIADIS, 1992: 93 – grifo do autor). A linguagem é, por conseguinte, a expressão mais óbvia desse empreendimento de criação de significado, mas, ao mesmo tempo, atesta o seu fracasso, pois a inelutável fratura da impermanência faz da criação – de qualquer criação – uma tarefa interminável, e o prosseguir da história põe em evidência a constante transformação do homem e do mundo. Em sua dimensão mortal, o homem carrega em si uma alteridade insuperável, e as soluções que elabora só fazem criar novas fontes de alteridade. "Existe pelo menos um ser que cria alteridade, que é fonte de alteridade e que se altera a si mesmo" (p. 89).

Há, portanto, uma dialética constante entre alteridade existencial, intrínseca, primordial, e alteridade "segunda", produzida pelas tentativas de superar a primeira. Este círculo é o motor da história, da sociedade, e da criação de si próprio em nível individual.

Enquanto Durand, na tentativa de situar o imaginário em sua dimensão antropológica, se detinha no nível das produções poéticas e míticas, ou seja, no nível de suas *realizações* efetivas, a proposta de Castoriadis é mais ambiciosa. Pretende aprofundar a reflexão sobre as raízes da criação. Daí a sua concepção de *imaginário radical*, ou seja, de um imaginário fundador em nível ontológico, do qual só podemos apreender as manifestações – aquilo que se revela no nível do imaginário efetivo, através dos seus conteúdos –, mas que está necessariamente na *raiz* da criação. Nessa perspectiva, toda criação humana, história, sociedade, ou indivíduo, é igualmente reveladora da atuação do imaginário. A nenhum desses níveis, por conseguinte, será atribuído um *status* diferente, um peso mais ou menos relevante na análise da dimensão criativa do homem. Superando a antinomia que Bachelard jamais conseguiu ultrapassar, Castoriadis nos fornece uma concepção totalmente abrangente do imaginário em suas produções. Tanto faz examinar uma poesia, uma teoria da física, a estrutura de determinadas instituições ou a existência do *Gulag*. Todas são produções do espírito humano e criação de novas ordenações:

> A criação de música ou de tal obra musical, ou a Revolução Francesa, são a posição de novas determinações. São criações de *formas*, ou de *eidos*, como teria dito Platão. Isto quer dizer, um conjunto de determinações, de leis, um conjunto de possíveis e impossíveis que são definidos a partir do momento em que a forma é colocada (p. 88 – grifos do autor).

De tal modo que o processo da história vai desencadeando novas possibilidades, mas também novas impossibilidades, criando uma infinita proliferação de expressões singulares: "É cada vez a singularidade do indivíduo, ou a singularidade de uma sociedade particular, que fazem que sejam *este* indivíduo e *esta* sociedade, e que traduzem a sua essência" (p. 84 – grifos do autor).

Não se trata, portanto, de dar asas à empolgação comparativista que, por vezes, empana o brilho da retórica durandiana. Longe disso, a riqueza da criação só pode ser apreendida na análise pontual e contextualizada de cada produção. E, nesse ponto, a contribuição de Castoriadis nos parece extremamente fecunda, pelo destaque que concede à conceituação de instituição.

L'institution imaginaire de la société, é este o título do seu primeiro livro, publicado em 1975 na França, para onde, grego de nascimento, ele havia emigrado em decorrência da ditadura dos coronéis. Com passado marxista, fundador com Claude Lefort do grupo *Socialisme ou barbarie* que se destacou nos anos 50 e 60 por uma notável crítica do stalinismo, Castoriadis enuncia logo o seu projeto de elucidação do processo de autocriação da sociedade e das instituições pelas quais se perpetua. Autocriação esta que se dá sob o signo do imaginário.

Desde o prefácio, toma as suas distâncias em relação a outras teorias do imaginário, já vigentes na época e, especificamente, ao enfoque lacaniano[12]:

Aquilo que, a partir de 1964, denominei o imaginário, nada tem a ver com as representações que circulam correntemente sob esse título. Em particular, nada tem a ver com o que algumas correntes psicanalíticas apresentam como "imaginário": o "especular", que,

---

[12] Na verdade, a crítica que Castoriadis faz de Lacan em muito ultrapassa o nível da definição do imaginário, para tomar, por vezes, feições da pura e simples exasperação, como se pode ler em *Les carrefours du labyrinthe I* (1978: 81-157). Foge ao nosso propósito entrar aqui nessa contenda.

evidentemente, é apenas imagem *de* e imagem refletida, ou seja, *reflexo* [...] O imaginário de que falo não é imagem de. É criação incessante e essencialmente indeterminada (social-histórica e psíquica) de figuras/formas/imagens, a partir das quais somente é possível falar-se de "alguma coisa". Aquilo que denominados "realidade" e "racionalidade" são seus produtos (1975/1986a: 13 – grifos do autor).

Imaginário é, portanto, sinônimo de humano. A "racionalidade" tão louvada por nossa cultura ocidental, a tal ponto que o homem foi definido como "animal racional" em oposição aos "animais irracionais", é apenas um aspecto do pensamento, dentre os possíveis. Castoriadis vai mais longe. O homem não é somente capaz de racionalidade e irracionalidade. Mas, ao contrário do que pretende o pensamento herdado, é a irracionalidade a característica especificamente humana. Racionais são os animais, cuja programação biológica não admite erros: "Jamais vi uma formiga tropeçar!", comenta jocosamente. Como todos sabem, "errar é humano" e essa possibilidade de erro, em vez de constituir uma falha, é indicativa de nossa intrínseca capacidade de criação. Nessa perspectiva, a racionalidade seria, por assim dizer, uma província possível dentro do quadro geral de irracionalidade: "O homem não é um animal racional, como diz o velho lugar-comum. Tampouco é um animal doente. O homem é um animal louco (que começa sendo louco) e que, também por isso, torna-se ou pode tornar-se racional" (p. 332). Essa loucura primeva, ligada à vivência existencial da alteridade, talvez seja outro nome para o imaginário radical.

Talvez seja também, esse imaginário de raiz, outro nome para o inconsciente? O psicanalista que Castoriadis foi, por mais de vinte anos, não escamoteia a questão. Proclamando-se repetidas vezes "freudiano fervoroso", nem por isso considera que a obra de Freud seja um evangelho intocável[13] Nesse sentido, não julga satisfatória a redução do imaginário ao simples nível da *Phantasie*, por pertencer, esta última, ao campo da *reprodução* de coisas já percebidas antes pelo sujeito: "É como se tais 'fantasias' fossem apenas produto de uma atividade *re-combinatória* – logo, em nada originária ou criadora. [...] Assim, o que chamamos de imaginação acaba sendo desprovido de *status* psíquico, reduzido a uma atividade derivada e secundária" (1997: 245-246 – grifo do autor). Castoriadis atribui essa limitação ao cientificismo de Freud, cioso de apresentar um modelo condizente com as exigências positivistas do século XIX. Mas foi também quem deu o seu aval a uma revista intitulada *Imago*... E se,

> longe de procurar fundamentar a fantasia nas pulsões, Freud, ao contrário, fa[zia] depender o jogo pulsional das estruturas fantásticas antecedentes, devemos admitir que *o fantasiar originário, o que denomino a imaginação radical*, preexiste e preside toda organização, mesmo a mais primitiva, da pulsão (1986a: 329 – grifo meu).

O sentimento de Castoriadis, expresso ao longo de sua obra – iniciada com *A instituição imaginária da sociedade* e desenvolvida ao longo dos anos seguintes, até o seu falecimento prematuro em dezembro de 1997, pela série das *Encruzilhadas do Labirinto*, sucessivas coletâneas de textos que esclarecem e aprofundam as ideias expostas no primeiro livro, sem modificá-las substancialmente –, é que a temática da imaginação e, por extensão, do imaginário, percorre de modo subterrâneo quase todos os escritos de Freud.

Seja como for, Castoriadis não se furta a estabelecer pontes entre o seu conceito de imaginário radical e o de inconsciente, definido como "*produto e manifestação contínua da imaginação radical*" (1986a:

---

[13] "A maior parte das descobertas de Freud permanece válida, mas, sem dúvida, é preciso ir muito além. É isto que tento começar" (CASTORIADIS, 1997: 90).

323, grifo meu). Não são palavras sinônimas. O imaginário radical estaria na base do inconsciente no sentido freudiano, mas não se poderia confundir com este. Mais tarde, numa entrevista realizada em 1991, Castoriadis assumiria uma posição mais clara e determinada: "Penso – e não sei se terei a capacidade, as forças e o tempo para elaborar realmente essa ideia e sobretudo lhe dar, além do interesse teórico, alguma pertinência prática – que o inconsciente humano ultrapassa o inconsciente freudiano" (1997: 92). Prossegue propondo, "provisoriamente", o termo de "não consciente humano" (*non-conscient humain*), que não nos parece especialmente atraente, mas que, ao menos, assume a distância com o inconsciente no sentido freudiano, visto como recorte peculiar daquele.

Assim sendo, Castoriadis deixa bem claro que, para ele, não pode haver o chamado "sujeito do inconsciente", pois não faz sentido reduzir a construção do sujeito humano a uma ordem privilegiada de níveis ou fatores. Trata-se de um modo de existir marcado por insuperável complexidade: "O 'sujeito' se apresenta como estranha totalidade, nem tão total assim e contudo plena, paradoxalmente composta por um corpo biológico, um ser social, uma 'pessoa' mais ou menos consciente e, por fim, uma psique inconsciente, formando um todo altamente heterogêneo e no entanto definitivamente indissociável" (1990: 193). Essa paradoxal totalidade carrega dentro de si uma incompletude insuperável, expressão da alteridade essencial do ser humano, corolária do imaginário radical. Psique, sociedade, história, são três dimensões inter-relacionadas, pelas quais fala a alteridade, e a necessidade de tentar superá-la: "O homem é primeiramente psique. Homem, psique profunda, inconsciente. E o homem é sociedade. Ele é apenas na e pela sociedade e sua instituição e pelas significações imaginárias sociais, que tornam a psique apta para a vida. E a sociedade é sempre também história" (1992: 90).

Em sua teoria, Castoriadis atribui um *status* equivalente à vertente psíquica, individual, e à vertente sócio-histórica. Ambas são modalidades da realidade humana, e são ambas construídas pela dimensão simbólica.

> É nesses dois níveis, ou seja, no *psíquico* e no *social-histórico* que encontramos essa capacidade de criação que nomeei, mais particularmente, *imaginação* e *imaginário*. Há uma imaginação radical da psique, isto é, há um surgimento perpétuo de um fluxo de representações, afetos e desejos indissociáveis e, com efeito, incontroláveis [...]. Mas não é a psique neste sentido que pode criar instituições. Não é o inconsciente que cria a lei ou mesmo a ideia da lei. Ela lhe é imposta pela sociedade. Não é a psique que pode criar a linguagem. Ela deve recebê-la do exterior. E com a linguagem ela recebe a totalidade das significações imaginárias sociais que a linguagem veicula e torna possíveis (1992: 91 – grifos do autor).

Em outras palavras, para que o ser humano possa sobreviver em meio às tensões de sua situação, é-lhe preciso criar sentido. E o sentido, para ser realmente significativo, necessita ser compartilhado. A instituição da sociedade se entrelaça com a emergência da linguagem: "A sociedade faz ser um mundo de significações e *é* ela própria por referência a um tal mundo [...]. O que unifica uma sociedade é a unidade de seu mundo de significações" (1986a: 404 – grifo do autor). O indivíduo, por conseguinte, é, ele próprio, uma criação deste mundo de significações e a socialização é o processo de aprendizagem, não apenas da linguagem e das instituições, mas *de si mesmo como instituição criada pela sociedade à qual se pertence*. Tal aprendizagem, é claro, não pode ser isenta de tensões: "o indivíduo social [já que a própria noção de indivíduo é uma instituição produzida por uma determinada sociedade] não se desenvolve como uma planta, mas é criado – fabricado pela sociedade e isso *sempre* mediante uma ruptura violenta daquilo que é o estado primário da psique e suas exigências" (p. 354 – grifo do autor). A socialização é, por conseguinte, promotora de adaptação e origem de conflitos.

Ao mesmo tempo, a psique só se pode reconhecer como tal a partir da linguagem que, ao longo da história, vai fixar significações mais ou menos estáveis, deixando a sua função de *criação* de um mundo para assumir uma dimensão de regulação e *perpetuação* de sentidos já estabelecidos. Ou seja, sai da criação para a reprodução. Mas a história, por sua vez, escapa dessa lógica identitária, pois é sinônimo de transformação, e aqui voltamos para a alteridade: "A questão da história é questão da emergência da alteridade radical" (p. 207).

A teoria de Castoriadis concebe o mundo humano como um grande sistema de tensões, entre o instituído, que necessariamente tende a se perpetuar – quer se trate de uma sociedade, de suas leis ou de suas representações –, e o instituinte que, ao criar novas modalidades, tende a romper frontalmente com as significações herdadas. Esse conflito só pode ser interminável, já que sociedades e pessoas, para viver, necessitam de instituições estáveis e referências identitárias, ao mesmo tempo em que, para existirem plenamente, precisam criar novas formas. A definição do homem como ser da alteridade assume que essa dialética jamais poderá ter fim, e a "criação incessante" que lhe é corolária é, no fim das contas, aquilo que Castoriadis chama de *imaginário*.

Concluindo, por enquanto

Esse breve percurso à procura de teorias do imaginário abriu-nos várias "janelas", nem todas atraentes ou satisfatórias. Não por acaso, seguramente, os cinco autores analisados são todos franceses. Bachelard (1884-1961) é o único a ter nascido no século XIX, mas representa claramente tendências marcantes do século XX, entre elas, a importância atribuída a questões epistemológicas. Sartre

(1905-1980) e Lacan (1901-1981), exatamente contemporâneos, ilustram plenamente correntes ideológicas e até modas presentes ao longo do século XX, a ponto de terem sido tomados por ícones na efervescência dos anos 60/70. Na obra de ambos, o imaginário, ainda que destacado, foi apenas um tema entre muitos, e o destaque que lhe concederam, como aqui se viu, em nada se afasta daquilo que o senso comum lhe atribui. Já na geração seguinte, Castoriadis (1922-1997) e Durand (nascido em 1921) explicitamente fizeram do imaginário o eixo central das respectivas obras e, por isso mesmo, parecem oferecer contribuições mais satisfatórias para o nosso propósito.

Ambos romperam com a primazia do racionalismo, o que também os distingue dos autores da geração precedente. Bachelard, que situamos aqui numa posição quase que de dobradiça, por ter atribuído um *status* equivalente à *fonction du réel* e à *fonction de l'irréel*, não chegou, porém, a elaborar uma proposta teórica que conseguisse superar a antinomia entre tais "funções", tarefa esta que o seu discípulo Durand levou adiante. Como se viu, o imaginário é, para Durand, o "capital pensado de *Homo Sapiens*", e é na análise dos mitos que qualquer empreendimento de compreensão do ser humano se deveria fundamentar.

Castoriadis vai mais adiante. Para ele, o imaginário não é um acervo, mas uma fonte. Ou, melhor dizendo, há, para Castoriadis, diversas acepções possíveis para o imaginário. O que Durand resgata e analisa corresponderia ao "imaginário efetivo" (CASTORIADIS, s.d.: 42ss.), ou seja, o conjunto das produções já realizadas. O tão falado "imaginário social" situar-se-ia igualmente no nível das representações elaboradas por determinada sociedade em um momento peculiar de sua história. Mas o que sustenta esse processo de criação é algo outro, fundamental, irreprimível, indômito, ao qual ele deu o nome de "imaginário radical".

Por definição, esse imaginário é inalcançável, apenas dedutível através da análise do processo de criação mútua do homem e do mundo. Nesse plano, a conceituação de imaginário instituinte e instituído – que põe em evidência os mecanismos pelos quais sociedade e psique se constroem, em um sistema de tensões que jamais evacua a alteridade fundadora – parece constituir uma das contribuições mais preciosas da teoria castoriadiana e representa até hoje o apoio mais consistente que me foi possível encontrar para sustentar pesquisas empíricas no campo do imaginário efetivo.

Como já foi dito no início, este texto é o resultado de uma busca pessoal ou, parafraseando Castoriadis, a expressão singular deste indivíduo nesta sociedade e neste momento. É possível que outros teóricos surjam, ou que teorias ainda desconhecidas por minhas limitações pessoais apontem para caminhos ainda mais fecundos. A procura por melhores equacionamentos de nossas questões jamais acaba, os labirintos são infinitos, e cada encruzilhada oferece fascinantes desafios...

Referências bibliográficas

A Bíblia Sagrada (1969). Rio de Janeiro: Sociedade Bíblica do Brasil.

AFFERGAN, F. (1987). *Exotisme et altérité*. Paris: PUF.

ALVITO, M. (2001). *As cores de Acari* – Uma favela carioca. Rio de Janeiro: FGV.

AMADO, J. (1995). Apresentação. In: VERGER, P.F. *Ewé* – O uso das plantas na sociedade iorubá. São Paulo: Companhia das Letras, p. 5-6.

ANÔNIMO (s.d.). *A vida da Escrava Anastácia* – Orações reproduzidas conforme originais. Rio de Janeiro: Tinharé, 6 p.

ASSEO, H. (1994). *Les tsiganes* – Une destinée européenne. Paris: Gallimard.

AUGÉ, M. (1975). *Théorie des pouvoirs et idéologie* – Étude de cas en Côte d'Ivoire. Paris: Herman.

AUGRAS, M. (2005a). A segunda-feira é das almas. *Brasilis*, 2(1), p. 49-60.

_____ (2005b). *Todos os santos são bem-vindos*. Rio de Janeiro: Pallas.

_____ (2004). Devoções populares: arcaísmo ou pós-modernidade? In: PAIVA, G.J. & ZANGARI, W. (orgs.) *A representação na religião*: perspectivas psicológicas. São Paulo: Loyola.

_____ (1998). *O Brasil do samba-enredo*. Rio de Janeiro: FGV.

_____ (1995). *Alteridade e dominação no Brasil* – Psicologia e cultura. Rio de Janeiro: Nau.

_____ (1989a). De Iya mi a Pombagira: transformações e símbolos da libido. In: MOURA, C.E.M. (org.). *Meu sinal está em teu corpo*. São Paulo: Edicon/Edusp, p. 14-33.

_____ (1989b). É negra a Virgem do Rosário. *Folhetim*, 3, p. 50-52. Juiz de Fora: UFJF.

_____ (1983). *O duplo e a metamorfose*. Petrópolis: Vozes.

BACHELARD, G. (1993). *La formation de l'esprit scientifique* [1938]. Paris: Vrin.

_____ (1974). *La poétique de l'espace* [1957]. Paris: PUF.

_____ (1973). *Essai sur la connaissance approchée* [1927]. Paris: Vrin.

_____ (1970). *Le droit de rêver* [1939-1952]. Paris: PUF.

_____ (1949). *La psychanalyse du feu* [1938]. Paris: Gallimard.

BALTRUSAITIS, J. (1960). *Réveils et prodiges* – Le gothique fantastique. Paris: Armand Colin.

BARBOSA, M. (1988). A escrava Anastácia. *Jornal do Brasil*, Caderno. B, 25/03, p. 2.

BARDY, C. (1965). O século XVIII. In: NASCIMENTO SILVA, F. (org.). *Rio de Janeiro em seus quatrocentos anos*. Rio de Janeiro: Record, p. 80-101.

BARRAL I ALTET, X. (1993). *Compostelle le grand chemin*. Paris: Gallimard.

BARUS-MICHEL, J. (1980). Le chercheur, premier objet de la recherche. *Bulletin de Psychologie*, XXXIX (37), p. 801-804.

BASTIDE, R. (1971). *As religiões africanas no Brasil*. 2 vol. São Paulo: Pioneira.

_____ (1970). Mémoire collective et sociologie du bricolage. *L'Année sociologique*, 21, p. 65-108.

BÉDIER, J. (1929). *Les légendes épiques* – Recherches sur la formation des chansons de geste. Paris: Édouard Champion.

BENCI, J. (1977). *Economia cristã dos senhores no governo dos escravos* [1700]. São Paulo: Grijalbo.

BERGER, P. (1985). *O dossel sagrado* – Elementos para uma teoria sociológica da religião. São Paulo: Paulinas.

BETTENCOURT, E. (1995). A missa afro. *Pergunte e responderemos*, 403, p. 560-564.

BIRMAN, P. (1983). *O que é Umbanda*. São Paulo: Brasiliense.

BLANCQUART, M.C. (1984). Notes et variantes. In: FRANCE, A. *Oeuvres I*. Paris: Gallimard, p. 1.240-1.280.

BLOCH, M. (1983). *Les rois thaumaturges*. Paris: Gallimard.

BOUGEROL, C (1983). *La médecine populaire à la Guadeloupe*. Paris: Karthala.

BOURDIEU, P. & WACQUANT, L. (1992). *Réponses*. Paris: Seuil.

BRANDÃO, J. (1993). *Dicionário Mítico-etimológico*. Petrópolis: Vozes.

BRETON, A. (1972). *Anthologie de l'humour noir*. Paris: Jean-Jacques Pauvert.

BROWN, D. (1986). *Umbanda* – Religion and Politics in Urban Brazil. Nova York: Columbia University Press.

BRUMANA, F.G. & MARTINEZ, E.G. (1991). *Marginália sagrada*. Campinas: Unicamp.

BRUNET, J.C. (1990). *Manuel du libraire et de l'amateur de livres* [1861]. T. 1. Genebra: Slatkine Reprints.

BURDICK, J. (1998). *Blessed Anastacia* – Women, Race and Popular Christianity in Brazil. Nova York: Routledge.

CACCIATORE, O.G. (1977). *Dicionário de Cultos Afro-brasileiros*. Rio de Janeiro: Forense Universitária.

Caldas Aulete – Dicionário Contemporâneo da Língua Portuguesa (1964). Vol. 4. Rio de Janeiro: Delta.

CALMETTE, J. (1987). *Les grands ducs de Bourgogne*. Paris: Albin Michel.

_____ (1979). *Charles V.* Paris: Jules Tallandier.

_____ (1947). *Histoire de l'Espagne*. Paris: Flammarion.

CÂMARA CASCUDO, L. (1978). *Meleagro* – Pesquisas do catimbó e notas da magia branca no Brasil [1949]. Rio de Janeiro: Agir.

CAMUS, D. (2001). *La sorcellerie en France aujourd'hui*. Rennes: Ouest-France.

_____ (1988). *Pouvoirs sorciers*. Paris: Imago.

CASSIRER, E. (1972). *La philosophie des formes symboliques* –3 vols: 1. Le langage; 2. La pensée mythique; 3. La phénoménologie de la connaissance. Paris: Minuit.

CASTORIADIS, C. (1997). *Fait et à faire* – Les carrefours du labyrinthe V. Paris: Seuil.

_____ (1996). *La montée de l'insignifiance* – Les carrefours du labyrinthe IV. Paris: Seuil.

_____ (1992). *A criação histórica*. Porto Alegre: Artes Médicas.

_____ (1990). *Le monde morcelé* – Les carrefours du labyrinthe III. Paris: Seuil.

_____ (1986a). *A instituição imaginária da sociedade* [1975]. Rio de Janeiro: Paz e Terra.

_____ (1986b). *Domaines de l'homme* – Les carrefours du labyrinthe II. Paris: Seuil.

_____ (1978). *Les carrefours du labyrinthe*. Paris: Seuil.

_____ (s.d.). La institución imaginaria de la sociedad. In: COLOMBO, E. (org.). *El imaginario social*. Buenos Aires/Montevidéu: Tupac/Nordan, p. 27-63.

CAVALCANTI, M.L.V.C. (1994). *Carnaval carioca*: dos bastidores ao desfile. Rio de Janeiro: Funarte/UFRJ.

CERTEAU, M. (2002). L'institution de la pourriture: Luder [1977]. In: *Histoire et psychanalyse entre science et fiction*. Paris: Gallimard, p. 219-238.

_____ (1982). *A escrita da história*. Rio de Janeiro: Forense Universitária.

CHALHOUB, S. (1998). *Visões da liberdade* – Uma história das últimas décadas da escravidão na corte. São Paulo: Companhia das Letras.

CHAUNU, P. (1964). *L'Amérique et les Amériques*. Paris: Armand Colin.

CHEVALIER, J. & GHEERBRANT, A. (1973). *Dictionnaire des Symboles*. 4 vol. Paris: Seghers.

CLOUZOT, H.G. (1951). *Le cheval des dieux*. Paris: Julliard.

CONCONE, M.H.V.B. & NEGRÃO, L. (1985). Umbanda: da representação à cooptação. *Cadernos do Iser*, 18, p. 43-79.

CONTINS, M. & GOLDMAN, M. (1985). O caso da Pombagira – Religião e violência. *Religião e Sociedade*, 11(1), p. 103-132.

CORRÊA, A.M. (1936). *O sertão carioca*. Rio de Janeiro: IHGB.

COSTA, H. (1984). *Salgueiro*: academia de samba. Rio de Janeiro: Record.

D'ABBEVILLE, C. (2002). *História da missão dos padres capuchinhos na Ilha do Maranhão e suas circunvizinhanças* [1614]. São Paulo: Siciliano.

DA MATTA, R. (1985). *A casa e a rua*. São Paulo: Brasiliense.

_____ (1981). *Relativizando* – Uma introdução à antropologia social. Petrópolis: Vozes.

DEBRET, J.B. (1978). *Viagem pitoresca e histórica ao Brasil* [1834/1839]. Tomo 1. São Paulo: Edusp.

DELEHAYE, H. (1927). *Les légendes hagiographiques* [1905]. Bruxelas: Société des Bollandistes.

DEVEREUX, G. (1980). *De l'angoisse à la méthode.* Paris: Flammarion.

D'ÉVREUX, Y. (1986). *Voyage au nord du Brésil fait en 1613 et 1614.* Paris: Payot.

DOSSE, F. (1992). *Histoire du structuralisme* – 2 vol.: 1. Le champ du signe, 1945-1966; 2. Le chant du cygne, de 1967 à nos jours. Paris: La Découverte.

DOUGLAS, M. (1976). *Pureza e perigo.* São Paulo: Perspectiva.

DUBY, G. (1996). *Dames du XIIe siècle* – Ève et les prêtres. Paris: Gallimard.

_____ (1988). *Mâle Moyen-Âge* – De l'amour et autres essais. Paris: Flammarion.

DURAND, G. (1996a). *Science de l'homme et tradition* – Le nouvel esprit anthropologique. Paris: Albin Michel.

_____ (1996b). Encyclopédie des symboles – Recension. In: *Bulletin de liaison des Centres de Recherche sur l'Imaginaire,* 7, p. 50-51.

_____ (1994). *L'imaginaire* – Essai sur les sciences et la philosophie de l'image. Paris: Hatier.

_____ (1989). *Beaux-arts et archetypes.* Paris: PUF.

_____ (1988). *L'exploration de l'imaginaire.* Paris: L'Espace Bleu.

_____ (1984). *L'imagination symbolique* [1964]. Paris: PUF.

_____ (1969). *Les structures anthropologiques de l'imaginaire* [1964]. Paris/Bruxelas/Montreal: Bordas.

DURST, R. (1985). *Madame Satã.* São Paulo: Brasiliense.

ELIADE, M. (1970). *Traité d'histoire des religions.* Paris: Payot.

EVANS-PRITCHARD, E.E. (1978). *Bruxaria, oráculos e magia entre os Azande.* Rio de Janeiro: Zahar.

FARELLI, M.H. (1987). *Zé Pelintra*: o Rei da Malandragem. Rio de Janeiro: Cátedra.

FARIAS, F.R. (2000). Crise psicótica e homicídio – Uma tentativa de encontrar a Lei do Pai. *XXVII Congrès International de Psychologie.* Estocolmo [Manuscrito].

FAVIER, J. (1999). *Charlemagne.* Paris: Fayard.

FAVRET-SAADA, J. (1977). *Les mots, la mort, les sorts* – La sorcellerie dans le Bocage. Paris: Gallimard.

FAVRET-SAADA, J. & CONTRERAS, J. (1981). *Corps pour corps* – Enquête sur la sorcellerie dans le Bocage. Paris: Gallimard.

FERREIRA, J.P. (1992). *O livro de São Cipriano*: uma legenda de massas. São Paulo: Perspectiva.

FERRETTI, M. (2000). *Maranhão encantado* – Encantaria maranhense e outras histórias. São Luís: Uema.

_____ (1993). *Desceu na guma*. São Luís: Sioge.

_____ (1989). Rei da Turquia, o Ferrabrás de Alexandria? – A importância de um livro na mitologia do Tambor de Mina. In: MOURA, C.E.M. (org.). *Meu sinal está no teu corpo*. São Paulo: Edicon/Edusp, p. 202-218.

FERRETTI, S. (1996). *Querebetã de Zomadônu* – Etnografia da Casa das Minas do Maranhão. São Luís: Edufma.

FOUCAULT, M. (1966). *Les mots et les choses*. Paris: Gallimard.

FRANCE, A. (1990). Dialogue sur les contes de fées. In: *Le livre de mon ami* [1885]. Paris: Calmann-Lévy, p. 185-219.

FREUD, S. (1999). *Totem e tabu* [1913]. Rio de Janeiro: Imago.

_____ (1996). Uma neurose demoníaca do século XVII [1923]. *Edição Standard Brasileira das Obras Psicológicas Completas*. Vol. XIX. Rio de Janeiro: Imago, p. 87-120.

_____ (1980). O estranho [1919]. *Edição Standard Brasileira das Obras Psicológicas Completas*. Vol. XVII. Rio de Janeiro: Imago, p. 275-318.

FREYRE, G. (1998). *Casa Grande e Senzala* [1933]. Rio de Janeiro: Record.

_____ (1988). Deformações de corpo dos negros fugidos [1934]. In: *Novos estudos afro-brasileiros*. Vol. 1. Recife: Massangana, p. 243-244.

FROISSART, J. (1952). Les Chroniques. In: *Historiens et chroniqueurs du Moyen – Âge*. Paris: La Pléiade/Gallimard, p. 273-948.

GLUCKSMAN, M. (1963). Rituals of rebellion in South-East Africa. In: *Order and Rebellion in tribal Africa*. Londres: Cohen & West, p. 110-136.

GOLDBERG, H. (1983). Sexual Humour in misogynist medieval exempla. In: MILLER, B. (org.). *Women in Hispanic Litterature* – Icons and Fallen Idols. Berkeley: University of Califórnia Press, p. 67-83.

GRUZINSCKI, S. (1988). *La colonisation de l'imaginaire* – Sociétés indigènes et occidentalisation dans le Mexique espagnol: XVI-XVII siècles. Paris: Gallimard.

HALBWACHS, M. (2001). *Les cadres sociaux de la mémoire* [1925]. Paris: Albin Michel.

HALE, J. (1972). Un mundo en otra parte – Horizontes geográficos y horizontes intelectuales. In: HAY, D. (org.). *La época del Renacimiento*. Barcelona: Labor, p. 317-343.

HOBSBAWM, E. & RANGER, T. (1997). *A invenção das tradições*. Rio de Janeiro: Paz e Terra.

HOLANDA, S.B. (1985). *Visão do Paraíso* – Os motivos edênicos no descobrimento e colonização do Brasil [1968]. São Paulo: Nacional.

HURBON, L. (1988). *Le barbare imaginaire*. Paris: Cerf.

LACAN, J. (1971a). D'une question préliminaire à tout traitement possible de la psychose [1955]. In: *Écrits II*. Paris: Seuil, p. 443-502.

_____ (1971b). Position de l'inconscient [1960]. In: *Écrits II*. Paris: Seuil, p. 193-217.

_____ (1966a). Le stade du miroir comme formateur de la fonction du Je, telle qu'elle nous est révélée dans l'expérience psychanalytique [1949]. In: *Écrits I*. Paris: Seuil, p. 89-97.

_____ (1966b). Fonction et champ de la parole et du langage en psychanalyse [1953]. In: *Écrits I*. Paris: Seuil, p. 11-208.

_____ (1957). La relation d'objet et les structures freudiennes – Séminaire 1956-1957 [Resumo de J.B. Pontalis, com a autorização de Dr. Lacan]. *Bulletin de Psychologie*, X (7), abr./1957, p. 426-430; X (10), abr./1957, p. 602-605; X (12), mai./1957, p. 742-743; X (14), jun./1957, p. 851-854; XI (1), set./1957, p. 31-34.

LAPLANCHE, J. & PONTALIS, J.B. (1971). *Dicionario de Psicoanálisis*. Madri: Labor.

LAPLANTINE, F. (1988). *Aprender antropologia*. São Paulo: Brasiliense.

LASCAULT, G. (1973). *Le monstre dans l'art occidental*. Paris: Klincksieck.

LE GENTIL, R. (1955). *La chanson de Roland*. Paris: Hatier.

LE GOFF, J. (1985). *L'imaginaire mediéval*. Paris: Gallimard.

Le Larousse du XXe siècle. T. 1. (1928). Paris: Librairie Larousse.

Le Robert des noms propres. (1989). Paris: Le Robert.

LÉRY, J. (1889). *História de uma viagem feita à terra do Brasil* [1578]. Rio de Janeiro: [s.e.] [Trad. de Alencar Araripe].

_____ (1967). *Viagem à terra do Brasil.* São Paulo: Martins [Trad. de Sérgio Millet].

LESTRINGANT, F. (1983). Introduction. In: THEVET, A. *Les singularitez de la France Antarctique.* Paris: La Découverte/Maspero.

LÉVI-STRAUSS, C. (1975). *Totemismo hoje* [1962]. Petrópolis: Vozes.

_____ (1958). *Anthropologie structurale.* Paris: Plon.

_____ (1955). *Tristes tropiques.* Paris: Plon.

LIMA, I.S. (2003). *Cores, marcas e falas*: sentidos da mestiçagem no Império do Brasil. Rio de Janeiro: Arquivo Nacional.

LUSSAGNET, S. (org.) (1953). *Le Brésil et les bresiliens.* Paris: PUF.

MACHADO DE ASSIS, J.M. (1906). *Relíquias de Casa Velha* – Obras Completas. São Paulo: Formar.

MAGNANI, J.G. (1986). *Umbanda.* São Paulo: Ática.

MANDROU, R. (1964). *De la culture populaire aux XVIIe et XVIIIe siècles.* Paris: Stock.

MAUSS, M. Esquisse d'une théorie générale de la magie [1902-1903]. In: *Sociologie et anthropologie.* Paris: PUF, 1978, p. 3-141.

MATHON, G. (2003). San Carlo Magno Imperatore [http://www.santibeati.it – 4 p. Acesso em 02/02/2007].

MATTOSO, K.Q. (1982). *Ser escravo no Brasil.* São Paulo: Brasiliense.

MAUÉS, R.H. & VILLACORTA, G.M. (2000). Pajelança e encantaria amazônica. In: PRANDI, R. (org.). *Encantaria Brasileira* – O livro dos mestres, caboclos e encantados. Rio de Janeiro: Pallas, p. 11-58.

MELLO, E.C. (1997). *Rubro Veio* – O imaginário da restauração pernambucana. Rio de Janeiro: Topbooks.

MELLO E SOUZA, L. (1993). *Inferno atlântico*: demonologia e colonização. São Paulo: Companhia das Letras.

_____ (1986). *O diabo na Terra de Santa Cruz*. São Paulo: Companhia das Letras.

MENÉNDEZ PIDAL, R. (1962). *Flor nueva de romances viejos*. Buenos Aires: Espasa Calpe.

MÉRIMÉE, P. (1947). *Carmen* [1845]. Mônaco: Du Rocher.

MÉTREAUX, A. & VERGER, P. (1994). *Le pied à l'étrier* – Correspondance 1946-1963. Paris: Jean-Michel Place.

MEYER, M. (1993). *Maria Padilha e toda a sua quadrilha*. São Paulo: Duas Cidades.

MINKOWSKI, E. (1966). *Traité de psychopathologie*. Paris: PUF.

MOLINA, N.A. (s.d.). *Saravá Maria Padilha*. Rio de Janeiro: Espiritualista.

MONTAIGNE, M. (1950). *Essais* [1595]. Paris: Gallimard.

MONTERO, P. (1985). *Da doença à desordem*: a magia na Umbanda. Rio de Janeiro: Graal.

MOTTA, R. (1995). O sexo e o candomblé: repressão e simbolização. In: ROCHA PITTA, D.P. & MELLO, R.M.C. (org.). *Vertentes do imaginário*: arte, sexo e religião. Recife: Fundaj, p. 173-192.

MOTTA, R. & LIMA, V. (1985). Catimbós, Xangôs e Umbandas na região do Recife. In: MOTTA, R. (org.). *Os afro-brasileiros*. Recife: Massangana, p. 109-125.

NUNES BATISTA, S. (1971). Carlos Magno na poesia popular nordestina. *Revista Brasileira de Folclore*, XI (30), p. 143-169.

ORTEGA, M.H.S. (1988). *La Inquisición y los gitanos*. Madri: Taurus.

ORTIZ, R. (1978). *A morte branca do feiticeiro negro*. Petrópolis: Vozes.

OTTO, R. (1968). *Le sacré* – L'élément non rationnel dans l'iddée du divin et sa relation avec le rationnel [1929]. Paris: Payot.

PAULA CARVALHO, J.C. (1988). De Tatá-Molambo au sein-poubelle: le trajet imaginal et la pratique transitionnelle d'un groupe d'Umbanda. *Sociétés*, 19, p. 29-33.

PÉRÈS, J.-B. (1838). *Comme quoi Napoléon n'a jamais existé*. Paris: Risler.

PIERUCCI, A.F. (2001). *A magia*. São Paulo: Publifolha.

POIRIER, F.J. (1968). *Ethnologie géenérale*. Paris: Gallimard.

POTTELET, J. (1993). *Le Brésil vu par les voyageurs et les marins français*: temoignages et images. Paris: L'Harmattan.

PRANDI, R. & SOUZA, P.R. (2000). Encantaria de Mina em São Paulo. In: PRANDI, R. (org.). *Encantaria brasileira* – O livro dos mestres, caboclos e encantados. Rio de Janeiro: Pallas.

QUEIROZ, M.I.P. (1984). Escolas de samba no Rio de Janeiro, ou a domesticação da massa urbana. *Ciência e Cultura*, 36(6), p. 892-909.

_____ (1976). *O messianismo no Brasil e no mundo.* São Paulo: Alfa-Ômega.

RIBEIRO, J. (s.d.). *Catimbó de Zé Pilintra.* Rio de Janeiro: Espiritualista.

RIOS, C. (1979). *Maria Padilha.* Rio de Janeiro: Record.

ROCHA PITTA, D.P. (1987). "Imaginário", verbete do *Dicionário de Ciências Sociais.* Rio de Janeiro: FGV, p. 574-575.

_____ (1979). *L'impact sócio-culturel du regime des images* – Étude des dérivations des images en quatre groupes sócio-culturels du Brésil. [s.l.]: Université des Sciences Sociales de Grenoble [Tese de doutorado].

RODRIGUES, A.M. (1984). *Samba negro; espoliação branca.* São Paulo: Hucitec.

RODRIGUES, U. (1997). *O poder místico de Anastácia.* Rio de Janeiro: Forense, 24 p.

RORSCHACH, H. (1953). *Psychodiagnostic* [1921]. Paris: PUF.

SAHLINS, M. (1990). *Ilhas de história.* Rio de Janeiro: Zahar.

SALES, N. (1981). *Prova de fogo.* Rio de Janeiro: Esquina.

SALOMÉ, M. (1977). *Templos e cemitérios históricos.* Rio de Janeiro: [s.e.]., 38 p.

SANTOS, D.M. (1988). *História de um terreiro nagô.* São Paulo: Max Limonad.

SANTOS, J.E. (1976). *Os nàgô e a morte.* Petrópolis: Vozes.

SANTOS, M. (1988a). O 13 de maio. *Comunicações do Iser*, 7 (28), p. 72-78.

_____ (1988b). Vídeos e audiovisuais. *Comunicações do Iser*, 7 (28), p. 98-116.

SANTULLANO, L. (org.) (1968). *Romancero español.* Madri: Aguilar.

SAPHOUAN, M. (1988). *Le transfert et le désir de l'analyste.* Paris: Seuil.

SARTRE, J.P. (1949). *L'imaginaire.* Paris: Gallimard.

SCHUBERT, G. (1987). Escrava Anastácia. *Jornal do Brasil*, 15/09.

SCOTT, P. (2003). Les crucifixions féminines: une iconographie de la Contre-Réforme. *Revue des Sciences Humaines*, 269 (1), p. 153-174.

SILVA, G.F. (2002). *Milagres de Anastácia*. Rio de Janeiro, 8 p. [Folheto de cordel].

SILVA, J. (s.d.). *O poder dos passes e das curas espirituais*. Rio de Janeiro: Ediouro.

SILVA, M.T.B. & OLIVEIRA FILHO, A.L. (1981). *Silas de Oliveira*. Rio de Janeiro: Funarte.

SILVA, R.M.L. (1985). O mito e o culto da Escrava Anastácia: notas de um processo social. *Cadernos do Nepes*, 3, p. 57-85. Rio de Janeiro: Uerj

SOUZA, M.D. (2001). *Escrava Anastácia*: devoção, história e memória. [s.l]: UFF [Dissertação de mestrado].

SPERANZA, C. (1996). Bachelard et la technique: quelques axes de recherche. *Cahiers Gaston Bachelard*, 1, p. 71-90.

STAADEN, H. (1979). *Duas viagens ao Brasil* [1557]. Belo Horizonte/São Paulo: Itatiaia/Edusp.

SÜSSEKIND, F. (1999). *O Brasil não é longe daqui – O narrador, a viagem*. São Paulo: Companhia das Letras.

TEIXEIRA DE ARAGÃO, A.C. (1894). *Diabruras, santidades e prophecias*. Lisboa: Academia Real das Sciencias.

TEIXEIRA NETO, A.A. (s.d.). *A magia e os encantos de Maria Padilha*. Rio de Janeiro: Eco.

THEVET, A.(1983). *Les singularitez de la France Antarctique*. Paris: La Découverte/Maspéro.

_____ (1953). La cosmographie universelle d'André Thevet, cosmographe du Roy, t. II [1575], suivie de l'Histoire d'André Thevet Angoumoisin, Cosmographe du Roy, et de deux voyages par lui faits aux Indes Australes et Occidentales. In: LUSSAGNET, S. (org.) *Le Brésil et les Brésiliens*. Paris: PUF.

TODOROV, T. (1989). *Nous et les autres – La réflexion française sur la diversité humaine*. Paris: Seuil.

TRINDADE, L. (1985). *Exu, poder e perigo*. São Paulo: Ícone.

USARSKI, F. (2006). *Constituintes da Ciência da Religião*. São Paulo: Paulinas.

VALDEÓN, J. (1986). Los reinos cristianos a fines de la Edad Media. In: FREJEIRO et al. Historia de España. *Inf. y Revistas*, p. 391-455.

VALENSI, L. (1994). *Fábulas da memória* – A batalha de Alcacer Quibir e o mito do sebastianismo. Rio de Janeiro: Nova Fronteira.

VALLADARES, C.P. (1988). O negro brasileiro nas artes plásticas. In: ARAÚJO, E. (org.). *A mão afro-brasileira*. São Paulo: Tenenge.

VAN DER LEEUW, G. (1970). *La religion dans son essence et ses manifestations* [1933]. Paris: Payot.

VARAZZE, J. (2003). *A legenda áurea* [c. 1256]. São Paulo: Companhia das Letras.

VERGER, P. (1987). *Fluxo e refluxo do tráfico de escravos entre o Golfo do Benin e a Bahia de Todos os Santos dos séculos XVII a XIX* [1968]. São Paulo: Corrupio.

_____ (1982). *50 anos de fotografia*. Salvador: Corrupio.

_____ (1981). *Orixás* – Deuses iorubás na África e no Novo Mundo. Salvador: Corrupio.

_____ (1952). Le culte des vodus d'Abomey aurait-il été apporté à Saint Louis du Maragnon par la mère du Roi Ghezo? In: *Les Afro-Américains*. Dakar: Ifan, p. 157-160.

VICO, G. (1979). *Princípios de uma ciência nova* [1730]. São Paulo: Abril.

VICTOR, G. (2002). *La piste des sortilèges*. Châteauneuf-le Rouge: Vents d'ailleurs.

VIDAL-NAQUET, P. (1988). *Os assassinos da memória*. Campinas: Papirus.

VOGEL, A. et al. (1993). *A galinha de Angola* – Iniciação e identidade na cultura afro-brasileira. Rio de Janeiro: Pallas.

WUNENBURGER, J.J. (1997). *Philosophie des images*. Paris: PUF.